GEO SPECIAL

Verlag Gruner + Jahr AG & Co, Warburgstraße 50, 2000 Hamburg 36, Redaktion: Warburgstraße 45, 2000 Hamburg 36. Postanschrift für Verlag und Redaktion: Postfach 30 20 40, 2000 Hamburg 36. Telefon: 0 40/4 11 81. Telex: 2 1 952-16

HERAUSGEBER
Henri Nannen

CHEFREDAKTEUR
Rolf Winter

STELLV. CHEFREDAKTEURE
Peter O. Ebel, Dieter Steiner

CHEFREPORTER: Hermann Schreiber

CHEF VOM DIENST: Ernst Artur Albaum

GRAFISCHE GESTALTUNG
Erwin Ehret, Franz Braun

TEXTREDAKTION
Rolf Bökemeier, Randolph Braumann, Uwe George, Uta Henschel, Klaus Imbeck, Peter Jordan, Dr. Erwin Lausch, Dr. Peter Mayer, Alexander Rost, Peter Schille, Wolfgang Schraps, Hinnerk Seelhoff, Jens Utecht, Wolfgang Vollmert

BILDREDAKTION
Juliane Berensmann, Nele Hilger, Venita Kaleps, Heidi Neugebauer

KARTOGRAPHIE: Günther Edelmann

DOKUMENTATION
Peter Flak, Arend Hagedorn, Uwe M. Reisner

LAYOUT
Peter Dasse, Johannes Dönges, Andreas Krell, Peter Voigt

FARBIMPRIMATUR: Norbert Kunz

GEO-BÜROS
London: Peter G. Wickman, 5 Latimer Road, Barnet, Herts, Telefon 4 41 38 70, Telex: 27 538; **Moskau:** Helga Engelbrecht, Kutusowskij Prospekt 7/4, Kw 314, Tel. 2 43 42 64; **New York:** Brigitte Barkley, 685 Third Avenue, New York, N Y 10 017, Tel. (212) 878-8700

Verantwortlich für den redaktionellen Inhalt:
Peter O. Ebel

WISSENSCHAFTLICHE BERATUNG
Prof. Dr. Hoimar v. Ditfurth

VERLAGSLEITER: Peter Hess

ANZEIGENLEITER: Rolf Grimm
(verantwortlich für Anzeigen)

VERTRIEBSLEITER: Hartmut Bühne

HERSTELLER: Bernd Zahn

GEO-LESER-SERVICE

Gruner + Jahr AG & Co
Postfach 11 16 29, 2000 Hamburg 11
Postscheckkonto Hamburg 240 00-209
BLZ 200 100 20
Tel.: 0 40/41 18 32 36

Schweiz: GEO-Leser-Service
Seeburgstr. 18, 6006 Luzern
Tel.: 0 41-31 37 41

Heftpreis: DM 12,80 inkl. MwSt,
Auslandspreise: Schweiz sfr 12,80,
übriges Ausland auf Anfrage.

ISBN-Nr.: 3-570-08041-2

Anzeigenpreisliste Nr. 7. Deutsche Bank AG, 2000 Hamburg 1, Konto-Nr. 03/22 800

Offsetdruck: MOHNDRUCK
Graphische Betriebe GmbH, Gütersloh.

Was macht Kalifornien so einzigartig?

Liebe Leser

Daß „it never rains in Southern California", wie es im Schlager heißt, ist ein in diesem Frühjahr dramatisch dementiertes Gerücht: So sehr schüttete es vom Himmel, und so verheerend tobte das Meer gegen die Küste, daß es zu einer Katastrophe kam.

Es gehen noch ein paar andere Gerüchte um, die Kalifornien poetisch verklären, nur: Es bedarf dieser Überhöhung gar nicht, denn Kalifornien ist der faszinierendste, unterhaltsamste, schönste und einladendste Bundesstaat der ganz gewiß auch in anderen Teilen faszinierenden Vereinigten Staaten.

Wie das schon klingt: San Luis Obispo, Big Sur, San Francisco. Und wie man ins Schwärmen kommt, wenn man vom Napa Valley spricht, von Malibu und Sacramento. Und Yosemite, Palm Springs, Monterey, Beverly Hills – lauter Namen, aus denen man Träume macht.

Ist es ein Wunder, daß Kalifornien immer einen ganz eigenartigen Reiz auch auf die Amerikaner ausübte? Er hat gewiß mit den längst versunkenen Zeiten des „Gold Rush" zu tun, in denen „to go west" das große Glück bedeuten konnte, aber auch heute noch glauben viele Amerikaner, daß man wirklich erst dann am Ziel seines Lebens, daß man erst wirklich dann „angekommen" ist, wenn man endlich in Kalifornien lebt, im „Golden State", im Land der ganz großen Freiheit, in der Heimat der Hip-Kultur, aber auch der Technik von morgen, der „Flower Power", aber auch der Weltraumraketen, der „Mikkey Mouse", aber auch der studentischen Aufsässigkeit, der weltflüchtigen Kulte, der Anbetung der gloriosen Natur – und des eigenen Körpers.

In Europa breitet sich die Neugier auf Kalifornien aus wie die – natürlich aus Kalifornien stammende – Mode der „Aerobics": Was ist das für ein schillernder Staat ganz im Westen Nordamerikas, in dem alle nur denkbaren Varianten der Kreativität so erstaunlich gut gedeihen? Was macht Kalifornien so einzigartig?

Und: Was machen Redakteure, die diese Fragen beantworten wollen? Schicken sie Reporter nach Kalifornien? Oder engagieren sie Kalifornier?

Wir haben uns für den zweiten Weg entschieden. Mit einem Wort: Ein paar Jahrhunderte kalifornischer Lebenserfahrung kommen in diesem Heft zu Wort. Alle unsere Textautoren sind entweder gebürtige Kalifornier oder gehören zu jenen Amerikanern, die sich eines Tages nach Kalifornien aufmachten, um, der Faszination des Landes erlegen, nie wieder fortzugehen.

Sie hatten, wie Sie sehen werden, ein paar tausend gute Gründe.

Herzlich Ihr

Rolf Winter

Das Land der Träume.
Der Goldrausch ist verflogen, aber einen Hauch von Wildem Westen atmet Angels Camp immer noch. Kalifornien war und ist ein Land grenzenloser Möglichkeiten, in dem jeder nach seinem Gusto lebt, einen eigenen »Way of life«. Seit den Pioniertagen hat dies die Phantasie von Menschen beflügelt, Herbert Gold beschreibt den Traum vom schöneren Anderswo.
Seite 6

Die Straße für den, der alles hat.
Der Rodeo Drive in Beverly Hills ist nicht die glitzerndste, wohl aber die teuerste Shopping-Meile der Welt – eine Pflichtadresse für die internationale High Snobiety.
Seite 48

Fit sein ist ihr Leben.
In Form sein in allen Lebenslagen – das ist kalifornische Philosophie. Hier lebt ein Menschenschlag, der die Sonne anbetet und den eigenen Körper.
Seite 50

»Warum ausgerechnet ich?«
Heute ist er Bürgermeister von L. A., morgen vielleicht schon Gouverneur Kaliforniens: Tom Bradley zieht die Bilanz einer Karriere wie aus dem Märchenbuch.
Seite 68

Aller Segen kommt aus der Sierra.
Die Berge, für die Pioniere einst letzte und oft tödliche Barriere auf dem Weg ins gelobte Land, sind mehr als nur ein Juwel von herbem Glanz: Ohne sie wäre der goldene Westen nur eine öde Wüstenei.
Seite 70

Nuggets und Natur.
Downieville, tief in der Bergeinsamkeit, ist ein Städtchen aus der Goldenen Vergangenheit. Die wilden Tage der Forty-niner sind unvergessen, doch deren Nachfahren führen ein Leben ruhiger Bürgerlichkeit.
Seite 86

Ein Trio von Solisten.
Die Urbanität Kaliforniens zeigt verschiedene Gesichter. In Los Angeles, eher Alptraum als Stadt, ist die Zukunft zu Hause; San Francisco mit seinem Charme von gestern gibt weltoffenen Kosmopoliten Inspiration; San Diego schließlich hält das Sternenbanner hoch – in seinen Mauern lebt das saubere, anständige Amerika. Doch meistens im Ruhestand.
Seite 88

GEO SPECIAL

Revolte hat Ruh.
Noch zieren Reminiszenzen an Straßenschlachten der Sechziger die Wände – Berkeley, Amerikas Top-Universität, aber ist zum akademischen Alltag zurückgekehrt.
Seite 110

Vom Spielplatz des Teufels ins Tal des Todes.
Schneeweiße Sanddünen, schön, aber langweilig – so stellt sich manch einer die Wüsten vor. Die Wahrheit ist: Amerikas heißeste Gegend, ungeheuer reich an Formen, Tieren, Pflanzen, gilt als ein aufregendes Freizeitrevier.
Seite 112

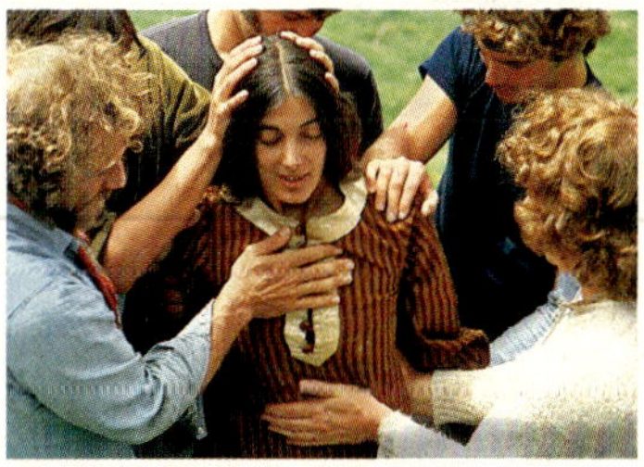

Propheten und Profit.
Das Traumland hat schon viele Hoffnungen auf ein besseres Leben zerstört – und Tausende von Enttäuschten in die Hände von Heilsverkündern getrieben.
Seite 128

Im Rausch des Stillen Ozean.
Bixby Creek Bridge – nur eine Facette des faszinierenden Gestades von Oregon bis Mexiko. In ihren Kontrasten spiegelt die über 1500 Kilometer lange Küste die ganze Vielfalt des Lebensstils.
Seite 130

Ein Stück vom Himmel.
Ronald Reagan liebt sein Amt, aber ebenso sein Privatleben auf seinem Anwesen, der »Ranch des Himmels«, in den Santa Ynez Mountains.
Seite 154

Outdoors

Das Freizeit-Superangebot: 61
Wellenreiten · Windsurfing · Schnorcheln & Tauchen · Hochseefischen · Segeln & Motorschippern · Wildwasser-Fahrten 61/62
Joggen · Wandern · Bergsteigen · Tennis & Golf · Dune Buggying · Skifahren · Skiwandern 62/64
Fallschirmspringen 64
Erholung und Verschönerung rundum 66

Die Berge

Gold Rush Country · Shasta Trinity National Forest · Lake Tahoe · Yosemite · Sequoia und Kings Canyon 80-84

Drei Städte

San Francisco 98
Stadtbummel · Hotels · Nightlife · Theater 98-101
Sightseeing · Ausflüge 101/102
Los Angeles 102
Zwischen Hollywood und Disneyland 102-105
Hotels · Nightlife · Theater · Museen & Galerien 105/106
San Diego 106
Sonnenbaden, spazierengehen vom Balboa Park bis La Jolla 106-108
Ausflüge – auch nach Tijuana, Mexiko 108

Die Wüsten

Palm Springs · Indianerreservat & heiße Quellen · Unterkünfte 119/120
Joshua Tree National Monument 120/121
Death Valley 122/123
Anza Borrego Desert Park · Mojave Desert: Weltraumfahrer 124

Die Küste

Von Crescent City bis San Clemente 144-150
Mendocino 145
Monterey 146
Big Sur 148
Flower Valley Lompoc 148
Santa Barbara 150

Tips & Informationen

Ankunft · Keine Angst vorm Autofahren · Mietwagen · Souvenirs · Post · Telefon · Geld · Zeitungen und andere Informationen · Klima · Nationalparks · Erste Hilfe · Erotisches 156-159
Parks zum Amüsieren 159-168
Geschichte 160
Wirtschaft 162/165
Rund ums Jahr 170-174
Noch was 170

Karten

San Francisco 99
L. A.: Wegweiser für Olympia '84 104
San Diego 107
Kalifornien 176

Kalifornien – das ist Industriemacht und Mickey Mouse, das Tal des Todes und überbordende Fruchtbarkeit, brandende Küste und verschneites Gebirge, ländliches Idyll und Los Angeles im Smog. Kalifornien – das ist der mondbeschienene Mono Lake mit seinen aus dem Wasser herausragenden Tuffsteinkegeln, Hollywood und Weinland, Silicon Valley und sportliche Jugend am Strand. Vor allem aber ist Kalifornien ein »Way of life«: Nirgendwo in den Vereinigten Staaten lebt man freier als hier

Das Land der Träume

»In Los Angeles errichten sich die Kaufleute ihre Denkmäler bei Lebzeiten«

Egon Erwin Kisch, 1885–1948, Schriftsteller und Reporter

In Los Angeles, der größten Stadt Kaliforniens, deren »Metropolitan Area« nahezu die Fläche Schleswig-Holsteins bedeckt, erhebt sich das Bonaventure Hotel gegen den abendlichen Himmel. Und nur schwach kann sich gegen die Wucht der Hotelfassade die Neon-Nachricht behaupten, daß »Jesus rettet«

Malibu

»Das Wesen Kaliforniens ist Bewegung«

Raymond Cartier, geboren 1904, französischer Schriftsteller und Journalist

Woanders in den Vereinigten Staaten lebt man in seinem Haus oder in seinem Apartment. In Kalifornien lebt man »outdoors«: Am Strand, in den Bergen, beim Surfen, auf dem Golfplatz oder in den Dünen von Pismo Beach südlich von San Luis Obispo, wo »Dune Buggies« zum Ärger der Umweltschützer 135 Quadratkilometer Spielplatz haben

»Was für mich in San Francisco am schönsten war: der Strand und der Pazifische Ozean«

William Saroyan, 1908–1981, kalifornischer Schriftsteller

Es gibt keine Erscheinungsform der Meeresküste, die es in Kalifornien nicht gibt. Es gibt sie strandig, fjordig, bewaldet, sanft und wie hier, bei San Francisco, so urbanisiert, daß nur mehr eine Hausreihe einen »unverbaubaren Meeresblick« hat

»Die einzige Hip-Moral ist, das zu tun, was man fühlt – wann immer und wo immer das möglich ist«

Norman Mailer, geboren 1923, amerikanischer Schriftsteller

Paulette König, ein aus den sechziger Jahren übriggebliebenes Blumenkind, lebt mit Pfau, Pferden und 600 Apfelbäumen auf einem Berg bei Salinas östlich von Monterey: späte Zeugin einer Zeit, in der von Kalifornien aus die »Flower Power« aufgebrochen war, die Welt mit einer Revolution der Liebe zu überziehen

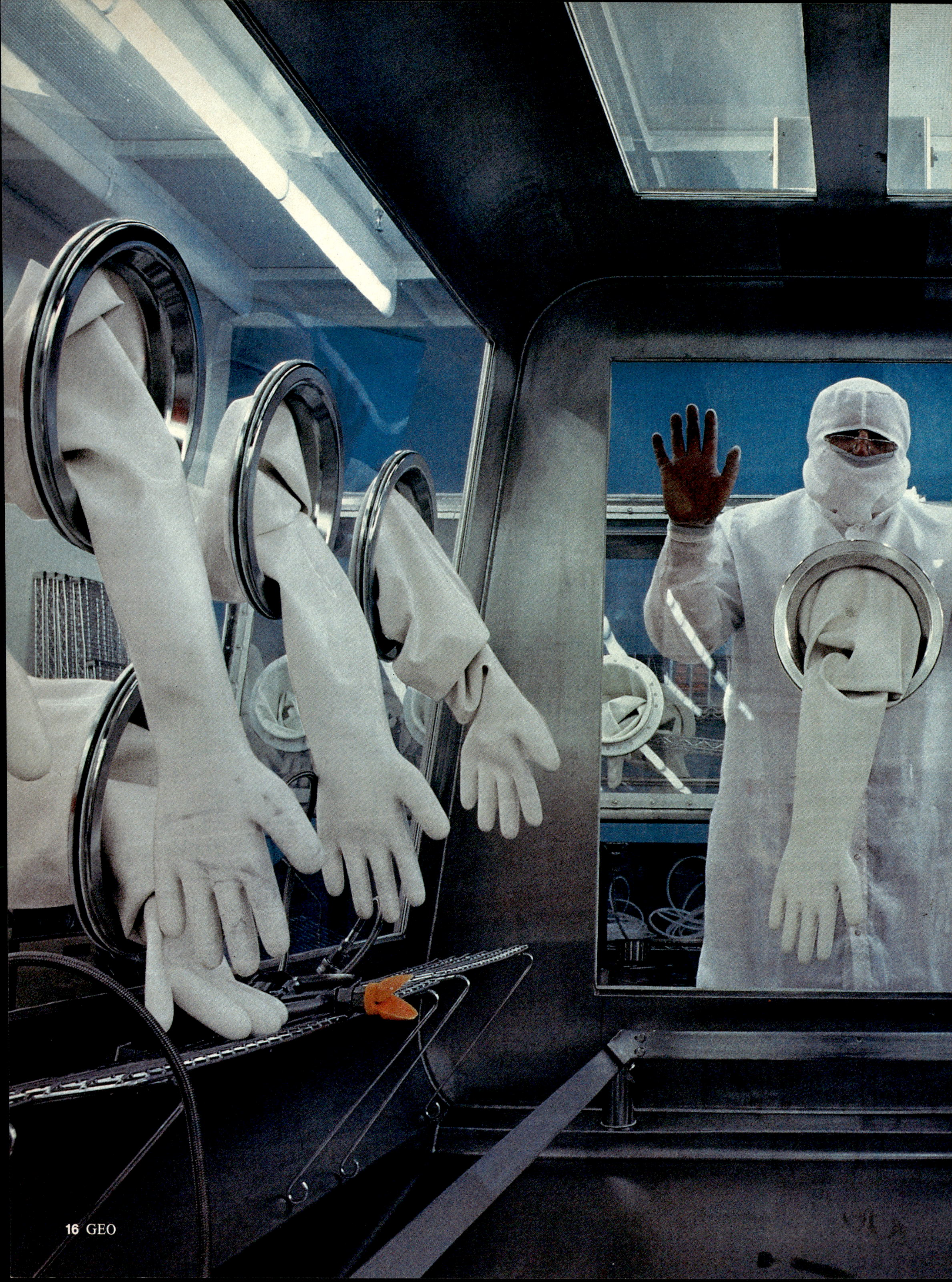

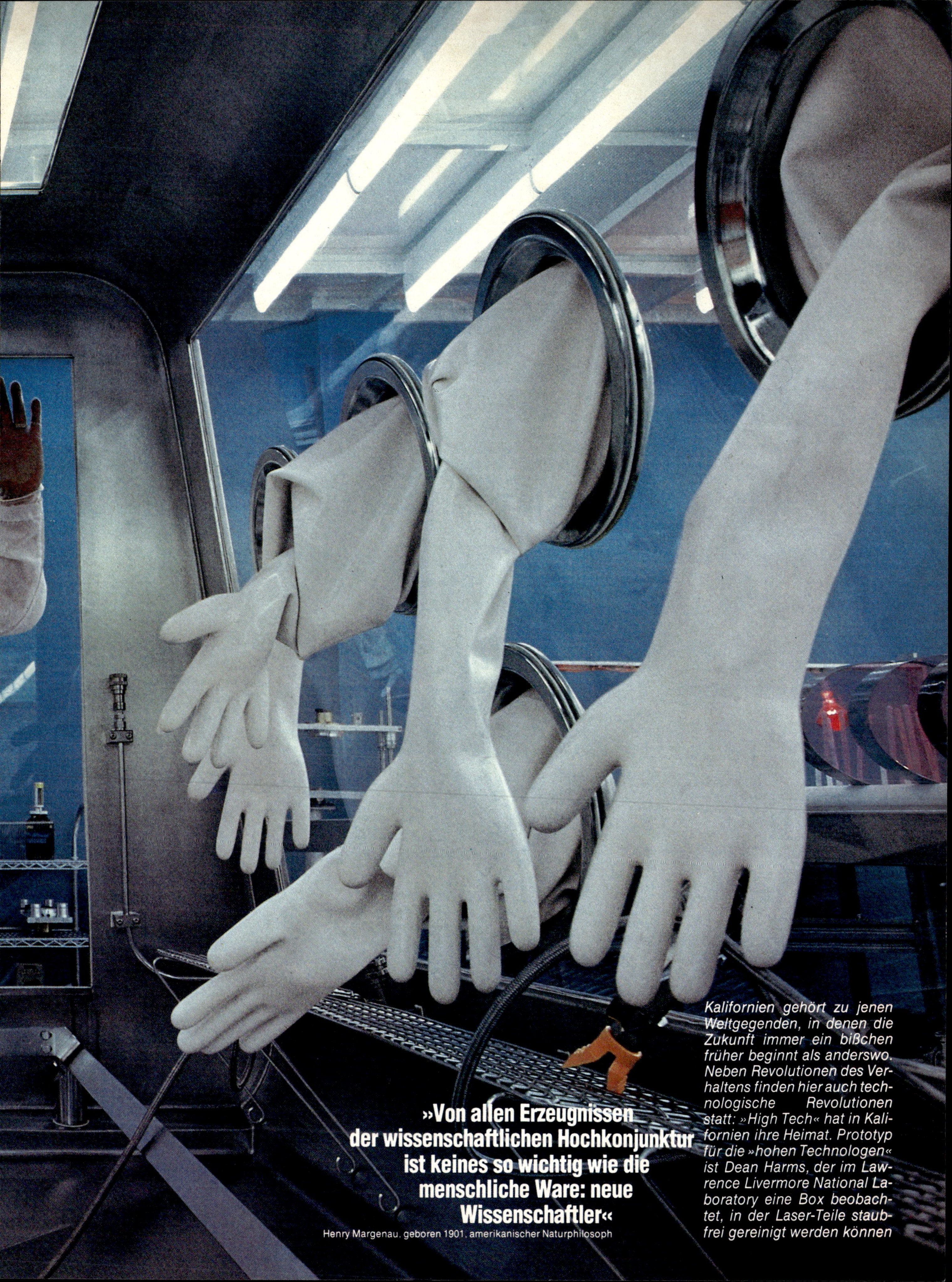

»Von allen Erzeugnissen der wissenschaftlichen Hochkonjunktur ist keines so wichtig wie die menschliche Ware: neue Wissenschaftler«

Henry Margenau, geboren 1901, amerikanischer Naturphilosoph

Kalifornien gehört zu jenen Weltgegenden, in denen die Zukunft immer ein bißchen früher beginnt als anderswo. Neben Revolutionen des Verhaltens finden hier auch technologische Revolutionen statt: »High Tech« hat in Kalifornien ihre Heimat. Prototyp für die »hohen Technologen« ist Dean Harms, der im Lawrence Livermore National Laboratory eine Box beobachtet, in der Laser-Teile staubfrei gereinigt werden können

Es gibt Gegenden in Kalifornien, in denen Farmer Weltrekorde agrarischer Effizienz aufgestellt haben. Nirgendwo gibt es raffiniertere – aber auch umstrittenere – Bewässerungsmethoden als hier, wo der Boden nur noch als beliebiges Produktionsmittel gilt, das möglichst hohen Profit zu liefern hat. Bei Dunnigan im nördlichen Kalifornien mühen sich Farmer, dem buckligen Land ertragreiche Ernten abzugewinnen

»Man könnte meinen, die Natur erprobe die Ausdauer eines Menschen, ehe sie ihn nach Kalifornien läßt«

John Steinbeck, 1902–1968, kalifornischer Schriftsteller

»San Francisco hat nur einen Nachteil: Es ist schwer, die Stadt wieder zu verlassen«

Rudyard Kipling, 1865–1936, englischer Schriftsteller

Hinter den geputzten Fassaden der Häuser im viktorianischen Stil breitet sich das moderne San Francisco mit seinen Wolkenkratzern, die, sagen ihre Architekten, auch stärkere Erdbeben überstehen können. Seit die Stadt 1906 durch ein Beben – es erreichte die Stärke von 8,3 auf der nach oben offenen Richter-Skala – zerstört wurde, lebt sie in gleichsam heiterem Einverständnis mit einer neuen Katastrophe, für die es ständig neue Anzeichen gibt: Kleinere Beben gehören in der schönen Stadt an der San Francisco Bay zum Alltag

»Ganz Kalifornien ist eigentlich kein Land, sondern ein Zustand«

Horst Krüger, geboren 1919, deutscher Schriftsteller

Niemand in Kalifornien dreht sich nach einem »freak« um. Was woanders Aufsehen erregt, ist hier eher typisch. Was woanders Stirnrunzeln verursacht, verleitet hier zum verständnisvollen Lächeln. Was woanders brave Bürgerlichkeit empört, hat sich hier längst durchgesetzt. Kalifornische Freiheit – das ist nicht nur die Möglichkeit für, sondern der Appell an jedermann, sich so zu zeigen, wie er sich fühlt

PEACE

Nahe der Grenze zum Kings Canyon National Park in der Sierra Nevada, dem »Schneegebirge«, reckt sich die North Palisade zum Himmel, an deren Ostflanke einer der südlichsten Gletscher der Vereinigten Staaten liegt. Kalifornien: Das ist aber auch die Möglichkeit, morgens im Meer zu baden, sich am Strand zu sonnen und nachmittags Berge zu besteigen und in einen Schneesturm zu geraten

»Die Sierra sollte man nicht ›Nevada‹ nennen, sondern vielmehr: Gebirge des Lichts!«

John Muir, 1838–1914, amerikanischer Schriftsteller und Naturforscher

Am Wasser zu wohnen, ständig oder doch wenigstens zeitweise im komfortablen Camper, und auf dem Wasser zu sein, im Schlauchboot, auf der Yacht oder dem Surfbrett, ist insbesondere den meerverliebten Südkaliforniern wichtig. Daß dabei ein paar ehedem schöne Strände zu Straßen verkommen und Hafenausfahrten gelegentlich voll sind wie Highways zur Rushhour, nehmen sie in Kauf: Ohnehin scheint es manchmal, als könnten viele Kalifornier nur glücklich sein, wenn sie ihr Glück mit vielen Menschen teilen

»Das Besondere ist, daß man sich hier verstecken kann, ohne ganz zu verschwinden«

Herbert Gold, amerikanischer Journalist und Schriftsteller

»Dieser Park ist für mich der schönste Platz der Welt«

Theodore Roosevelt, 1858–1919, Präsident der USA

In Teilen ist Kalifornien bis zur Unkenntlichkeit zersiedelt, in anderen immer noch von staunenswerter natürlicher Schönheit. Zu den besonderen Attraktionen des Yosemite National Park zählt der Vernal Fall, zu denen des Sequoia National Park die Mammutbäume, die größten Bäume der Welt, die bis zu 135 Meter Höhe erreichen und bis zu 4000 Jahre alt werden können. Erst unlängst haben Umweltschützer durchgesetzt, daß diese Patriarchen nicht mehr abgeholzt werden dürfen.

LIFE
70 !

»Ein Amerikaner läßt sich nicht entmutigen . . .«

Heinrich Schliemann, 1822–1890, deutscher Archäologe

»Schön« zu sein, ansehnlich, sportlich, gilt vielen Kaliforniern als hohes Lebensziel. Nirgendwo ist der Hedonismus verbreiteter als in dem Staat, in dem Hollywood liegt, kaum irgendwo fällt es Menschen schwerer, in Würde zu altern. In San Clemente müssen sich Kinder einem »Miss Contest« stellen, in Turnhallen quälen sich junge Mütter, um rasch wieder chic zu sein, am »muscle beach« von Venice stemmen Frauen Gewichte und zeigen Männer ihre gestählten Körper – und selbst die Alten sind noch sportiv

In der Tat waren die See-Elefanten an der kalifornischen Küste im letzten Jahrhundert durch sinnlose Massenschlächterei so gut wie ausgerottet. 1911 wurden noch sechs Neugeborene im Verbreitungsgebiet vor Kalifornien und Baja California registriert. Inzwischen haben Schutzmaßnahmen gewirkt. Allein auf dem Año Nuevo Island, etwa 80 Kilometer südlich von San Francisco, versammeln sich zur Paarungszeit wieder weit über 1000 Tiere, und die Bullen kämpfen um ihr Revier. Kalifornischer Humor hat den Tieren die Namen per Spraydose verpaßt. Beim Haarwechsel, der nach der Wurfzeit beginnt, werden die Tiere wieder namenlos sein

Wegen der unablässigen Verfolgung sind diese Tiere an der Küste Kaliforniens nahezu ausgerottet«

Charles Melville Scammon, 1825–1911, amerikanischer Walfangkapitän

LEAR

In Anaheim prangt die schöne, heile Welt von »Disneyland« und widersteht allen Revolutionen der Zivilisation. So viele Besucher strömten nach »Disneyland«, zu Mickey Mouse, daß Walt Disney beschließen konnte, die größere »Disneyworld« auf der östlichen Seite des Kontinents, in Florida, zu errichten

Ein schöneres Anderswo

Kalifornien steht nicht mehr nur für Gold, Öl, Obstplantagen, Mikrochips und religiöse Kulte. Es ist auch eine aufregende Möglichkeit, Mensch zu sein. Es ist ein Vergrößerungsspiegel für den Amerikanischen Traum – den weltumspannenden Traum von einem schöneren Anderswo

Von Herbert Gold

Heureka! Wir haben es gefunden! heißt das Landesmotto.

Ein paar Indianer waren freilich schon da, auf Wanderschaft in einer Unendlichkeit aus Meer und Seen, aus Gebirge, Wüste, Wald und Weite. Gestern noch, als die ersten spanischen, englischen und sogar etliche russische Eroberer, Abenteurer und Fallensteller in die Buchten gesegelt kamen, war hier El Dorado, das Goldene Land, auch als noch gar kein Gold gefunden war; außerdem – aber immer ohne Berücksichtigung der Indianer – war es der Ort, an dem niemand zuerst war. Wir sind eine zeitgleiche Bevölkerung, und unsere Geschichte könnte der Phantasie eines Messerhelden entsprungen sein. Wieviel Freizügigkeit, welch abenteuerliches Verantwortungsgefühl, welch unfaßbares Gewissen haben wir doch! Welch ein Land für tatkräftige Träumer!

Die grandiose Landschaft, die reiche Wirtschaft, die komplexe Bevölkerung und auch die völlig unverbrauchte Überzeugung, daß hier die Zukunft gemacht werde, muten manchmal wie simple Details an. Selbst für Kalifornier, die sich mit Alltäglichem aufhalten, die Rechnungen bezahlen, Kinder aufziehen und zur Ar-

L.B.

beit gehen, wenn die Freeways nicht verstopft sind und Bahnen und Busse gerade funktionieren, ist Kalifornien ein Reich der Phantasie. „California Dreamin'" – das ist eine Nationalität für sich. Viele hier hatten die Wahl und haben sich diesen Ort ausgesucht; und wenn nicht sie selber, dann ihre Väter oder Großväter.

Kalifornien, nehmt alles nur in allem, ist ein Geisteszustand, und zwar einer, der jede erdenkliche Verformung der Materie zuläßt, von Dr. Donald Glasers Blasenkammer, die ihm einen Nobelpreis eingetragen und die Physik verändert hat, bis zu Walt Disneys Tieren mit den einteiligen, ungespaltenen Hintern, die ihrem Erfinder fast eine Milliarde Dollar verdient und außerdem mehr Menschen erobert haben als Dschingis Khan, obwohl derart saubere und obendrein schlaue Geschöpfe doch nur in der Phantasie des Ehrendoktors Disney existierten.

Genetische Manipulationen, operative Geschlechtsumwandlungen en masse und die zupackende Zerdehnung hergebrachter Formen des Ehelebens – das alles blüht und gedeiht in diesem Klima frei erfundener Herkunft. Die Religion der Indianer, die hier einmal zu Hause waren, kannte drei geheiligte Ebenen der Existenz – die Vergangenheit der Vorväter, die harsche und zuweilen bittere Gegenwart und die ungeborene Zukunft. Heute sind wir in Kalifornien offenbar darauf aus, die Vergangenheit mitsamt der Zukunft in die Gegenwart zu verlegen, und weil man ihr das alles aufgehalst hat, ist diese Gegenwart so unwahrscheinlich beladen oder bedient oder penetrant. Wer die Geschichte ignoriert, ist dazu verdammt, sie wiederzuerleben, heißt ein berühmter Spruch – aber wenn nun die Geschichte *uns* ignorierte?

Die Kalifornier werden dafür sorgen, daß es so weit nicht kommt.

Als ich zum erstenmal nach Kalifornien kam, während meines Wanderjahrs per

Auf der Promenade der tausend Überraschungen

»It just happened to fall into place«. Plötzlich war die Szene da – so beschreibt Fotograf Dick Rowan seinen Schnappschuß an der Küste der Monterey Peninsula. Auf dem populären Spielplatz für Junge und Alte staunen zwei Kleine über zwei große Taucher – oder umgekehrt? Auf jeden Fall ist es eine kalifornische Begegnung

Anhalter durch Amerika, abenteuerlustig und noch keine 20 Jahre alt, da galt dieser Staat als ein Refugium für Lungenkranke, Glücksritter, Aufmüpfige, Spekulanten und Rausgeflogene aus dem „wahren“ Amerika, wo es Winter gab und richtige Arbeit. Das ist noch gar nicht so lang her; und doch war Kalifornien – in seinen verschiedenen Erscheinungsformen – auch immer noch das sagenhafte Land des Goldrauschs aus dem vergangenen Jahrhundert, war Wüste und hohe Berge und zeitlos unerschöpfliches Anbauland, plus ein paar großstädtischen Pforten zur real existierenden Außenwelt.

In Los Angeles aß ich in einer Cafeteria, die feste Preise nicht kannte; man war gebeten zu bezahlen, was man für angemessen hielt; der liebe Gott würde den Gast schon erleuchten. Eine Pumpe spie ständig einen Wasserfall, den „Himmlischen Kreislauf des Wassers“, auf eine Reliefkarte von El Dorado. Die himmlische Pumpe versagte nie, ungeachtet der Stromschwankungen, bis die Cafeteria einem Hochhaus weichen mußte.

Als ich 1960 schließlich nach San Francisco zog, war der Staat Kalifornien auf dem besten Wege, sich in puncto Industrie, Handel und Landwirtschaft in die erfolgreichste und wohlhabendste Ecke Amerikas zu verwandeln. Aber Lebensform und Lebensgefühl Kaliforniens waren dennoch nicht wie anderswo in Amerika – und sind es auch heute nicht.

An vier großen kalifornischen Städten läßt sich der unterschiedliche Gebrauchswert solcher Städte in unseren Tagen ganz gut ablesen.

Los Angeles ist ein elektrisches Gebilde, ein Strang loser Strippen, gebündelt durch einen massierten Willensakt und irgendwie auch angeschlossen an den gewaltigen, unförmigen Leib Amerikas. L. A. betäubt und bedroht, aber über eins muß man sich im klaren sein – es klappt; es funktioniert wie eine Weltraumkolonie, die einen Entwurf ihrer selbst umkreist.

Das Geflecht der Freeways und der Satellitenstädte, das Geld und diese sonderbare Luft führen der Welt das Inbild einer unmöglichen Zukunft vor Augen, komplett mit manischen Ausbrüchen einer Energie, wie Manhattan sie hat, und freischwebendem Blödsinn.

San Francisco ist das letzte große weltstädtische Dorf in Amerika, weiß und wundervoll, eine Stadt für Fußgänger und Genießer, die Charme und Intelligenz und die ehrwürdigen Traditionen ihrer immerhin 150jährigen Geschichte vermarktet. Ehedem machten die Vermögen der Goldgräber und der Banker die verschwenderische Energie dieses Ortes aus; heute beherrscht die Gemeinde der Homosexuellen mit ihrem lockeren Kleingeld und ihrer allzeit bereiten Sinnlichkeit das Image San Franciscos weltweit. Andererseits gibt es hier auch solide Mittelklasse-Bürger, so durchschnittliche Typen wie mich: einen zweimal geschiedenen Romanschriftsteller mit fünf Kindern.

San Jose, diese ungeheuer fixe, scharfkantige, unberechenbare Stadt – so unberechenbar wie ein Halbwüchsiger –, wird bei der nächsten Volkszählung schon größer sein als San Francisco. Vor 20 Jahren noch warf ein Schlager die Frage auf: „Kennst du den Weg nach San Jose?“ und die Antwort war meistens: Wohin?

Heute haben die Leute mit den Mikrochips und den Computern und den elektronischen Spielen, plus den Gen-Ingenieuren, längst den Weg nach San Jose gefunden. Hier wird die Welt von morgen in die Praxis umgesetzt. In unmittelbarer Nachbarschaft von Stanford, Kaliforniens erstklassiger Privatuniversität, und zwischen Los Angeles und San Francisco, in Hafennähe – also nicht weit von Japan und China –, haben die Landleute und die Ruheständler von San Jose den New-Tech-Leuten Platz gemacht. Einkaufszentren, Flächenbauten und luftige, unheimlich stille Fabrikhallen scheinen vom Himmel auf diese sanften Hügel gefallen zu sein, wo einst Pflaumen und Aprikosen wuchsen. Sogar die Kultur hat San Jose eingeholt: Hier lebt heute eine der großen Buchkäufer-Gemeinden Amerikas.

In diesem Land ist das Genie pausenlos auf dem Kriegspfad

San Diego, ehedem bekannt für sein mildes Klima und seine verträgliche Bevölkerung, beherrscht von der Marine und von Pensionären, ein Urlaubsziel für alle, die Mexiko nahe sein und dennoch dem Trinkwasser trauen wollen, ist immer noch still, politisch konservativ, ein Bollwerk aus dem Mittleren Westen oder dem Süden Amerikas, aber verlegt ins üppige Klima einer bevorzugten Örtlichkeit mit See, Sonne, Wärme, Passatwinden und quasi-spanischem Dekor. Doch Umtriebigkeit und Industrie und Handel und verglaste Wolkenkratzer haben auch San Diego erreicht – ebenfalls Krebskuren, neue Religionen, Modetorheiten aller Art und die typisch kalifornische Überzeugung: Alles ist möglich; und nicht nur möglich, sondern höchstwahrscheinlich; und nicht nur höchstwahrscheinlich, sondern schon jetzt fest im Griff.

Das ist aber noch nicht alles, was wir an Metropolen zu bieten haben.

Oakland, mit San Francisco durch die berühmte Brücke über die Bay und mit San Jose durch einen Freeway verbunden, ist eine industrialisierte Hafenstadt mit einem hohen farbigen und hispanoamerikanischen Bevölkerungsanteil, in der Mentalität nicht ungleich den Arbeiterstädten Cleveland oder Detroit.

Sacramento, die Hauptstadt des Staates, ergo ein Hort der unablässig sprießenden Bürokratie, ist zugleich Zentrum der Entwicklung industrialisierter Landbaumethoden in Kalifornien. Teile des Sacramento Valley sehen aus wie die französische Camargue, andere wie die Ukraine – saftige Wiesen und Nußbaumplantagen, Wein, Getreide, Tomaten, Reis. Und landwirtschaftliche Nutzfahrzeuge: Zur Erntezeit wimmelt es hier von hochgerüsteten Spezialtrupps, Hubschraubern, Sprüh-Flugzeugen.

Was gemeinhin die „Megaversität“ genannt wird, Kaliforniens riesige Lernfabrik, hat eine Reihe ausgeprochen jugendlicher Ansiedlungen gezeitigt, Berkeley zum Beispiel, gelegentlich „Berserkeley“ genannt; zu den hauptsächlichen Hervorbringungen dort zählen politische Theorien, heiße Bäder, Städteplanungsexperten und Schlemmerlokale für die kalifornische Nouvelle Cuisine.

Als ich 1960 dorthin kam, um aus einem Roman zu lesen, fuhr mich eine hübsche junge Frau mit brauner Haut in einem roten offenen MG zu meiner Lesung, und während der Fahrt über die Bay Bridge erörterten wir Dylan Thomas und Alfred North Whitehead und das traurige Schicksal einer Schwarzen mit weißer Seele. Da wußte ich, daß es mir bestimmt war, den Rest meines Lebens in Kalifornien zu verbringen. Ich war zu einer Lesung gekommen, aber ich hatte mich verliebt. Ich fühlte mich wie ein Goldgräber, der seine Schaufel in den steinigen Boden sticht und nun Öl aus den Ritzen sickern sieht – nicht ganz das, was ich im Sinne hatte, aber auf seine Art gar nicht so übel.

Berkeley hat übrigens auch die Underground-Zeitung hervorgebracht, jene absonderliche Einrichtung zur Unterstützung der Weltrevolution durch Veröffentlichung von Annoncen für diskrete sexuelle Begegnungen. Telegraph Avenue war während der sechziger und der frühen siebziger Jahre ein internationales Aussteiger-Zentrum und verkam später zum Teenager-Slum und zum Penner-Asyl, bis dann die Bräuche wieder ein bißchen strenger wurden in den eher zugeknöpften Achtzigern.

Straßenhändler und Kaffeehaus-Radikalinskis sind immer noch ansässig im Umfeld der Universität, darunter Revolutionäre der zweiten und dritten Generation, unterdessen versehen mit all der Milde, die ein ererbter Status nun mal mit sich bringt.

Der fernöstlich-verträumten Reputation Kaliforniens zum Trotz ist das Genie

Als im Diablo Canyon, vier Kilometer von der Pazifik-Küste entfernt, ein Kernreaktor entstand, setzten Demonstranten ungewöhnliche, eben kalifornische Zeichen des Protests: Sie schickten den Vertretern der Obrigkeit Seifenblasen entgegen. Ungewöhnlich ist auch die Crystal Cathedral, ein gläsernes Monstrum, das sich der Prediger Dr. Robert Schuller in Garden Grove, unweit von Disneyland, erbauen ließ

Zwei Einfälle zum Auffallen

hier pausenlos auf dem Kriegspfad – oder warum sonst gäbe es hier mehr Nobelpreisträger, Tennis- und Schwimmchampions und Erfinder elektronischer Spiele als beinah überall sonst? Außerdem nehmen wir es mit französischem Wein, deutscher Technologie, japanischem Reis, italienischer Landschaft und chinesischer Poesie auf.

Wahrscheinlich fördern angenehmes Klima, Überfluß und Chancenreichtum ein gewisses Maß an Verrücktheit. Anderswo tobt der Existenzkampf – wir in Kalifornien haben davon gehört. Hier reduziert sich dieser Kampf, jedenfalls für die überwiegende Mehrheit der Mittelklasse, zuweilen auf tapfer geschlagene Schlachten gegen die Langeweile und den Mangel an Herausforderung. Darum auch bilden Liebesaffären und Ehegeschichten die vorderste Front auf dem Feld der Ehre und der Eroberung. Sie sind der moralische Ausgleich für Krieg – in einem Staat nämlich, in dem die Hälfte aller Ehen mit Scheidung endet, neuerdings amtlich „Auflösung“ genannt, was die Prozedur selbst kaum weniger schmerzhaft macht.

Kunst, Industrie, Wissenschaft, fortgesetzte kulturelle Improvisation, sogar das Verbrechen – sie alle spielen eine Rolle in den Phantasien dieser Menschen, natürlich auch die hierzulande nie versiegende Quelle der Narretei. Und für das Wundersame ist immer Platz und Zeit und Bedarf. Daß ferne Sehnsüchte einmal ganz nah sein werden – warum nicht? Wer sagt, wir bringen das nicht?

Dies ist doch Kalifornien, oder?

Vier derart unterschiedliche amerikanische Städte wie Los Angeles, San Francisco, San Jose und San Diego in einem einzigen amerikanischen Staat sind wie drei Menschen, die ein Kind machen wollen – zu viele für eine eindeutige Bestimmung des Resultats. Sie haben ihre hergebrachten spanischen Namen gemeinsam, ihr einschmeichelndes kalifornisches Klima und ihre endlose Offenheit gegenüber Veränderungen. Dennoch sind sie auf manche Weise von ganz unterschiedlicher Gestalt und lassen so erkennen, daß dieser Staat in mehr als einer Beziehung eine moralische wie räumliche Ungeheuerlichkeit ist, eine metaphysische Konstruktion, ein Reich der Phantasie.

Wenn man sich – anteilnehmend, hoffe ich – über die Lebensläufe der Neureichen lustig macht, dann sollte man darüber nicht aus den Augen verlieren, daß die zweite Sprache Kaliforniens Spanisch ist. Eine Flut von Einwanderern, meist illegale, kommt aus Mexiko und Guatemala zur Erntezeit. Besonders im Orange County und im Los Angeles County bildet eine ausschließlich spanisch sprechende Schwerarbeiterklasse von „Chicanos“ oder „Hispanics“ bereits eine neue Schicht in der traditionell zweischichtigen, nämlich schwarzen und weißen Gesellschaft.

Diese Mestizen-Abkömmlinge von Azteken- und Maya-Kriegern in den Barrios der großen Städte sind über den stummen Appell ans Gewissen, über die Bitte um Fairness, längst hinaus. Sie haben politische Macht erworben und wollen eine Rolle in der Regierung spielen. Wahlzettel werden neuerdings auch auf spanisch gedruckt, was all jene aufbringt, die meinen, daß eine gewisse Kenntnis der englischen Sprache eigentlich Voraussetzung für die Ausübung des Wahlrechts in den USA sein sollte, selbst in Kalifornien. Aus dem Schmelztiegel ist ein Mikrowellen-Dampfkessel geworden, eine wackelige Angelegenheit.

Was gern „die beiden Kalifornien" genannt wird – das südliche mit seiner Kombination aus konservativer Politik und einer Bevölkerung, die manche Eigenheiten des amerikanischen Mittelwestens und der Südstaaten aufweist, und das nördliche, mit seiner Mischung aus Experiment, Abenteuer und einer von Einwanderern aus dem amerikanischen Nordosten beherrschten Bevölkerung – hat nun sogar unterschiedliche Sprechweisen hervorgebracht. Der Akzent im Süden ist anders als der im Norden; zuweilen klingen die beiden fast wie zwei verschiedene Dialekte. Das Wörtchen „gut", von Haus aus einsilbig, hört sich manchmal wie „gu-ut" an, wie zwei schmusige Girrlaute, und ein andermal, bei den ganz besonders bedienten, gottseligen, alles verzeihenden, unheimlich abgefahrenen Typen, wie „gu-u-ut" – ein dreisilbiger, durchgestylter, weihevoller Singsang.

Ein Land, das sich selber erfunden hat, ohne eine »staatstragende« Theorie

Es gibt gelegentlich Bestrebungen, den Staat zu teilen – angestoßen zum Beispiel von dem Nord-Süd-Streit um die Wasserrechte, einem Streit, der im Nahen Osten oder in Afrika gewiß längst kriegerische Formen angenommen hätte. Aber obwohl solche Bestrebungen Los Angeles und San Diego gegen San Francisco und San Jose aufbringen könnten, gelingt es der Hauptstadt Sacramento meistens, eine Art Frieden zu stiften. Während einer Dürre vor ein paar Jahren, als die Bürger vom Marin County aufgefordert waren, ihren Rasen braun werden zu lassen, und ihren Porsche oder ihren Mercedes nicht waschen durften, gab es sogar Spaßvögel in Los Angeles, die ihre Freunde im Norden übers Telefon den Klang der Klospülung mithören ließen.

Eine Zweiteilung des Staates würde in Wahrheit nichts lösen und keines der wirklich komplizierten Probleme klären. Wie in den Ehen, die nicht geschieden werden, gibt es eben mehr, was Kalifornien zusammenhält, als was die verschiedenen Kalifornien auseinanderzwingen würde.

Ein Versuch, den Kasus in Kategorien zu fassen, mißt dem Süden konservative Politik und exzentrische Lebensformen zu, dem Norden dagegen eine liberale Politik und weniger auffällige Kennzeichen. Aber jede solche Klassifizierung unternimmt es, einem Land Rationalität zuzumuten, das sich wie kein anderes in modernen Zeiten sozusagen beiläufig selber erfunden hat, ohne jede Theorie – was keine europäische Gesellschaft sich je getraut hätte.

Andere Beobachter Kaliforniens wiederum versuchen, dem Genius loci eine gewissermaßen orientalische Gegenwärtigkeit überzustülpen und so die europäischen Bindungen wettzumachen, die auf dem Landweg von der Atlantikküste hierher offensichtlich gelitten haben. Japan hier? China? Nun ja, ein paar fernöstliche Duftmarken haben Handel und Einwanderung uns schon mitgebracht, und ich persönlich halte die Heiterkeit des Zen zum Beispiel durchaus für eine Hilfe im Umgang mit den Turbulenzen des privaten wie des öffentlichen Lebens.

Die schlichte Wahrheit ist, daß der Schweinezüchter im Amador County, der Hüter der Kükenschar nahe Ojai, der Gemüsebauer aus China samt allen Küstenfischern eben Nahrungsmittel erzeugen und keine Philosophie – obwohl ich an der Nordküste auch einen Austernzüchter kenne, der aus Harvard kommt und weg wollte vom Papierkrieg und vom Berichteschreiben und der sich jetzt für den Anführer einer Zurück-zum-Meer-Bewegung hält.

In den Santa Rosa Mountains, im Riverside County, jagen Wilderer das Dickhornschaf, das hier schon seit hunderttausend Jahren vorkommt. Pumas, Eulen, Füchse und Gänse leben noch immer in der Wildnis gleich nebenan. Die Coyoten unternehmen viele Raubzüge zu den Picknickplätzen in Brentwood, und die Waschbären gehen auf Safari in die Mülltonnen von San Francisco.

Eine weitere Möglichkeit, den Sinn des Lebens kalifornisch darzustellen, sind Naturparks, Flüsse, Berge, Wasserfälle, Wüstenbecken und karstige Höhen – eine solche Fülle und Vielfalt von Land und Meer, daß der Wanderer atemlos innehalten möchte. Wo die übermächtige Natur mit solcher Wucht dem Willen des Menschen entgegentritt, ist ehrfürchtiges Schweigen die angemessene Antwort – auch wenn man zum Überleben eher der Schläue bedarf.

Wenn mir der alltägliche Kram über den Kopf zu wachsen droht, laufe ich gern davon. Ich wandere oder lagere im Los Padres National Forest, erklimme manchmal auch die Hügel und schlafe im Busch bei den verwilderten Schweinen; ein andermal folge ich dem Fluß, der in ein Zen-Kloster führt, ein ehemaliges 1904 errichtetes Heilbad.

Los Padres und die anderen großen Wälder – ganz besonders der Wildwuchs der Kiefern und der Mammutbäume – sind ein Inbegriff der Einmaligkeit Kaliforniens. Dies ist ein Ort ohnegleichen; dies sind Tage und Nächte, wie es sie sonst nirgends mehr gibt – oder besser: wie sie vor hundert Jahren waren.

Viel vom kalifornischen Hinterland, von den Wäldern, Wüsten, Bergen, Tälern und Buschebenen, ist Erholungsgebiet – oder gar nichts. Es gibt Counties, in denen nur ein paar tausend Menschen leben, und zwar karg, still, zurückgezogen, eingeschneit im langen Winter der Sierra oder geröstet von der höllisch verschwefelten Hitze des Death Valley. Das milde Küstenklima kann schon hinter dem nächsten Berg einer brutal zupackenden Natur gewichen sein. Ich habe hier, auf der Route 80 von Sacramento in die Sierra, schon weniger als eine halbe Stunde vom hemdsärmeligen Sonnenbad bis zum Schneesturm gebraucht, und vom Paradiesgarten bis zur Mondlandschaft sind es allenfalls ein paar Minuten mehr.

Die Mojave Desert wird jetzt als Landebahn für Weltraumfahrzeuge genutzt – wir haben so eine Art, nichts brachliegen zu lassen. Die derzeitige Regierung in Washington würde den Urwald gern an Holzfäller verkaufen, auch Schürfrechte für Öl und Mineralien; aber nach der heftigen kalifornischen Ablehnung zu urteilen, wird die Regierung wohl nicht weit kommen.

Anderwärts, zwischen Urwald und Küstenstädten, kann man in ländlichen Holzfällergemeinden, besonders im Humboldt County und im Mendocino County, deutliche Spuren eines merkwürdigen Wohlstands finden, geschmackvolle Autos zum Beispiel und anständige Restaurants, und dies, obwohl die Rezession vor der holzverarbeitenden Industrie keineswegs haltgemacht hat.

Wie das? Nun, viele dieser netten Leute mit den hübschen kleinen Kindern, die hübsche kleine Privatschulen besuchen, sind Marihuana-Farmer. Und da Marihuana verboten ist, sehen sie sich außerstande, ihre Einkünfte zu versteuern; das wiederum ist dazu angetan, sie immer wohlhabender werden zu lassen. Den Händlern, die ihnen was verkaufen wol-

Aus dem Armenhaus wurde ein mondänes Viertel *Wo der riesige Stadtbrei von Los Angeles durch das Meer begrenzt wird, liegt Venice – noch vor wenigen Jahren ein heruntergekommenes Nichts, in dem viele Lichtscheue hausten. Inzwischen sind Grundstücke und Häuser nahezu unerschwinglich, und wo früher Ärmlichkeit daheim war, grüßen nun Schick und Mode*

len, macht das nichts aus, im Gegenteil. Und so sind den örtlichen Gesetzeshütern denn auf die reizendste Weise die Hände gebunden. Jedenfalls droht Gefahr eher von der Schmutzkonkurrenz im Drogenhandel als von der Polizei.

So ist hier oben eine ziemlich gespenstische Parallel-Wirtschaft entstanden, die in den Statistiken des Handelsministeriums an keiner Stelle vorkommt, und obendrein ein absatzträchtiger Markt für Rock-Platten, Quiches, Briekäse und Repetiergewehre.

Ab und zu sperrt die Polizei auch mal einen Mutter-Erde-Ideologen ein, wie zum Beispiel jenen Freund von mir, der 147 Marihuana-Pflanzen auf seinem Grundstück hatte; das bedeutet einen Ernteertrag von rund 150 000 Dollar jährlich. Der Mann war viel zu mürbe, den inhaftierenden Beamten Widerstand zu leisten, unter denen obendrein Volleyball-Kameraden von ihm waren. Als ich ihn fragte, wie sich ein ehemaliger College-Professor denn in solche Schwierigkeiten bringen könne, zuckte er die Achseln und sagte: „Ich wollte immer schon dem Land näher sein und Sachen anbauen, wie sie bei Wordsworth und Tennyson vorkommen." Und nun? „Es kommt, wie es kommen muß", sagte er – und was kommen muß, wird wohl eine ausgedehnte Runde rechtlicher Rangeleien sein. Wordsworth und Buddha hätten sich bestimmt ein gescheiteres Arrangement mit den Behörden ausgedacht.

Es gibt ein Rilke-Gedicht über den Körper des Apollo, das mit dem Satz endet: „Du mußt dein Leben ändern." In Kalifornien ändert beinah jedermann sein Leben, meist ohne nennenswerten Aufwand. Das Reich der Phantasie nötigt uns förmlich dazu.

Wer hierherkommt, kann seinen Namen, seinen Stil, seine Frau, sein Leben auswechseln

Geringfügige Verlagerungen innerhalb der verformbaren Bewegungsmasse der kalifornischen Kultur verändern ständig den Verlauf der moralischen Grabenlinien, so wie die vielen kleinen Erdbeben immer wieder das Land durcheinanderbringen. Lange Haare zum Beispiel sind in Kalifornien von den Hippies, den Aussteigern und den Nonkonformisten zu den Verkäufern, den Feuerwehrleuten und den Polizisten abgewandert. Diese verdienten Herrschaften sind heutzutage frisiert wie ehedem jene Burschen, denen sie ihre Schlagstöcke über die Köpfe gehauen haben.

Und wer hat heute kurze Haare? Bestimmte Gruppen von Homosexuellen, dann die Machos mit ihren Jeeps auf dem Sunset Strip und die Elite-Studenten auf dem Campus. Ein mysteriöser Austausch der Gene hat stattgefunden, ein Umspleißen der äußeren Erscheinungsform, dessen Entdeckung mir jedoch schwerlich den Nobelpreis für kalifornische Wissenschaft einbringen wird.

Immer schon hat Kalifornien funktioniert wie ein Bermuda-Dreieck der Vergangenheit, ein freundliches Schwarzes Loch, in das man alles überzählige Gepäck der Geschichte kippen kann. Wer hierherkommt, der kann seinen Namen, seinen Stil, seine Frau, sein Leben auswechseln. Jüdische Hühnerfarmer haben Petaluma einst zur Geflügel-Hauptstadt Amerikas gemacht; armenische Händler haben sich auf Weintrauben, Melonen, Artischocken, Nußbäume oder, wie William Saroyan, auf Prosa geworfen; Seeleute sind Kaufleute, Goldgräber sind Politiker, Cowboys sind Gouverneure geworden; ein Radio-Ansager und zweitklassiger Schauspieler hat seine Karriere sogar als Präsident der Vereinigten Staaten krönen können und dabei gewiß das wahre Glück in dieser Seifenopern-Formulierung vom „Führer der freien Welt" gefunden.

Heureka! Wir haben es gefunden! war ein Geniestreich der Vorwegnahme. Denn natürlich haben viele Kalifornier mitnichten El Dorado gefunden, sondern sind nur so reingeschliddert. Und die schönen Sachen, die wir tatsächlich gefunden haben, entgleiten unserem Zugriff allzu leicht – wie Smog, Arbeitslosigkeit, Rassenprobleme, Immobilienspekulation, finanzielle Erschütterungen und überhaupt alle die sattsam bekannten amerikanischen Gegenwartsprobleme beweisen können.

Man kann Geld verdienen, wenn man ein Land aufbaut, und man kann Geld verdienen, wenn man es abreißt. Da in Kalifornien beides gleichzeitig passiert, ist hier eine ganze Menge Geld. Die Reichen sind wirklich reich, und die Armen sind so arm wie sonstwo in den Vereinigten Staaten. In San Francisco gibt es einen verlassenen Platz, „Wino Park", reserviert für die Männer und Frauen, die in den Röhren der Kanalisation nächtigen. Die Barrios und alle anderen Slums gedeihen prächtig in der verlängerten Wirtschaftskrise. Es gibt eine offenbar permanente Unterschicht, die der übrigen Bürgerschaft Tribut abverlangt, formal über die Wohlfahrt und formlos über Einbruch und Diebstahl.

Kalifornien, die achtgrößte Industriemacht der Welt, kocht über vor Wohlstand – industrialisierter Landbau, Luftfahrtindustrie, Computer – und wankt zugleich unter Arbeitslosigkeit, Inflation und Konkurrenzdruck aus Japan und anderswo.

Eine Zeitlang sah es so aus, als wären Immobilien so eine Art fliegender Teppich – als nämlich Europäer, Iraner, Araber und andere geheimnisvolle Orientalen einfach alles aufkauften in diesem Goldenen Staat. Das ist vorbei. Der junge Multimillionär, der den klassischen Skulpturen im Park seiner Villa am Sunset Strip die Genitalien rosa angemalt hat, ist nach Miami oder St. Louis verschwunden, aus obskuren Gründen, die wahrscheinlich mit Langerweile zu tun haben und mit seiner Scheidung. Seine Frau hat ihn auf eine halbe Million Dollar verklagt, plus Sorgerecht über einen Teil des Fuhrparks.

Dies Dorado hat eine neue Rasse von athletischer Anmut hervorgebracht

Auch kenne ich eine partiell pensionierte Stripteasetänzerin, die ihr Einkommen aus ein paar Sex-Darstellungen voller Stolz durch eine „Guerilla-Gärtnerei" aufbessert. Sie erntet Kräuter, Wurzeln und erdnah wachsendes Gemüse vom widerstandsfähigen Boden des Golden Gate Park in San Francisco. Sie und ein paar vietnamesische Flüchtlinge haben da eine feine Sache aufgezogen. Und außerdem, was sonst bietet sich an, wenn man eine 58jährige Sexkönigin und Vegetarierin ist? Aber sie ist frei und unabhängig. Und sieht nicht aus wie 58.

Kalifornier sind eben nicht wie andere Menschen, weder im Reichtum noch in der Armut – auch wenn sie gar keine Kalifornier sind.

Dies Dorado der Entkommenen hat eine neue Rasse hervorgebracht: den Kalifornier. So viel athletische Anmut ist schon beinah übernatürlich. Und dennoch ist das Leben hier nicht immer leicht.

Zwei Meldungen aus der „San Francisco Chronicle" vom selben Tag: Ein Kunststudent hat den ihm erteilten Auftrag, eine „Aktion" zu veranstalten, dadurch ausgeführt, daß er aufs Dach des Studentenhauses der San Francisco State University kletterte und dort öffentlich sein Schamhaar abrasierte. Sein Lehrer bezeichnete das, eher nachsichtig, als „Aktionskunst", nicht ohne an die stärkere Symbolwirkung eines Wiener Künstlers zu erinnern, der zentimeterweise einen Penis zerschnitten hatte. Aber der junge Mann war schließlich Anfänger.

Eine feministische Samenbank hat bekanntgemacht, daß sie Sperma nun auch an allein oder paarweise lebende Lesbierinnen abgebe. Zur Begründung wird erklärt, daß Frauen über ihren Körper selbst verfügen wollen, die Fortpflanzung

Dem Land der tausend Wonnen droht dauernd eine Katastrophe

Als jüngst schwere Stürme und Wolkenbrüche die Küste heimsuchten, sah es vielerorts so aus wie in Malibu. Katastrophen gehören gewissermaßen zur Natur Kaliforniens: Ob der von einem Beben zerschmetterte Golden State Freeway im San Fernando Valley oder das Buschfeuer hinter den Kulissen von Santa Monica – die Kalifornier haben sich an solche Bilder gewöhnt und mit dem Schrecken leben gelernt

natürlich eingeschlossen. Anonyme Samenspender werden solchen Vätern vorgezogen, die irgendwelche Rechte auf ihre Kinder geltend machen wollen.

Einer der Gründe für den weltweiten Argwohn, der Kalifornien, nächst der Bewunderung, entgegengebracht wird, ist wohl der unbekümmerte Hedonismus, den viele Menschen mit Kalifornien assoziieren. Für Skandinavier bedeutet das Klima hier ewigen Frühling; für die Gehemmten ist Kalifornien gleich Körperlichkeit und Freizügigkeit, für die Armen ist es Geld, für die Reichen ist es ein Ort, an dem sogar die Armen braungebrannt, geradezu unanständig elegant und mit sich im reinen sind.

Vielleicht ist es der Mangel an Verwurzelung – wenige Familien hier können länger als 100 Jahre ansässig sein – das uns diese Freiheit aufgezwungen hat. Wir stellen uns und verkünden durch unsere Taten, wer wir seien. Wir mögen lügen, aber dann werden wir unseren Lügen auch gerecht – ein fortgesetzter, gefahrvoller Akt der Erfindung.

Die üblichen Kontrollen und Begrenzungen funktionieren hier meistens nicht. Spinoza hat einmal gesagt, die Beschränkung des Menschen liege darin, daß er seine Grenzen nicht kenne, und seine Freiheit liege darin, daß er seine Möglichkeiten nicht kenne. Die Kalifornier erscheinen oft als entwurzelt, weil sie die Grenzen nicht kennen; sie erscheinen so unglaublich zügellos, weil sie glauben, alles sei möglich. Und das läßt sie in den Augen der Nicht-Kalifornier wie eine andere Rasse aussehen – eine ebenso verantwortungslose wie beneidenswerte.

Die Verlierer bleiben am Leben - dank einem Netz aus Fürsorge und Verbrechen

Das alles hat seinen Preis. So viel Freiheit bedeutet auch, daß unser Leben immer von Tragik umwittert ist, bedroht von jener Verlorenheit, die sich ausdrückt in Selbstmordquoten, Alkoholismus, Drogensucht, Scheidung, lediger Mutterschaft, sinnloser Gewalt und die sich ausdrückt auf den Straßen in den Stadtkernen, die zu Ambulanzen für psychisch Kranke geworden sind, seit der Staat begonnen hat, sogar an den Irrenhäusern zu sparen.

Die Verlierer verlieren gründlich, und da der Tod am Ende zu allen kommt, zu dem zerknitterten Indianer, der im Busbahnhof von Fresno an der Wand kauert, genauso wie zu dem internationalen Banker, der sein Anwesen in Hillsborough „Petit Trianon" getauft hat, sehnen sich sogar die Sieger nach einem Halt in der Herkunft – Familie, Kinder, Glauben. Die Verlierer, davon gibt es Millionen, bleiben am Leben dank einem eng geknüpften Netz aus Fürsorge und Verbrechen.

Zugemauerte Wohnviertel, eine blühende Industrie für persönliche Sicherheitsvorkehrungen, obendrein Slums, die als psychiatrische Ambulanzen und geriatrische Lagerhäuser dienen und natürlich als Akademien für Straßenräuber in Ausbildung, sprechen nicht unbedingt für die Gesundheit einer Gesellschaft. Das tun freilich, am anderen Ende des finanziellen Spektrums, auch die merkwürdigen Damen mit den hungrigen Augen nicht, die den Rodeo Drive in Beverly Hills nach Käuflichem durchstöbern, nach einem Kunstwerk oder einer neuen Make-up-Creme oder der neuesten Modetherapie; „Rebirthing", Wiedergeborenwerden, war da kürzlich ein Renner.

Als ich einmal mit einer Filmdiva über einem Drehbuch saß, kam ihre Sekretärin herein und sagte: „Brenda, ich gehe in die Stadt und sehe mir die Matisse-Ausstellung an."

„Matisse?" fragte der Star.

„Du weißt doch, der Maler."

„Ach so", sagte Brenda, „wenn du was siehst, das mir gefallen könnte, bring's doch mit."

Die Geschichte aller großen Länder, ebenso wie die der großen Nationen, bringt uns immer wieder auf die seltsamen Privatgeschichten seiner einzelnen Bürger. Jemand kann in Ohio leben und sich nicht als Einheimischer fühlen; ein Kalifornier ist sich im allgemeinen bewußt, daß er von irgendwoher kommt, aber da er nun mal hier ist, tritt er auch bei, gehört er zur Truppe.

Schon bald nach meiner Ankunft 1960 fiel mir auf, daß ich oft der dienstälteste Kalifornier war unter lauter Neuankömmlingen beispielsweise aus New York, die nach zwei oder drei Wochen bereits ihre Brooks-Brothers-Anzüge abgelegt und es sich gemütlich gemacht hatten in ihren kalifornischen Verkleidungen aus Jeansstoff, Leder und Seide.

Heureka, was haben wir gefunden? Wie soll der Mensch leben?

Die Kalifornier suchen, für sich selber und für ihre Nation, immer noch nach Antwort auf diese Fragen. Die Zeiten sind vorbei, zu denen man noch die Wahl hatte unter den rasch zu erwerbenden Reichtümern: Gold, Öl, Landnahme, der Verkauf von Jeans oder Traktaten, die Erfindung der Filmindustrie oder, in einem unbewachten Augenblick, der Überfall auf die Postkutsche. So leicht läßt sich der Rahm nicht mehr abschöpfen.

Die meisten Menschen eilen geschäftig durch die Städte und begegnen sich selber – in den Fremdlingen, den Dieben, den Geschäftsleuten, den Buchhaltern, den Reparaturarbeitern, diesen uniformen Masken städtischen Lebens, denen man eben überall begegnet. Die ersten Weißen in Kalifornien sind so gut wie niemandem begegnet. Sie sind nur gekommen der Pelze und der Mineralien wegen, das Land zu plündern – und sie haben sich genüßlich Zeit gelassen, bis sie mindestens mal den Versuch machten, sich selber kennenzulernen. Der ernsthafte Sucher Kaliforniens, Gegenstand so vieler komischer Darstellungen, rückt nun, nach all der kühnen Sorglosigkeit der Vergangenheit, wahrhaftig näher.

Kalifornien ist auch im späten 20. Jahrhundert noch immer ein ehrlicher Bandit

Mit all seiner Exzentrik und Regelwidrigkeit, seinen neuen Städten und neuen Religionen, mit all seiner vorwitzigen Verachtung der europäisch-amerikanischen Wurzeln der westlichen Gesellschaftsordnung gilt Kalifornien den meisten Menschen doch als liebenswürdig – und wir wollen ja so dringend geliebt werden –, als unschuldig gegenüber den Versuchungen des Fleisches, ja der Habgier. Bob Dylans paradoxer Satz aus einem seiner frühen Songs trifft zu: Wer außerhalb des Gesetzes, wer wie ein Bandit leben will, der muß ehrlich sein. Und Kalifornien ist, auf die alten Tage des zwanzigsten Jahrhunderts, immer noch ein ehrlicher Bandit.

Fragt sich wirklich noch jemand, warum ich Kalifornien mit der gleichen Wucht liebe wie ein Kind den Zirkus? Mit jedem Schlag der Trommel, mit jedem Stoß der Trompeten stürmen neue Akrobaten, stolpern neue Clowns in die Manege; ich träume, aber wenn ich mich kneife, dann sehe ich, daß alles dies Wirklichkeit ist.

Wir haben es gefunden! Und es steht nicht mehr nur für Gold, Öl, Geld, Weintrauben, Obstplantagen, eine Agro-Industrie, die viereckige Tomaten und unverderbliche Milch erfindet oder tomatenlose Tomaten und milchfreie Milch, nicht mehr nur Mikrochips, religiöse Kulte, Unterhaltungs- und Weltraumindustrie. Sondern es ist auch eine komplizierte Möglichkeit, Mensch zu sein, es ist eine Nationalität ohne Armee – vielleicht ein Vergrößerungsspiegel für den Amerikanischen Traum, den weltumspannenden Traum vom schöneren Anderswo. □

Der Schriftsteller Herbert Gold, 58, verfaßte bisher 17 Romane und zahlreiche Beiträge für große Magazine. Gold, der auch an den Universitäten Harvard, Cornell, Stanford und Berkeley „Kreatives Schreiben" gelehrt hat, lebt, wie auch seine fünf Kinder, in Kalifornien.

LOS ANGELES AIRPORT
Von den kühlen Bergwinden im Norden bis zu den sonnengebadeten Stränden im Süden—Hyatt umfaßt ganz Kalifornien. Siebzehn herrliche Hotels, in denen Sie die persönliche Aufmerksamkeit und die besonderen Details kennenlernen werden, die bei Hyatt Selbstverständlichkeit sind.
Für Reservierungen in 109 Hotels weltweit wenden Sie sich bitte an Ihr Reisebüro oder direkt an Hyatt. In Frankfurt erreichen Sie uns unter (0611) 28 09 38, in Wien (0222) 54 11 81, in Zürich (01) 302 08 16, oder per Telex: London 8954227
SAN FRANCISCO EMBARCADERO CENTER
LOS ANGELES BROADWAY PLAZA
MONTEREY PENINSULA DEL MONTE
SAN FRANCISCO UNION SQUARE
OAKLAND CONVENTION CENTER
a touch of Hyatt®
HYATT® HOTELS
© 1982 Hyatt Corp.

Think flexible!

Es muß schon etwas daran sein, daß so viele Computer gehen müssen, wenn Nixdorf Computer kommen.

Denn der bessere Computerhersteller ist nicht unbedingt der größere, sondern der flexiblere.

Ein Computerhersteller, der wie Nixdorf die Hardware stufenlos und die Software betriebsspezifisch anpassen kann. Der so Ihre Organisationsprobleme lösen hilft. Der auch mit seinen Dienstleistungen so flexibel ist, daß immer eine schnelle Lösung gefunden werden kann, wenn Sie schnelle Unterstützung brauchen.

Nixdorf bietet Ihnen diese Größe, die in der Flexibilität liegt, sich in Hardware, Software und Dienstleistung auf Sie einzustellen.

Nixdorf entwickelt diese Flexibilität ständig weiter – denn Nixdorf ist da,

wo der technologische Fortschritt zu Hause ist. Mit Forschungs- und Entwicklungsbereichen in Deutschland, Japan und den USA – wie zum Beispiel im Zentrum des Computerfortschritts, in Silicon Valley/Kalifornien.

Mit dem Ziel, die neueste Technologie am besten umzusetzen in die flexible Anwendung: in noch leistungsfähigere, wirtschaftlichere und sicherere Systeme.

Sprechen Sie mit Nixdorf über die flexible Größe Ihrer Organisationslösung.

Nixdorf Computer AG · Fürstenallee 7
4790 Paderborn · Tel. 05251/3001

NIXDORF
COMPUTER

Die Straße für den, der alles hat

Kein Modezar, der am Rodeo Drive von Beverly Hills nicht vertreten wäre. Die teuerste Shopping-Meile der Welt zieht jeden »Big Spender« an, der auf sich hält

Von Alan Cartnal

Der Rodeo Drive von Beverly Hills ist nur drei Häuserblocks lang, aber er hat einen legendären Ruf. Er ist Ziel und Treffpunkt des internationalen Jet-set und ausländischer Würdenträger, die man hier ständig beobachten kann: Begleitet von Leibwächtern, die so schwer an Paketen tragen, daß sie im Bedarfsfall schwerlich rechtzeitig nach ihren Waffen greifen könnten, durchstöbern sie die Geschäfte und inspizieren die crème de la crème des internationalen Design.

Auf dem Rodeo Drive tummeln sich die Filmstars, die man freilich hinter ihren Sonnenbrillen oder den getönten Fenstern ihrer Limousinen nur schwer erkennt. Paul Newman kauft hier ein, Barbra Streisand, Robert Redford, Clint Eastwood, Warren Beatty und Diane Keaton, Elizabeth Taylor und Victoria Principal – mit einem Wort: Man ist hier nur jemand, wenn man es soweit gebracht hat, daß man ohne einen Cent Bares in der Tasche in jedem Laden im Rodeo Drive vorsprechen kann.

Einige der Reichen und Berühmten suchen nicht einmal ihr Hotel auf, bevor sie dem Rodeo Drive ihre Reverenz erweisen. Wenn die amerikanische Mode-Designerin Diane von Fürstenberg in Los Angeles eintrifft, fährt sie vom Flughafen direkt zu Theodore's Boutique, kleidet sich neu ein, zieht sich um, und auf geht's zum Lunch ins nahe gelegene „Ma Maison" oder „L'Ermitage".

Am Rodeo Drive geht alles: Scheichs und betuchte Touristen kaufen ungerührt ein Brillant-Collier für 443 000 Dollar, einen Bettüberwurf aus Nerz für 30 000 oder, als kleines Mitbringsel, eine Piaget-Armbanduhr für 6500 Dollar. Es gibt auch weniger kostspielige Dinge, aber, wie Zsa Zsa Gabor erklärt: „Zum Rodeo Drive geht man nicht, um günstig einzukaufen, Darling, zum Rodeo Drive geht man wie ins Fantasyland."

„The Drive" ist die eleganteste Straße Kaliforniens, an der jeder große Modename der Welt, von Hermes bis zu Cartier, Ungaro, Yves Saint-Laurent und Gianni Versace vertreten ist. Erstaunlicherweise ist aber das erfolgreichste Geschäft am Rodeo Drive nicht europäischer Herkunft: Giorgio's, hinter weiß-gelb gestreiften Markisen eine Hymne an „Big Money".

Raquel Welch besteht darauf, daß die Geschäfte, in denen sie einkauft, geschlossen werden, damit sie allein bedient wird, wenn sie bei einem Einkaufsbummel 200 000 Dollar ausgibt. Und Paul Newman nimmt nicht nur seine Frau, die Schauspielerin Joanne Woodward, sondern die gesamte Familie und – Paul Newman hatte immer schon eine soziale Ader – sogar das Dienstmädchen mit,

»Meine Kunden sind reich, berühmt und mächtig«, sagt Bijan Pakzad, der persische Boß des exklusivsten Herrenausstatters am »Drive«. Damit sie sich um sich selbst und ihren Wohlstand weniger zu sorgen brauchen, bietet er ihnen 24karätige Revolver an – zum Preis von 10 000 Dollar

wenn er zur Gesichts- und Hauptinstandsetzung in die eleganten Schönheits-Boutiquen wie Georgette Klinger geht, die am Drive natürlich auch pflegebedürftige Herren bedienen.

Rocksänger Elton John kreuzte einmal bei Bijan auf, dem allerfeinsten Herrenausstatter am Rodeo Drive, und kam drei Stunden später um 100 000 Dollar seiner Tantiemen erleichtert wieder heraus. Dabei hatte er nur drei Kleinigkeiten erstanden. Bijan, der Eau de Cologne für wirkliche Herren in Baccarat-Flaschen zu 1000 Dollar anbietet, Besitzer eines monumentalen Ladens am Rodeo Drive, mit einer Treppe aus Gold und Messing zu 500 000 Dollar, ausgelegt mit feinsten Teppichen, öffnet die Pforten nur auf vorherige Anmeldung. Am Eingang hat er Wächter postiert, die dafür sorgen, daß seine noble Kundschaft nicht vom gemeinen Pöbel belästigt wird.

Alles am Rodeo Drive ist kolossal, auch die Mieten sind es. 15 000 Dollar pro Woche mindestens muß dem Vermieter hinblättern, wer hier handeln will. Die Folge: Geschäfte, die neu eröffnet werden, verschwinden so schnell wieder, wie Toast aus einem Toaster hüpft. Jene Spekulanten auf die Verhaltensweisen der Snobiety jedoch, die es geschafft haben, werden ganz groß. Infolgedessen werden die neuen Baukomplexe am Rodeo Drive so spektakulär, aber auch so potemkinsch wie die Kulissen eines Filmepos von Cecil B. DeMille.

Die neue „Rodeo Collection“, die 1984 vollständig fertig sein wird – wenn die Olympischen Spiele nach Los Angeles kommen –, kostet zwischen 40 und 60 Millionen Dollar. Sie verfügt, damit die Rolls auch etwas vom Einkaufsbummel haben, über die luxuriöseste unterirdische Parkgarage der Welt, mit Springbrunnen, frischen Gardenien und dicken Teppichen. Darüber entsteht das, was viele Eingeweihte als das teuerste Restaurant der Vereinigten Staaten bezeichnen: das „Excelsior“, ein Art-Deco-Speisehaus mit einem 1897er Château Lafite Rothschild, auf der Weinkarte ausgezeichnet mit 1850 Dollar.

Auch Hausbesitzer sind hier berühmt. Laut allgemeiner Aussage hat die Frau, die einen guten Teil dieser Straße ihr eigen nennt, das berühmteste Gesicht dieses Jahrhunderts: Greta Garbo. □

Alan Cartnal, 33, ist Mitherausgeber des „Los Angeles Magazine“ und gehörte lange zur Unterhaltungsredaktion der „Los Angeles Times“. Kürzlich hat er sein Buch „California Crzy“ veröffentlicht – eine Persiflage auf das kalifornische Highlife.

Outdoors

Fit sein ist ihr Leben

Die Kalifornier haben einen eigenen Weg gefunden, mit dem Alltag fertig zu werden: Sie laufen, surfen, segeln, spielen – und das nicht nur zum Spaß. Die Hingabe an den Körper ist eine allseits anerkannte Philosophie geworden. Hingabe macht frei

Im »hot tub«, dem Gartenzuber aus Holz, Plastik oder Beton, treffen sich Freunde, Nachbarn oder Familienmitglieder – aus Geselligkeit, um Wehwehchen zu kurieren oder »just for fun«. Die Lust, sich im sprudelnden, geheizten Wasser zu aalen, grassiert wie eine Epidemie

Eine Spielwiese mit scharfen Kurven

PS-Freaks gehören zu Kalifornien wie Sonne und Meer, und nicht selten muß ein Stück Natur für deren Spleen herhalten. In den Santa Lucia Mountains liegen verschlungene Hindernis-Strecken, auf denen Motocrossräder um die Wette flitzen

Wenn Hundchen seinem Herrn ein Ego gibt

Wer seinen Feuerstuhl stocksteif lenkt, muß keineswegs eine graue Maus auf der Piste bleiben – nur: Ideen muß man haben. Exhibitionismus ist in Kalifornien durchaus gefragt, wenn die Show denn Phantasie und Personality zeigt

Von Michael Fessier Jr.

Santa Barbara, Kalifornien, 14.30 Uhr an einem Dienstag. Ende November.

Ich lief am Strand entlang und durchlebte wieder einmal diese Halluzination, diese Welle von Euphorie, die mich minutenlang trug und in deren Griff meine Energie grenzenlos war. Es gab nichts, dessen ich nicht fähig gewesen wäre.

Ich kann nicht genau sagen, wodurch er ausgelöst worden war – einen solchen euphorischen Rausch kennen Läufer überall in der Welt. Aber ich wußte, daß meiner wenigstens zum Teil aus diesem Tag, diesem Ort heraus entstanden war. Gestern hatte es kräftig geregnet, ein kurzer, alles durchweichender Guß hatte die Luft reingewaschen. Heute sieht alles aus wie neu, über dem Strand liegt ein schimmerndes Blau, und das Grün der Palmen und des Grases leuchtet in tropischer Frische. Es ist, glaube ich, ein Tag wie der heutige in Santa Barbara, der seit 200 Jahren die Besucher dieser Gegend überzeugt hat, ein Stück des Paradieses gefunden zu haben, hier ein anderes Leben führen zu können, ein besseres.

Ich hatte Gesellschaft am Strand, darunter ein paar Volleyballspieler, einige Brandungsangler und einen Hund, der einer Frisbeescheibe nachjagte, aber meistens hatte ich den Strand für mich allein. Es lief gut beim Schreiben an diesem Morgen, und das trug zu meiner Laune bei, aber noch mehr gab mir die Umgebung ein Gefühl des Glücks: der Geruch und das Geräusch des Meeres, der Charme eines Segelbootes, das mit leuchtend orangefarbenem Spinnaker hundert Meter vor dem Strand entlangglitt.

Ich lief barfuß und mit bloßem Oberkörper inmitten dieser ganz außergewöhnlichen, natürlichen Schönheit, und ich weiß, daß sich einiges davon auf mich übertrug.

Santa Barbara, 150 Kilometer nördlich des chaotischen und schweißtreibenden Los Angeles, ist mit einer idyllischen Lage gesegnet, einem Rest dessen, was man als den Kalifornischen Traum zu bezeichnen pflegte: blauer Himmel, ewige Sonne – wenigstens am Nachmittag, wenn der Morgennebel weggebrannt ist – und genügend Raum, um allein zu sein. Die kleine Stadt erhebt sich abrupt zu den gewellten Hügeln empor und den untersetzten blauen Bergen dahinter, und das läßt diesen Ort so behaglich und geborgen erscheinen. Ich lief also in der Wiege zwischen Bergen und Meer dahin, und darin lag etwas Beruhigendes. Ich fühlte mich geborgen und zugleich vollkommen frei. Ich trug keine Schuhe, und es war November, ich trug kein Hemd, und auch das war wie eine Befreiung, und ich merkte, daß ich immer schneller lief, und aus der Euphorie erblühte der vertraute Wahn, daß ich irgendwie zu einer Vollkommenheit gelangen, daß nichts mich daran hindern konnte, so zu werden, wie ich es wollte, wenigstens, was meinen Körper betraf. Wenn ich nur noch mehr, noch intensiver laufen und trainieren und mich bis an die Grenze meiner Möglichkeiten vorantreiben würde.

Inzwischen habe ich wieder den Boden unter den Füßen und zu meiner gewohnten Sterblichkeit zurückgefunden. Die Trugbilder sind verschwunden, und ich bin mir des tatsächlichen Alters meiner Knochen, 43 Jahre, und meiner wahren Grenzen bewußt – und erstaunt über den schönen Traum, den ich nur wenige Minuten zuvor geträumt habe.

An dieser Stelle sollte ich wohl erwähnen, daß ich, genau wie mein Vater, in diesem Staat geboren bin und Kalifornien daher nicht so erleben kann wie viele Besucher und Zugewanderte. Es berührt mich nicht als Phänomen, das ich im Vergleich mit anderen Landschaften beurteilen kann, sondern als etwas Gegebenes. Kalifornien ist meine Norm. Ich habe überall in diesem Staat gelebt, auch mehrere Jahre lang in Santa Barbara. Ich habe Freunde und Verwandte hier und komme oft her, und wenn ich eine ganz typisch kalifornische Stadt nennen sollte, würde es Santa Barbara sein.

Ich verallgemeinere nicht gern in bezug auf Kalifornien, es sei denn, ich spreche von seiner außergewöhnlichen Mannigfaltigkeit, von seiner verwirrenden Viel-

Kalifornier sind am liebsten auf der Rolle

Das Windskating-Rennen in einem ausgetrockneten Flußbett der Mojave-Wüste, ein Beispiel von vielen: Kalifornien ist Nährboden für immer neue Ideen, das Leben nicht einschlafen zu lassen. Der Hang zu Tempo, Wagnis, Leistung, Mobilität zeigt sich allerorten – und immer mit einem Schuß Exzentrizität: beim Truck Race im Orange County, in der Sandloipe von Redondo Beach zum »Stromlinien-dreirad-Rennen« in Ontario, auf der Landebahn vor der Haustür am Cameron Airpark, 50 km östlich von Sacramento

falt an Menschen, von seinen klimatischen Vorzügen, von seinen Lebensstilen. Obwohl, wenn es denn etwas spezifisch Kalifornisches gibt, dies sehr wohl die Liebe zum Leben im Freien sein könnte, und zugleich das besondere Verhältnis der Kalifornier zum eigenen Körper, ein Glaube an das, was Jack London einmal als „Erlösung durch das Körperliche“ bezeichnet hat.

Während der wenigen Tage meines Aufenthaltes hier habe ich wie wild Tennis und Football gespielt, habe sowohl im Meer als auch in den Pools meiner Freunde gebadet, mich unter dem Sternenzelt in einem Garten-Jacuzzi geaalt, bin zur 15 Kilometer vor den Toren Santa Barbaras liegenden Universität hinausgeradelt und habe mich beim Laufen in einen milden Rausch hineingesteigert. Ich habe mehr Zeit mit Tauchen und Segeln verbracht, als ich jemals für eine Diskussion opfern würde. All diese Dinge hätte ich auch anderswo tun können, aber in dieser Ballung wohl eben nur hier, in Kalifornien.

In einem Jahr wurden in Santa Barbara 37 Tennisplätze gebaut, doch keine Kirche

Die einfachste Erklärung dafür liefert das Zitat eines Chefredakteurs aus dem Osten, der vor ein paar Jahren vor dem Beverly Hills Hotel stand und in den klaren, blauen Himmel hinaufblickte. Nach langem Schweigen verkündete dieser Mann, nach nur zwei Tagen in Kalifornien, warum es hier so wäre wie es war, warum sich die Menschen so und nicht anders verhielten, so und nicht anders aussähen, so und nicht anders dächten und redeten. „Die Sonne“, sagte er. Gar nicht so schlecht, als allumfassende Blitzdiagnose, aber eben doch nicht mehr. Gäbe man mir genausoviel Zeit und zwänge mich zur gleichen Bündigkeit, würde ich meinen Freund Tom vorführen, einen Triathlon-Sportler.

In den siebziger Jahren, als ich hier wohnte, war Tom eines der hingebungsvollsten Mitglieder einer Läufergruppe, zu der auch ich gehörte. Wir trafen uns jeden Nachmittag auf dem Sportplatz eines Junior College in der Nähe des Yachthafens. Es war eine völlig zwanglose Gruppe. Wir redeten uns mit dem Vornamen an und sprachen selten von unserem Leben außerhalb der Aschenbahn. Tag für Tag liefen wir Runde um Runde, unterhielten uns über dies und das und häufig auch darüber, wie sehr wir uns auf unser Lauftraining freuten. „Was brauchen wir mehr?“ sagten wir immer wieder.

Das Laufen bot eine Möglichkeit, es mit der Welt aufzunehmen, mit den Ansprüchen und Ängsten des Alltags auf einmal fertig zu werden, und es überraschte mich wirklich nicht, daß Laufen eine so ungeheure Popularität erreicht hat. Es gab in unserer Gruppe Schriftsteller, Künstler, Lehrer und solche Leute wie Tom, die eigentlich gar nichts richtiges taten. Aber als sich die Anforderungen des realen Lebens und seiner Ambitionen durchsetzten, brach unsere Gruppe auseinander. Einige mußten auf Grund der irdischen Notwendigkeit des Geldverdienens fortziehen. Tom jedoch gehörte nach wie vor zum harten Kern der Getreuen. Sich auszuarbeiten, sich in beste körperliche Kondition zu bringen, war nicht etwas, das er neben wichtigeren Dingen tat – es war das, was er tat, basta.

Tom ist 41, unglaublich fit, und besitzt jene phantastische, 365 Tage im Jahr anhaltende Sonnenbräune. Er lebt nomadenhaft mit einer Reihe verschiedener Frauen zusammen, hat keine Kinder, und obwohl er aus einer prominenten Familie Santa Barbaras stammt, arbeitet er, für das Allernotwendigste zum Leben, am Empfang eines billigen Hotels. Tom gehört zu jenen Kaliforniern – und davon gibt es eine Menge –, deren Persönlichkeit nicht aus einem gehobenen Lebensstandard erwächst, sondern aus der Art, seine „Freizeit“ zu verbringen – wie man in einem anderen Kulturkreis wohl sagen würde. Tom sprach vom Triathlon – Marathonlauf, 75 km Radfahren, 1,5 km Schwimmen – nicht wie von einer Marotte, sondern wie von seinem Leben.

Ich habe selbst zahlreiche Anfälle dieser Hingabe an das rein Körperliche erlebt. Und das lag keineswegs nur an den Bedingungen Kaliforniens. Doch hier hat die Betonung des Körpers – und darin, glaube ich, liegt das Besondere – eine Bestätigung gefunden: Sie ist, sozusagen, als eine Lebensweise anerkannt worden.

Diese neue Philosophie wird perfekt von den Surfern verkörpert, eine Philosophie, die erfolgreich wirtschaftliche, soziale, geistige Bedürfnisse zu einer einzigen körperlichen Anstrengung verschmilzt. Die besten Surfer werden, ebenso wie die besten Tennisspieler oder Skiläufer, eines Tages Profis; andere wenden sich der Herstellung von Surfboards zu oder dem Surf-Unterricht oder, wie etwa John Severson aus meiner alten Heimatstadt San Clemente, der Herausgabe einer Zeitschrift über diesen Sport. John ist durch sein „Surfer Magazine“ reich geworden, nach Hawaii umgesiedelt und läßt sich jetzt von einer neuen Welle tragen, dem Windsurfen, über das er nun eine Zeitschrift herausgibt. Es gibt also die Möglichkeit, mit dem eigenen Hobby Geld zu verdienen – mit einer Beschäftigung, die offensichtlich nur einen einzigen gesellschaftlichen Wert besitzt: Die Menschen haben Freude daran.

Frei sein, die Sonne anbeten und den eigenen Körper

Das ist das Sinnbild des kalifornischen Traums. Jahrelang hängten sich Kalifornier an die Bewußtseins-Apostel oder zogen sich in Kultgemeinschaften zurück, um ihrer Psyche Halt zu geben in diesem Land der grenzenlosen Freiheiten. Jetzt kehren sie den Leib hervor, und auch der neue Kult treibt eigenwillige Blüten

Und für jene, die wie Tom nicht in der Lage sind, sich von ihrer Sportleidenschaft zu ernähren, gibt es immer noch das milde Klima, das die Ansprüche auf ein Minimum verringert. Im Winter wird es nachts zwar kalt, und die Mieten in Santa Barbara sind astronomisch hoch, aber man lebt in Gemeinschaft. Und wenn man so gut gebaut ist wie Tom, wird man die Aufmerksamkeit vieler Frauen wecken, von denen einige sicherlich ein Haus besitzen, in dem man unterschlüpfen kann. In Kalifornien kommt man schon irgendwie zurecht.

Kalifornien ist ein Land, in dem das „alternative Leben" zuerst in großem Umfang Wurzeln schlug. Hier war man frei, sich und sein Leben nach persönlichen Neigungen zu formen, und nicht nach überkommenen Vorstellungen.

Ich bin durch meine Arbeit als Zeitschriftenautor viele Jahre lang in Kalifornien und im ganzen Westen Amerikas herumgekommen, aber meine alltägliche Arbeit bleibt Routine, wo immer ich auch gerade bin. Ich habe festgestellt, daß Laufen eines der Rituale ist, von denen ich am stärksten abhängig bin, etwas, das mich auf „meinen Kern zurückführt" – ein sehr kalifornischer Ausdruck.

In einer Gegend und einer Zeit schnellen Wandels und sozialer Verwirrung scheint es mir natürlich zu sein, daß wir uns auf einen Aspekt unseres Wesens konzentrieren, über den wir theoretisch absolute Kontrolle behalten können: unseren Körper. Was für unseren Körper gut war, stellte sich auch als gut für unseren Geist heraus. Dies war weder für Kalifornien neu, noch für die Welt, doch die Entdeckung zog diesmal weit größere Kreise als zuvor.

Es war nur eine Frage der Zeit, bis Bücher über körperliche Fitness die Bestsellerlisten anführten, bis Jane Fonda sich mit neuen Methoden körperlicher Ertüchtigung ein kleines Imperium schuf. Es war nur eine Frage der Zeit, daß sich der Wunsch nach Fitness teils zu einer Boom-Industrie, teils zur Weltanschauung auswuchs. Im vergangenen Jahr wurden in Santa Barbara 37 Tennisplätze gebaut, aber keine einzige Kirche.

Doch es fielen, natürlich, auch Schatten auf diesen Körperkult. Es ist in Kalifornien immer so gewesen, daß der Verheißung die Enttäuschung auf dem Fuße folgte. In seinem Buch „Americans and the California Dream" faßt Kevin Starr die Verehrung der Gegenwart und des Körperlichen zusammen: „In ihrer trivialsten Form", so Starr, „war sie ein Wirrwarr von seichten Träumen, banalen Sehnsüchten, die Faulheit mit Muße, Selbstsucht mit Individualismus, Laxheit mit Befreiung verwechselten."

Starr zitiert einen Besucher Kaliforniens aus dem Jahr 1870: „Das Herz wird

mir schwer vor Kummer und Mitleid, wenn ich zurückblicke und an die traurigen, gefallenen Menschen denke, denen ich in diesem sonnigen Klima begegnet bin. Ich habe mir die Geschichten ihrer zerbrochenen Vergangenheit angehört und die bitteren Tränen gesehen, die sie vor Schmerz über ein verpfuschtes, verschwendetes Leben weinten. O Kalifornien – so unvergleichlich, so jung, so schön, und dennoch so alt an Leid und Erinnerungen."

Ein bißchen übertrieben, würde ich sagen, und mehr als melodramatisch, und doch mit einem Körnchen Wahrheit behaftet. Kalifornien ist schon immer mit einer jugendlichen Kultur identifiziert worden, weil junge Menschen die besten Voraussetzungen für ein Leben mitbringen, das „auf das Fleisch gegründet ist", wie Albert Camus schrieb.

Kalifornien hat aber auch seine verhältnismäßig zufriedenen Surfer, Skiläufer, Sporttaucher und Läufer mittleren Alters; jene, die es entweder geschafft haben, Sportbegeisterung und Beruf in Einklang zu bringen, oder sonstwie auf eine Goldader gestoßen sind. Ich kenne einen Filmschauspieler in Los Angeles, der für jede Stunde vor der Kamera 100 Stunden Tennis gespielt hat; bis er das Glück hatte, für eine Fernseh-Serie engagiert zu werden, die drei Jahre lang so erfolgreich lief, daß er noch immer gut von seinen Gagen lebt.

Die Verheißung ist stets präsent, der Reiz eines köstlichen Wohlgefühls, das sich bei intensiver körperlicher Betätigung einstellt. Das Wetter hindert dich nicht, nach draußen zu gehen und dir zu holen, was es zu holen gibt, und kein Mensch wird dich dabei beobachten: Die Kalifornier sind meist so sehr mit sich selbst beschäftigt, daß sie kaum Zeit haben, sich für dich zu interessieren. Du bist, mit einem Wort, frei, und das ist, wie jeder weiß, nicht selten eine ziemlich schwere Last.

Mein Leben hat sich jedenfalls zum Besseren gewendet, seitdem ich das kleine Stück Paradies, Santa Barbara, verließ. Meine Arbeit läuft viel besser. Ich habe meinen Horizont in vieler Hinsicht erweitert, aber alles auf Kosten meiner körperlichen Fitness.

Ich laufe noch immer, fahre Ski und spiele Football, sooft es geht; ich bleibe

Treffen in einem Stück Paradies

Zueinander finden, Harmonie – durch einfühlsame Gesten am Strand, einen Blick beim Rock-Festival oder eine Umarmung nach dem Fitness-Training: Zur kalifornischen Lebensphilosophie gehört es, den Körper sinnlich zu erleben. Schon die ersten Siedler waren überzeugt, hier ein Stück Paradies gefunden zu haben

überall, wo ich lebe, ein Kalifornier, obwohl ich nicht mehr soviel Zeit darauf verwende wie damals, als ich in Santa Barbara lebte. Wenn ich meinen Freund Tom treffe und von den schmerzhaften, begeisternden Freuden des Triathlon höre, spüre ich einen Stich von Trauer. Und dann, wenn ich wieder am Strand entlanglaufe, kehrt der altvertraute Traum zurück, in dem mein perfektes Ich sich in eine perfekte Umgebung mit perfekter Luft, einem perfekten Meer und einer perfekten Sonne fügt. Ich habe das Gefühl, daß es ein Traum ohne Ende ist. □

Michael Fessier Jr., 43, arbeitet als freier Journalist für zahlreiche bedeutende amerikanische Zeitschriften. Aus mehreren Kurzgeschichten des leidenschaftlichen Joggers, dessen Vater in Hollywood ein berühmter Drehbuchautor war, entstanden TV-Filme.

Freizeitvergnügen nehmen in Kalifornien einen so breiten Raum ein, daß viele sie als Hauptbeschäftigung betreiben. Entsprechend vielseitig ist das Angebot.

Zu Wasser

Surfen

Surfen, also Wellenreiten, das in Wahrheit aus Hawaii stammt, ist die kalifornischste unter den kalifornischen Freiluft-Spezialitäten. Des Meeres und der Tide Wellen sind in Kalifornien verschieden hoch: Im kühleren Norden kann man zwar auf gewaltigen Wellenmonstern dahinjagen, aber nur im wärmeren Wet Suit. Anfänger bleiben hier besser an Land. Im Süden sind Wind und Wetter ideal – doch nicht die Wellen. Die mächtigen „swells" sind hier rar. Einheimische Surfer sind übrigens so eifersüchtig auf ihre Strände, daß sie scheel auf jeden surfenden Fremdling blicken. Sogar zu Handgreiflichkeiten ist es bereits gekommen.
In San Francisco (B4)* ist der Strand zwischen Cliff House und Zoo am begehrtesten. In Santa Cruz (B5) ist das maritime Gelände an der Surfer's Lane sogar für Wettbewerbe der Weltklasse-Asse geeignet. Huntington Beach (D7) im Süden nennt sich selbstgefällig die „Hauptstadt des Surfing", doch jedermann weiß, daß der „Wedge" bei Corona del Mar (D7) die Palme gebührt.
Und Malibu Pier? Hier sieht man das Meer vor lauter Surfern nicht, dafür am Strand die schönsten Mädchen. Empfehlenswert: Newport Beach, Oceanside und der Ocean Beach in San Diego (D8).
Überall an der Küste senden Radiostationen frühmorgens Hinweise für Wellenreiter. Heißt es „surf's up!", ergreifen die Aficionados ihre Bretter und sausen meerwärts. Wer kein „Board" besitzt, kann sich eines in den vielen „surf shops" billig leihen. Nördlich von Santa Barbara allerdings gilt: Der feine Surfer reitet sein eigenes Brett.

Windsurfen

Von zwei Angelenos erfunden, aber zuerst in Europa zum Volkssport geworden, wird Windsurfen allmählich auch im Ursprungsland Kalifornien beliebt. In San Francisco (B4) kann man am Pier 39 billig Surfboards leihen, wenn man verspricht, brav in einer geschützten Ecke der Bucht zu kreuzen. Teurer wird es für den, der hinaus ins Rauhe will: Er muß sich von einem Motorboot begleiten lassen. Windsurfing-Stationen weiter südlich: Waddell Creek in Santa Cruz (B5) und Hurricane Gulch in San Pedro, einem Stadtteil von Los Angeles. Die Verleiher von Windsurfbrettern findet man in den „Yellow Pages" unter dem Stichwort „sailing". Auskünfte über Shops und Wettbewerbe:

Windsurfing International
1955 West 190 Street, Torrance (D7), CA 90509; Tel. (213) 515-4900.

Schnorcheln und Tauchen

Die Strandwächter und Lifeguards kennen die Filialen des submarinen Paradieses natürlich am besten. Sie zu fragen bringt Gewinn.
Für Schnorchelfreunde empfiehlt sich Lovers Cove auf der Insel Santa Catalina (C/D7): Die Gewässer sind hier unvergleichlich fischreich.
French Cove auf West Anacapa im Channel Islands National Monument (C7): Nirgendwo kann man tiefer in die weiten Algenfelder hinunterblicken. Tangwälder bieten Schutz vor Haien, die das vegetabile Chaos nicht mögen.
Tauchfans finden südlich des Hauptstrandes von Laguna Beach (D7): zauberhafte Riffe. La Jolla Cove (D8), eingebettet in einen Unterwasserpark: eine mit Seesternen gefüllte Schatzkammer.
Das kühlere Meer Nordkaliforniens ist reich an Abalone, den begehrten fleischigen Meerschnecken. Im warmen Süden hingegen locken Seetangwiesen, Hummer – oder gesunkene Schiffe. Vom 1. April bis Ende Juni und von August bis November wird bei Salt Point (A3), nördlich von Jenner, und in der Humboldt Bay bei Eureka (A2) nach Abalone getaucht. Unbedingt erforderlich sind Wet Suits, ein Abalone-Eisen und ein Lineal. Erst wenn sie eine bestimmte Größe erreicht haben, dürfen Abalone losgebrochen werden. „Diving shops"

* *Die Koordinaten beziehen sich auf die Karte auf den Seiten 176/177*

Zu kleine Seeohren sind tabu: Abalone-Sammeln

verleihen Tauchgeräte, Zubehör und geben Auskunft.
Die besten Tauchstationen und die schönsten Schnorchelgründe liegen um die Inseln, die Santa Barbara (C6) und L. A. (D7) vorgelagert sind. Das Wasser ist durchsichtig, die Fischschwärme sind unermeßlich, die Höhlen und Riffe geheimnisvoller als anderswo. Wer Glück hat, dem schwimmen Seeottern, Seelöwen, Seehunde und Delphine vor die Augen. Von Oktober bis April können ihm sogar Grauwale auf ihrem Zug von der Arktis nach Baja California begegnen.
Tauchexpeditionen zu den Channel Islands legen ab von San Pedro (22nd Street Landing), Oxnard (C7) und Santa Barbara (Sea Landing).

Hochseefischen und Angeln

Den maritimen Großwildjäger, der Speerfische, Barrakudas und Thunfische jagen will, erwarten von Santa Barbara (C6) bis hinunter an die Spitze der mexikanischen Halbinsel Baja California gutausgerüstete Charterunternehmen. Von vielen Häfen, wie Dana Point (D7) und Santa Barbara, stechen sie zu halb- bis sechzehntägigen Fischzügen in See. Die größte Auswahl bietet San Diego (D8) und Umgebung. Auskünfte über:

H&M Landing
2803 Emerson Street, San Diego, CA 92106; Tel. (619) 222-1144.

Wer über Ausdauer und Geld verfügt, wende sich an Frank und Mary La Preste, die Eigner der luxuriösen Charter-Yacht:

Royal Polaris
666 San Fernando Street, San Diego, CA 92106; Tel. (619) 226-8030.

Wer partout auf binnenländische Art in Flüssen und Seen Handliches angeln will, erfährt alles Wissenswerte im

California Department of Fish and Game
1416 Ninth Street, Sacramento (B4), CA 95814; Tel. (916) 445-7513.

Segeln und Motorschippern

Wie überall in Kalifornien: Im Norden geht es rauher zu, im Süden sanfter. Die oft stürmisch bewegte San Francisco Bay (B4) ist das rechte Revier für gestandene Segler. In San Diegos Mission Bay dagegen kann sich auch der Novize sorglos tummeln. Das Segeln die Küste entlang erfordert nur mäßiges Können, zumal die Region von Santa Barbara von einer vorgelagerten Inselkette geschützt wird. Binnenwasser-Segeln macht am meisten Spaß im Labyrinth der Sacramento River Delta Lands (B4) oder, der zauberhaften Landschaft wegen, auf den Lakes Shasta (B2) und Tahoe (B3); beide im Norden gelegen.
Boote kann man an den meisten „Marinas" mieten. Alle Auskünfte erhält man (auch über die Vorschriften) beim:

California Department of Boating and Waterways
1629 S Street, Sacramento, CA 95814; Tel. (916) 445-2615.

Wildwasser-Fahrten

Für Wagemutige ist Hochsaison von Mitte Mai bis Mitte Juli: Dann kocht das Wasser der kalifornischen Bergflüsse. Unerschrockene riskieren einen Floß-Trip der Klasse

Gemütlich mit dem Kajak über Seen und Flüsse: Cleone Lake nahe Fort Bragg

Hochburg der Rollerskater: Venice Beach

V, der durch einen der Arme des Kern River (D5/6) zu Füßen der High Sierra führt, durch steilaufragende Granitwände und Fichtenwälder. Floß und Zubehör werden von Maultieren in die Wildnis transportiert. Etwas gemütlicher geht's auf dem South Fork des American River (C3) südwestlich von Lake Tahoe zu.
Veranstalter sind:

Whitewater Voyages
P.O. Box 906, El Sobrante, CA 94803; Tel. (415) 222-5994.
oder

American River Touring Association
445 High Street, Oakland (B4), CA 94601; Tel. (415) 465-9355.

Der Sierra Club bietet Floß- oder Kanu-Trips unterschiedlicher Schwierigkeitsgrade in den Trinity Alps (D5) im hohen Norden Kaliforniens an:

Sierra Club
Outings Department, 530 Bush Street, San Francisco, CA 94108; Tel. (415) 981-8634.

Über die vollständige Liste aller „White-water outfitters" und ihrer Programme verfügen: California Department of Boating and Waterways (siehe Segeln).

Zu Land

Joggen

Fanatische Jogger verzichten nirgendwo auf ihre Passion. Wer joggen möchte, wo „man" joggt: In San Francisco keucht man besonders gern im Golden Gate Park. Mitten durch das Herz der Stadt führt ein Fitness-Pfad: am Marina Green unterhalb der Freeway-Ausfahrt an der Drum und der Clay Street.
In Los Angeles traben die beschwingtesten Jogger über den Grünstreifen des San Vincente Boulevards, der von Ocean Palisades Park durch Brentwood Heights führt.

Rollschuhlaufen

Der Wallfahrtsort, an dem sich die Rollerskater aller Welt vereinigen, ist der Venice City Beach. Allenfalls läuft man noch in Ocean Park in Santa Monica (D7). Alles andere ist eben nicht erstklassig.

Wandern

Zuverlässiges Wetter, aufregende Landschaften und ein vorbildlich ausgebautes Wegenetz haben aus Kalifornien den Wanderstaat der USA gemacht. Über den Höhenrükken der Sierra führt die abenteuerlichste Route: der Pacific Crest National Scenic Trail. Teilstrecken wie der Tahoe-Yosemite Trail und der alpine John Muir Trail zum Mount Whitney (D5) sind indes nur geübten Wanderern zu empfehlen. Sowohl im Yosemite Valley (C4/5) als auch um die Seen, an der Küste und in den Wüsten gibt es auch einfache Routen. Dutzende von Büchern beschreiben die schönsten „hiking trails". Für die Sierra sind zu empfehlen: „Sierra North" und „Sierra South", erschienen bei
Wilderness Press, 2440 Bancroft Way, Berkeley, CA 94704.

Wanderer müssen die gesamte Ausrüstung mitschleppen. Es gibt in Kalifornien keine bewirtschafteten Hütten wie in den Alpen. Überdies sind „wilderness permits" für die National Parks und National Forests nötig. Zuständig für weite Teile der Sierra:

U.S. Forest Service
630 Sansome Street, San Francisco, CA 94111; Tel. (415) 556-0122.
Hier ist auch eine kostenlose Broschüre über den Pacific Crest Trail erhältlich.

Mariacron
Schwenken Sie ihn mit Bedacht.
Es ist ein großer Weinbrand.
WEINBRAND
Mariacron
zu Oppenheim am Rhein
38°
VOLLMUNDIG
Vollmundig im Geschmack.
AUS DER KLOSTERBRENNEREI MARIACRON, OPPENHEIM AM RHEIN.

Wanderungen aller Art – sogar für Packesel und Pferde ist gelegentlich gesorgt – veranstaltet der rührige Sierra Club (siehe Wildwasser-Fahrten). Man kann sein Vergnügen mit einer guten Tat verbinden und an „Trail Maintenance"-Touren teilnehmen: Beim Wandern werden die beschädigte Natur aber auch die Wege wieder in Ordnung gebracht. Auskünfte über das Wanderland Kalifornien durch:

American Guides' Association

P.O. Box 1500, Woodland (B3), CA 95695; Tel. (916) 662-6824.

Bergsteigen

Die steilen Granitfelsen des Yosemite National Park (C4/5) wirken so magnetisch auf Bergsteiger der ganzen Welt, daß kalifornische Kletterer hier nur noch eine kleine staunende Minderheit bilden. Von Mai bis Oktober ist das Wetter zuverlässig. In der größten Hitze, also von Mitte Juli bis Mitte September, wird das Basis-Lager hoch hinauf auf die Tuolumne Meadows (C4) verlegt. Auskünfte über die Kletterschule von Yosemite:

Yosemite Mountaineering

Yosemite, CA 95389; Tel. (209) 372-1244.

Übrigens sind viele Wandertouren des Sierra Clubs mit freiwilligen Kletterpartien verbunden.

Radeln

Auch im notorisch autoverliebten Kalifornien erlebt das Fahrrad eine Renaissance: Vom smogreichen Los Angeles abgesehen, eröffnen sich dem Radler die anmutigsten Strecken: zwischen den hohen Vulkanbergen Mount Shasta (B1) und Lassen Peak (C2) im Norden zum Beispiel; oder durch die Weinberge des Napa Valley (B4); durch die „Salatschüssel" des San Joaquin Valley (C5/6); ja sogar über die Wiesen des Yosemite National Park führt ein Radweg. Selbst von San Diego (D8) nach Mexiko und zurück kann man radeln. Auskünfte:

Bicycle Facility Unit

Division of Highways, P.O. Box 1499, Sacramento, CA 95807; Tel. (916) 322-4314.

Radtouren veranstalten:

Backroads Bicycle Touring Co.

P.O. Box 5534, Berkeley (B4), CA 94705; Tel. (415) 652-0786.

Pacific Adventures Co.

P.O. Box 5041, Riverside, CA 92517; Tel. (714) 684-1227.

Sport mit Haken und Ösen: Kletterer

Bicycling West Inc.

P.O. Box 15128, San Diego, CA 92115; Tel. (619) 583-3001.

Tennis

Wer zünftige Tennisferien verbringen und Training mit Entspannung kombinieren will, begebe sich in die Hände von John Gardiner. Seine Tennisschule bietet Intensivkurse mit Video-Backplay, dazu den Komfort eines erstklassigen Hotels:

John Gardiner's Tennis Ranch

P.O. Box 228, Carmel Valley (B5), CA 93924; Tel. (408) 659-2207.

Im übrigen gibt es viele öffentliche Plätze und, natürlich, Plätze, die zu guten Hotels gehören.

Golf

Golfer sind davon überzeugt, daß ihr Paradies Kalifornien heißt. Sie mögen recht haben: Allein auf der Monterey Peninsula (B5) gibt es mehr als ein Dutzend herrlicher Plätze. Der Pebble Beach Golf Club mit Blick auf den Pazifik ist längst legendär und zählt zu den besten zehn Plätzen Amerikas. Er wird von Golfern belagert, doch genießen Gäste der Pebble Beach Lodge eine Art Heimrecht:

The Lodge at Pebble Beach

Pebble Beach, CA 93953; Tel. (408) 624-3811.

Im L. A.-Vorort City of Industry ist ein neuer 36-Löcher-Platz eröffnet worden. Er liegt in den Whittier Hills, und seine „Roughs" sind leuchtende Blumenbeete. Das Logis ist angemessen prachtvoll:

Industry Hills and Sheraton Resort

Industry Hills Parkway, City of Industry, CA 91744; Tel. (213) 965-0861.

Wer lieber in der Wein-Region Kaliforniens, dem Napa Valley, golfen will, dem bietet ein Country Club tagsüber einen 36-Löcher-Platz und nachts ein luxuriöses Bett:

Silverado Country Club

1600 Atlas Peak Road, Napa, CA 94558; Tel. (707) 255-2970.

Dune-Buggying

Diese Unart ist insbesondere in Pismo Beach verbreitet, aber ein Magazin wie GEO kann diesen „Sport" weder empfehlen noch billigen. Mit den Buggy's werden die Dünen zuschanden gefahren und der Winderosion preisgegeben.

Skifahren, Skiwandern

Unbegrenzte Möglichkeiten auch in Schnee und Eis: Squaw Valley nahe Lake Tahoe (C3) und Mammoth Lakes gleich außerhalb Yosemite National Park (D4/5) sind die Skizentren des Landes. Beide Orte sind jedes Wochenende überfüllt, Liftkarten und Hotelbetten müssen deshalb schon Wochen vorher bestellt werden. Die Saison endet in Squaw Valley in den ersten Maitagen, in Mammoth erst Anfang Juni. Wer es einsamer liebt, weicht nach Heavenly Valley aus, südlich von Lake Tahoe. Er findet weniger steile Hänge, dafür einen großartigen Rundblick auf Berge und See. Billiger ist June Lake, eine halbe Autostunde nördlich von Mammoth Lakes.
Gute Abfahrts- und Langlaufstrecken, dazu preiswerte „package deals", bieten Yosemite National Park und Sierra Ski Ranch im Eldorado National Forest (C4). Auskünfte über sämtliche Skigebiete der Sierra Nevada (Tahoe, Yosemite, Kings Canyon):

Sierra Ski Areas Association

350 Townsend Street, San Francisco, CA 94107; Tel. (415) 543-7036.

Sierra-Osthang und Mammoth Lakes-Gebiet:

Mammoth Lakes Chamber of Commerce

P.O. Box 123, Mammoth Lakes, CA 93546; Tel. (619) 934-2712.

Künstlicher Schnee in allen Jahreszeiten liegt in Snow Summit, nur 160 Kilometer östlich von L. A.:

Snow Summit

P.O. Box 77, Big Bear Lake (E7), CA 92315; Tel. (714) 866-5766.

Der Clou: ein kombiniertes Abfahrts-Bade-Langlauf-Wochenende. Man startet am Freitagmorgen in aller Frühe von L. A. zu den noch menschenleeren Pisten von Snow Valley 130 km östlich bei Running Springs (E7). Man wechselt am späten Nachmittag, wenn die Hänge allzu belebt sind zu den Swimmingpools im 75 Kilometer entfernten Palm Springs (E7). Für Samstag und Sonntag ist Langlauf vorgesehen: Am Ende der Seilbahn, die von Palm Springs hinauf auf den Mt. San Jacinto (E7) führt, münden einige der schönsten Loipen Kaliforniens. Info über Snow Valley: Tel. (714) 867-3677 oder (714) 867-7182.

Etwas für reiche Abenteurernaturen: Helikopter-Skifahren im Pulverschnee; Näheres bei

Toiyabe Heli-Ski

P.O. Box 600, Mammoth Lakes, CA 93546; Tel. (619) 934-4494.

Skiwander-Touren veranstalten:

Sierra Ski Touring

P.O. Box C-9, Mammoth Lakes, CA 93546; Tel. (619) 934-4495

oder

Yosemite Mountaineering

(siehe Bergsteigen).

In den Lüften

Fallschirmspringen

Kalifornien hat mehr offizielle Absprungzonen als jeder andere US-Staat. In Kalifornien werden auch die beiden neuesten Techniken des Springens gelehrt: Der „accelerated free fall", der „beschleunigte freie Fall", bei dem der Novize in 3000 bis 4000 Meter Höhe aussteigt, und, von seinen Instruktoren an den Armen gehalten, frei fällt und fällt, bis er endlich die Reißleine ziehen darf. Für Himmelstaucher mit einiger Erfahrung wurde das „Air Surfing" erfunden, das Abspringen auf einem kleinen „boogie board". Damit schwebt man eine Weile fast horizontal durch die Lüfte und kann den Fall noch länger genießen.
Die größte Absprungzone, mit angegliedertem Campingplatz und Swimmingpool, liegt am Escondido Freeway, 30 km südöstlich von Riverside (D7):

Perris Valley Parachute Center

2091 Goetz Road, Perris, CA 92370; Tel. (714) 657-8727.

Amerika live.

USA und Kanada entdecken heißt, Amerika mit dem Auto erleben: Von den Hügeln Neuenglands bis zur rollenden Brandung des Pazifik. Die Länder sind ein großes Abenteuer, faszinierend und überwältigend.

Die Lufthansa bringt Sie hin: Nach Boston, New York, Philadelphia, Chicago, Miami, Los Angeles, San Francisco, Atlanta, Dallas/Ft. Worth, Montréal, Calgary und Vancouver. Von hier aus können Sie den Kontinent erfahren. Auf eigene Faust und auf vier Rädern von Avis.

Acht besonders interessante Touren haben wir in unserer 52-seitigen Broschüre zusammengestellt. Mit ausführlichen Routenbeschreibungen, mit einer Fülle von Sehenswürdigkeiten und Straßenkarten. Ob Sie schon konkrete Amerika-Reisepläne haben oder nicht – lassen Sie sich auf alle Fälle unseren Reiseführer schicken.

Ja, schicken Sie mir den 52-seitigen USA/Kanada-Reiseführer.
3 Mark in Briefmarken füge ich bei.

Name

Straße

PLZ Ort

An: Flydrive Lufthansa & Avis
Postfach 90 03 31, 6000 Frankfurt 90

flyDRIVE
Lufthansa & AVIS

Nichts als Erholung

In heißen Quellen baden

Gleich im Süden von Mammoth Lakes (D5), an der Ostflanke der Sierra, ganz nahe am Highway 395, fließt der Hot Creek, ein kleiner Fluß, in den sich eine heiße Quelle ergießt. Direkt über der Quelle zu schwimmen ist schmerzhaft: Das Wasser ist einfach zu heiß. Ein beliebtes Spiel: Man schwimmt so nahe wie möglich an den heißen Quellenstrudel heran, läßt sich kräftig einheizen, wirft sich dann zurück und läßt sich vom eiskalten rauschenden Wasser des Creek atemlos flußabwärts treiben. Kostenpunkt des Vergnügens: keinen Cent.

Nicht ganz so billig sind Grover Hot Springs, die heiße Quelle gleich außerhalb von Markleeville (C4), südlich von Lake Tahoe und Heavenly Valley. Der U.S. Forest Service hat das heiße Wasser in zwei Pools gebändigt. Die Temperatur liegt etwa um 40 Grad. Das warme Bad ist für einen Dollar zu haben. Auch der Campingplatz bei Grover Hot Springs ist preiswert. Info: Tel. (916) 694-2248.

Wheeler Hot Springs (C6), 50 km östlich von Santa Barbara am Highway 33, ist heiß und teuer. Gästen stehen Privatzuber mit heißem und kaltem Wasser zur Verfügung. Auf Wunsch werden Massagen verabreicht. Info: P.O. Box 1560, Ojai, CA 93023; Tel. (805) 646-8131.

Entspannung

Das Esalen Institute in Big Sur (B5) kümmert sich sowohl um seelische als auch um körperliche Entspannung. Auskunft über das

Esalen Institute

Big Sur, CA 93920;
Tel. (408) 667-2335.

Erneuerung von Psyche und Physis verheißt das Meadowlark Center for Holistic Health, 60 km westlich von Palm Springs (E7). Der Erschlaffte belebt sich bei einem Programm aus Gymnastik, Yoga, Biofeedback, Polarity Therapie, Psychosynthese, Meditation, Träumen, Schwimmen und Kunst:

Meadowlark Center for Holistic Health

26126 Fairview Avenue, Hemet (D7), CA 92343; Tel. (714) 927-1343.

Wem das alles zu betriebsam ist, der mag sich für einen Isolationstank entscheiden. Das ist keineswegs ein Folterinstrument, sondern ein Gefäß zur „Entnervung", eine Spezialität für Menschen also, die unter ihrer überwachen Bewußtheit leiden. Sie werden in einen Kasten gesteckt, der mit warmem Salzwasser gefüllt ist. Dort treiben Sie in vollkommener Dunkelheit, von jedem Außengeräusch hermetisch abgeschlossen. Eine von vielen Adressen:

Altered States Relaxation Center

Suite 211, 958 North Palm Avenue, West Hollywood, CA 90069;
Tel. (213) 854-4497.

Verschönerung rundum

Aerobic-Jane stört es nicht, ganz im Gegenteil, ihre Schüler schwitzen und dampfen und prusten, daß ihre Haare zu Gestrüpp werden. Ihrem Schönheitsideal entspricht nur, wer einen durchtrainierten Körper hat. Wer Mut zum Schweiß hat:

Jane Fonda's Workout

369 South Robertson Boulevard, Beverly Hills, CA 90211;
Tel. (213) 652-9464.

Eines von Dutzenden Gymnastik-Studios in L. A. und überall in Kalifornien.

Wer meint, sich anschließend erholen zu müssen, kann sich in einem Salon frisieren, maniküren, pediküren, lassen: zum Beispiel im

Tina Cassaday Salon

9741 Santa Monica Boulevard, Beverly Hills, CA 90210;
Tel. (213) 276-6194.

Tina mischt Kosmetika auf Bananen-, Melonen-, Avocado-, Weizenkeim-, Honig- und Yoghurt-Basis.

Wohl bekomm's! □

The NEW FANTASYLAND

Und der Traum lebt heute noch in Disneyland

Wie so viele von uns, hegte Walt Disney eine Kindheitsvision von einem Traumland, in dessen zeitlosen, sonnenüberfluteten Straßen leicht gelacht und Wunderbares erlebt wurde. Mitten im Orangenhain Südkaliforniens wurde im Jahre 1955 Walt Disneys Lieblingstraum verwirklicht. Im „Magic Kingdom", dem Zauberreich in Anaheim, lebten die beliebtesten Gestalten der Märchenwelt in einer einzigarten, magischen Atmosphäre auf. Heute wacht eine neue Generation Träumer über Disneyland, die alle mit dem Walt Disney-Zauber aufgewachsen sind und durch Anwendung der ausgereiftesten Technik die Anlage im Sinne des Gründers weiterentwickeln.

Im Juni 1983 wird das dynamische Design-Ingenieur-Team das umgewandelte, beispiellose New Fantasyland stolz präsentieren. Raffinierteste Technologie mit dem Touch des Meisters zauberte dieses belebte mittelalterliche Fantasy-Dorf hervor, eine blendende Illusion verblüffender Details: in Blei gefaßten Buntglasfenster–Strohdachhäuser–von den Jahren geprägtes Kopfsteinpflaster. Im New Fantasyland erwartet Sie unsere neue Spitzenattraktion: „Die tollkühne Reise des Pinnochio." Dreidimensionale Figuren, originale Tonaufnahmen aus dem Filmklassiker und eine Vielfalt von dramatischen Tricks und Effekten versetzten Sie in die spannenden Höhepunkte dieser unvergeßlichen Geschichte. Fantasyland bietet weiter lebhafte Wiedergaben der Abenteur Schneewittchens und des immerpopulären Peter Pans.

Walt Disney, Visionär und Praktiker

Einige wenige Schritte um die Ecke von New Fantasyland aber, und schon stehen Ihnen verschiedenartigster Herausforderungen in der unvergleichlichen Vielfalt Disneylands zur Wahl–wie ein Raketenrausch durch die Tiefen des Alls mit der Space Mountain-Attraktion, oder eine gemütliche Reise den Mississippi entlang auf einem authentischen Raddampfer, oder sich einfach in aller Ruhe hinsetzen und zuschauen, wie die hübschen Ladies den Cancan auf der Wild-West-Bühne im Frontierland tanzen.

Pinocchio auf dem Scheideweg zwischen Verlockung und Vernunft

Gesellen Sie sich also zu den zig Millionen Besuchern aus allen Herrenländern, wo's heißt: kein Aufenthalt in diesem prächtigen Sonnenland wäre ohne einen Besuch des originallen Disneylands vollständig!

Für weitere Auskünfte schreiben Sie bitte an: Walt Disney Travel Co., P.O. Box 3232, Anaheim, California 92803, U.S.A.

Disneyland®

»Warum ausgerechnet ich?«

Tom Bradleys Lebensgeschichte liest sich wie ein amerikanisches Märchen: Das zweitälteste von fünf Kindern armer, schwarzer Eltern steigt unter der Obhut der Mutter, mit eisernem Willen und Gottvertrauen zum Bürgermeister von Los Angeles auf

Von Tom Bradley

An einem Tag des Jahres 1924 klapperte ein Ford T über die Stadtgrenze von Los Angeles. In der gebrechlichen alten „Lizzie“, bis unters Dach mit Habseligkeiten vollgestopft, saß eine siebenköpfige Kleinpächter-Familie aus der winzigen texanischen Stadt Calvert. In Kalifornien, glaubte sie, zähle weder ihr Name noch ihre Herkunft, sondern nur ihre Persönlichkeit und ihre Leistung. Über ein Jahr hatten sie für ihre Reise gebraucht. Unterwegs war den Leuten das Geld ausgegangen, und sie hatten sich als Baumwollpflücker verdingt, ihren kalifornischen Traum aber nicht aufgegeben.

In Kalifornien, davon waren diese Menschen felsenfest überzeugt, werde ihr Leben leichter sein. Aber sie irrten sich. In Los Angeles ging es ihnen dreckiger als jemals zuvor, und bald verlor der Vater alle Illusionen und ließ seine Frau und seine fünf Kinder im Stich, von denen das älteste gerade neun Jahre alt war.

Die Rede ist von meiner Familie. Und ich denke, daß mir die Leute die persönliche Bemerkung nachgesehen haben, die ich 1973 in meiner Antrittsrede als Bürgermeister der City of Los Angeles einfließen ließ: „Es ist ein weiter, weiter Weg gewesen für Tom Bradley.“

Ein weiter Weg seit den Tagen, als ich neun, zehn Jahre alt war, und meine Mutter jeden Morgen fortging, um anderer Leute Kinder zu betreuen und anderer Leute Heim, während wir allein zurechtkommen mußten.

Mutter brachte uns bei, tüchtig zuzupacken; und als wir alt genug waren, nahm jeder von uns kleine Jobs an, die ein paar dringend benötigte Extra-Pennys einbrachten. Ich arbeitete jeden Tag, nach der Schule, als Zeitungsjunge für die alten „Daily News“, als Fruchtpacker in einem Großmarkt oder als Gärtner.

Eines Tages sagte eine Lehrerin der Junior-High-School zu mir: „Schlag dir das College aus dem Kopf, Junge. Lern was Praktisches. Denn weiter als bis zur High-School wirst du es niemals bringen.“

Es ist ein weiter Weg gewesen seit jener Zeit, da ich mir zum erstenmal meiner Hartnäckigkeit bewußt wurde. Mutter trichterte mir ein, stets nach Perfektion zu streben, und lehrte mich, niemals „nein“ als Antwort zu akzeptieren. Also war ich wild entschlossen, die High-School zu schaffen, und versessen darauf, dann aufs College zu gehen. Ich wollte mich um ein Sport-Stipendium bewerben.

Als ich Mutter von dieser Absicht erzählte, nötigte sie mich, die Jobberei neben der Schule aufzugeben, um genug Zeit zum Trainieren zu finden. Obwohl sie niemals ein Leichtathletik-Sportfest oder ein Football-Spiel gesehen hatte und obwohl der Verzicht auf meine paar Pennys für sie selbst noch härtere Arbeit bedeutete, blieb sie bei ihrem Wort.

Wir waren arm und manchmal hungrig, aber meine Mutter sorgte dafür, daß wir niemals verzweifelten. Sie hielt ihre Familie mit schier eiserner Willenskraft zusammen, die sich aus ihrem festen Glauben an Gott nährte.

Jeden Sonntagmorgen steckte Mutter uns in unsere besten Kleider, und dann ging's mit der Straßenbahn zur „New Hope Baptist Church“ an der 16th Street, Ecke Paloma Street. Diese Kirche war unser zweites Zuhause. Sonntags.

Die übrige Woche standen wir auf eigenen Füßen. Mutter kam niemals vor Einbruch der Dunkelheit heim. Während des Tages setzte sie ihr Gottvertrauen in die Arbeit und überließ uns Kinder der Obhut des Herrn. Sie gab uns das Gefühl, daß ein Himmlischer Vater sich um uns kümmere, Böses von uns fernhalte und uns beobachte, wenn wir Gutes und wenn wir Schlechtes taten. Unser Vater hatte uns zwar verlassen, aber wir Bradleys waren beileibe keine vaterlose Familie.

Wenn ich aus meinem Bürofenster im Rathaus blicke, ist es für mich immer wieder ein Wunder, warum ich, warum habe ausgerechnet ich es bis hierher geschafft? Vom Rathaus sind es keine zwei Kilometer bis zur Temple Street, in der ich aufgewachsen bin. Und oft denke ich an meine Spielkameraden, die so arm und ebenso besessen von Luftschlössern waren wie ich. Sie sind entäuscht worden, haben aufgesteckt, sich anderen Dingen zugewandt. Warum war ich der Glückliche?

Einige Antworten liegen auf der Hand. Harte Arbeit, gewiß. Eine Portion Ehrgeiz,

Als Stadtverordneter an der Seite seiner Frau Ethel und seiner Mutter Crenner, als Mayor von L. A. bei einer Street Parade – Stationen der ungewöhnlichen Karriere des 65jährigen Tom Bradley

richtig. Sportliches Talent, das mir die Tür zu College-Stipendien öffnete, sicherlich. Doch lange bevor mein Traum Gestalt annahm, ehe ich einen Teilzeit-Job fand oder meine Spikes auf eine Aschenbahn setzte, stand mein Leben unter einer doppelten Gnade: Ich hatte meine Mutter, Crenner Bradley, und ihren unerschütterlichen Gottesglauben.

Meine Mutter war eine liebevolle und zugleich gestrenge Frau, eine Frau mit beiden Beinen auf der Erde und doch voller Träume. Ihr Gott war ein Gott aus Fleisch und Blut, und nichts lag ihr mehr am Herzen, als ihn auch für uns zu einem begreifbaren Gott werden zu lassen.

Niemals werde ich einen Tag vergessen, ich war damals sieben Jahre alt, und wir saßen auf unserer Reise in den „Golden State" gerade in Somerton, Arizona, fest. Es gab für mich nichts Faszinierenderes, als den Erwachsenen beim Baumwollpflücken zuzusehen. Eines Morgens schnappte auch ich mir einen Sack und begleitete sie auf die Felder. Die Arbeit schien kinderleicht zu sein, jedenfalls mußte ich mich nicht so tief bücken wie meine Mutter, um an die Wolle zu gelangen.

Aber die Last auf der Schulter wurde immer schwerer, und meine Finger röteten sich wie rohes Fleisch von den stacheligen Baumwollsamenkapseln. Als es dunkelte, konnte ich, hundemüde, nur eine erbärmliche Ernte vorzeigen. An diesem Abend beschloß ich, niemals wieder ein Baumwollfeld zu betreten. „Ich werde jemand werden", schwor ich meiner Mutter, während sie meine geschundenen Hände verband.

War der kalifornische Traum meiner Eltern tatsächlich nur ein Traum, oder war er Wirklichkeit?

„Mein Sohn", sagte sie, „die einzige Chance, jemand zu werden, ist, jemand zu sein." Das klang sehr geheimnisvoll, und daher fragte ich: „Aber wie weiß man denn, ob man jemand ist?"

„Du weißt es, wenn du dich vor Gott hinstellst und ihn fragst: ‚Herr, Du hast mir das Leben geschenkt. Du gabst mir Körper und Verstand. Sage mir, Herr, was habe ich damit anzufangen gewußt?'" Und als sie so sprach, sah ich Gott vor mir, zustimmend oder ablehnend. Seither habe ich mir Rat bei ihm eingeholt.

Es ist ein weiter Weg gewesen seit jener Zeit, da ich mich zum erstenmal um ein Amt bewarb – das war 1936 in der Poly High-School. Es gab nur 100 schwarze Studenten auf dem Campus – damals waren wir noch „Neger" –, und ich hatte die Stirn, mich auf diesem Campus um ein Amt zu bewerben.

Gewählt wurde der Schüler-Präsident, und mein Gegenkandidat wies darauf hin, daß der Sieger dieser Wahl die Schule downtown repräsentieren und daher immer picobello in Schale sein müsse.

Das traf auf den Punkt, denn ich besaß keinen einzigen Anzug, dem der Name gebührte. Der Anzug, den ich trug, gehörte meinem Bruder und war mir viel zu groß.

Es ist tatsächlich ein weiter Weg gewesen seit der Zeit, da ich das – wie es hieß – für mich Unerreichbare anzustreben begann. Ein weiter Weg, seit ich wirklich aufs College kam; seit ich trotz vieler Hindernisse ins „Los Angeles Police Department" eintrat; seit ich in einem neuen Auto von Michigan nach Los Angeles fuhr, ohne ein Bett für die Nacht zu finden, weil kein Hotel, kein Motel mich, einen Neger, aufnehmen wollte und ich im Wagen am Straßenrand schlief; seit ich nachts Jura studierte und tagsüber Polizist war; seit ich, schließlich, mein Anwaltsbüro eröffnete, und seit jenem Tag Anfang der sechziger Jahre, an dem mich Freunde in diesem Büro dazu ermunterten, als Stadtverordneter zu kandidieren.

Ich erinnere mich, daß mir damals Leute sagten: „Du mußt den Verstand verloren haben, dich als Neger in dieser Stadt um ein öffentliches Amt zu bewerben!" Ich habe auch nicht vergessen, was ich zu hören bekam, als ich 1969 zum erstenmal Bürgermeister werden wollte. Aber mein Gefühl sagte mir, wie wichtig es war, daß sich endlich jemand der entscheidenden Frage stellte: „Hat ein Mensch, dessen Hautfarbe zufällig schwarz ist und der sich für befähigt hält, die Bürger dieser Stadt zu führen, eine faire Chance? Ist der kalifornische Traum meiner Eltern tatsächlich nur ein Traum oder Wirklichkeit – unabhängig von Hautfarbe und Rasse?

Diese Frage konnte niemand für mich beantworten, und mit irgendwelchen Mutmaßungen wollte ich mich nicht abfinden. Also stellte ich mich – und gewann.

Heute bin ich Bürgermeister von drei Millionen Angelenos, Menschen unterschiedlichster Herkunft, Hautfarbe, Rasse und Religion. Und ich glaube, daß ich allen Kindern ein Beispiel sein kann: Wenn ich Erfolg habe, ist es auch ihnen möglich.

Gewiß, im vergangenen Jahr verlor ich die Gouverneurs-Wahlen dieses großen Staates, aber nur um 52 000 Stimmen. 3,8 Millionen Menschen haben für mich votiert. Der Kalifornische Traum ist für mich Wirklichkeit geworden. Wer weiß, was die Zukunft bringt. Im Augenblick weiß ich nur: Ich werde nicht aufgeben; ich beabsichtige, im Staatsdienst zu bleiben. Und jeder Tag wird neue Herausforderungen stellen und neue Chancen eröffnen. □

Tom Bradley, 65, war 21 Jahre lang Polizist in Los Angeles. Nach Feierabend studierte er Rechtswissenschaft und machte 1956 Examen. 1961 eröffnete er ein Rechtsanwaltsbüro. Von 1963 bis 1973 war er Stadtverordneter. 1969 bewarb er sich zum erstenmal um das Amt des Bürgermeisters und unterlag. 1973 indessen wurde er gewählt.

Die Berge

Sie waren Heimat der Indianer, Hoffnung der Goldsucher, und noch immer prägen sie das Klima der Küste und spenden das Wasser, ohne das Kalifornien Wüste wäre

Aller Segen kommt aus der Sierra

Von Tom DeVries

Kalifornien, das ist nicht so sehr Los Angeles oder San Francisco, ja nicht einmal Disneyland. Kalifornien, das sind Zehntausende von Quadratkilometern einer weitgehend unbesiedelten und zuweilen unzugänglichen steinernen Bergwelt, das sind Bergwiesen, sind mit Eichen und Koniferen bestandene Hänge.

Es sind die Berge, die Kalifornien zum Wunderland machen.

An den Bergen schlägt sich die Feuchtigkeit vom Pazifik nieder, sie begrenzen das Land im Osten gegen die weiten Wüstengebiete. In den Bergen wachsen die Zuckerkiefer, die Douglastanne und die majestätischen Mammutbäume, die mächtigsten Bäume der Welt. In höheren Regionen gedeihen Bristlecones, knorrige, vom Wind und Wetter gezeichnete Borstenkiefern, Bäume, die bei Christi Geburt bereits tausend Jahre alt waren.

In den Bergen entspringen die Flüsse, die den Städten das Leben ermöglichen und Kaliforniens riesige Ländereien und Plantagen bewässern. Aus den Bergen kam das Gold, das erst vor etwas mehr als 100 Jahren weiße Siedler in großer Zahl anlockte.

Und im August 1911, als das Industrie-Zeitalter in Amerika und Europa in Hochblüte stand und die Aufrüstung, die zum Ersten Weltkrieg führte, auf vollen

Das riesige Recreation-Revier rund um Mammoth Lakes hat das ganze Jahr du

ison: Im Winter peitscht oft eisiger Wind die Pisten des Mammoth Mountain-Skigebiets

Touren lief, kam ein kupferbrauner Mann aus den Vorbergen des Lassen Peak, der letzte wie ein Steinzeitmensch lebende Indianer Kaliforniens, und ergab sich friedlich der Zivilisation.

Ishi – so nannte sich der kupferbraune Mann – legte sich erschöpft im Pferch eines Schlachthauses in Oroville nieder; wahrscheinlich nahm er an, daß er dort sterben werde. Er war der Letzte seines Stammes, der letzte wildlebende Indianer, der in den Vereinigten Staaten gesehen wurde. Er hatte sein Leben verbracht, wie es sein Volk jahrtausendelang getan hatte. Er jagte mit Pfeilspitzen aus Stein und selbstgefertigten Speeren. Er trug Kleidung aus Fellen, sammelte Beeren und Nüsse und speerte Lachse, die vom Pazifik den Fluß hinaufschwammen. Er verstand keine andere Sprache als Yahi, einen zur Stammessprache der Yana gehörenden Dialekt; er war der letzte lebende Mensch, der ihn verstand, denn die Hütten und die Kultur seines Volkes waren längst der vorrückenden Zivilisation zum Opfer gefallen.

Dies ist nicht wegen der Tragik erwähnenswert – der Tod eines ganzen Volkes ist in unserer Welt längst nichts Außergewöhnliches mehr –, sondern weil es vor so kurzer Zeit geschah. Ishi verbrachte seine letzten fünf Lebensjahre als Hilfshausmeister eines Museums in Berkeley, und er fand einen Freund in einem Ethnologen, der eine Dokumentation über den Stamm der Yana zusammenstellte.

Im Obstgarten meines Hauses in der mittleren Sierra Nevada entdecken meine Kinder, wenn es geregnet hat, immer wieder Pfeilspitzen aus Obsidian und Splitter von Speerspitzen. Bisweilen sitze ich auf Granitfelsen weiter unten am Hang; in den bechergroßen Vertiefungen dieser Gesteinsbrocken haben Indianerinnen einst Eicheln zermahlen, einen wichtigen Teil ihrer Nahrung. Ich muß daran denken, daß die von den Indianern früher ab-

Eis setzte sich ein Denkmal aus Stein

Gewaltige Gletscher haben eines der faszinierendsten Täler Amerikas in den Granit der Sierra Nevada geschliffen: das Yosemite Valley – zwölf Kilometer lang, anderthalb Kilometer weit, 1000 Meter tief. Die ersten Weißen entdeckten das steinerne Spektakel 1851, in den Tagen des Goldrausches. Bis dahin war das Tal des Merced River die Heimat von 200 Indianern

Entspannung im Dampf der Erde

Besucher des Yosemite National Park haben ihre Futterkörbe hochgehängt, um sie vor Bären in Sicherheit zu bringen. Denn die Räuber durchstöbern nicht nur Mülltonnen, sie spüren auch Leckerbissen im Zelt oder gar im Camper-Kühlschrank auf. Im Sommer sind die Naturparks ein beliebtes Ausflugsziel zahlloser Touristen, da zieht manch einer das Dampfbad in der Einsamkeit vor: In den vulkanischen Bergregionen gibt es ungezählte heiße Quellen

geernteten Eichen noch immer diese Felsen umstehen und daß drüben an der mächtigen Nußkiefer ihre Lagerfeuer brannten. Die Nachkommen der Menschen, die hier Pfeile herstellten, sind Klassenkameraden meiner Kinder in der hiesigen Schule – mit dunklen Augen und Haaren und kupferheller Haut.

Die Berge sind nicht mehr die Heimat der Indianer. In weiten Gebieten ist nach Gold und Silber gegraben und die Gestalt der Landschaft dadurch drastisch verändert worden. Für den Bau der kalifornischen Städte wurden viele Millionen Bäume gefällt – und doch, kaum zu glauben: Die Berge haben sich nur wenig verändert.

Dort wo die Yana, Ishis Stamm, einst zu Hause waren, in den vulkanischen Ausläufern des Lassen Peak, leben heute weniger Menschen als zu Zeiten der indianischen Besiedlung. Hinter meinem Haus führt ein alter Holzfällerweg auf den Berg hinauf, doch die nächsten 60 Kilometer auf dem Grad der Sierra sind, von ein paar Fußpfaden abgesehen, jenseits jeder Zivilisation.

In den Klamath Mountains im Norden geht immer noch das Gerücht, daß „Big Foot“, der Affenmensch, in der Gegend umherstreife. Auch wenn viele Leute bezweifeln, daß Big Foot jemals existierte – das Land ist so wild, so riesig und so unwegsam, daß wir es vermutlich niemals mit Sicherheit wissen werden. Die Panamint Range und die White Mountains mit ihren Gipfeln, die zu den höchsten Kaliforniens zählen, sind so zerklüftet, daß sich von jeher Banditen in ihnen versteckten. Auch der Massenmörder Charles Manson tauchte bis zu seiner Festnahme in den Panamints unter. Und nur 30 Kilometer vor den Toren San Joses, Kaliforniens viertgrößter Stadt, haben sich Wanderer schon oft tagelang in der Bergwildnis verirrt.

Die 24 Millionen Menschen, die im bevölkerungsreichsten Staat der USA leben, können, ohne Ausnahme, in höchstens zwei Autostunden in unberührte, buchstäblich ursprüngliche Natur gelangen. Die Regierungen in Washington und Sacramento haben die Wildnis weithin als riesiges Landschaftsmuseum unter Schutz gestellt, damit sie weiterbestehen kann, wie sie ist, damit sie auch noch nach zehn Generationen so sein wird wie an dem Tag, als Ishi aus ihr gestolpert kam.

Meine Familie ist statt dessen hineingestolpert. Judy und ich sind vor zehn Jahren von San Francisco in die Berge umgezogen, um uns mit unserem Baby zu beschäftigen, eine Art Interims-Ruhestand, nichts für ewig. Francisco, das Baby, geht bereits in die vierte Klasse, und sein Bruder Will kommt in diesem Jahr in die Schule. Das ist der Einfluß der Berge auf manche Menschen.

Die Berge haben uns einiges gekostet, gewiß. Um am Abend ins Kino zu gehen, müssen wir 150 Kilometer weit fahren, und zuweilen sind wir hier auch eingeschneit. Wir vermissen unsere Freunde aus San Francisco, und beide werden wir hier niemals soviel verdienen wie in der Stadt. Aber vom Küchenfenster aus kann ich 130 Kilometer weit sehen – den Westhang der Sierra hinab und über das Central Valley bis hin zu den Coast Ranges.

Meine Kinder lernen Dinge, die sie in einer Großstadt vermutlich nie lernen würden: Woher unser Wasser kommt, wie langsam ein Baum wächst, wieviel Feuerholz man braucht, um das Haus zu heizen, und wieviel Arbeit es macht, dieses Holz zu hacken, wie zuverlässig die Schwalben jedes Frühjahr in unsere Garage zurückkehren. Die Kinder wissen, daß Stinktiere Hühner reißen, daß Falken Schlangen töten und daß Schafe dämlich sind. Und sie wissen auch, daß beinahe jedes Fahrzeug, das sie vom Garten aus hören, zu uns unterwegs ist.

Viele Tausend Familien haben es wie wir gemacht, so daß die Gemeinden der Gebirgs-Counties einen rapiden Bevölkerungsanstieg verzeichnen. Diese Gemeinden locken durch ihre Schönheit und durch die Vorzüge des ländlichen Daseins. Das Leben in diesen Gemeinden ist billig. Sie haben gute Schulen und kennen keine nennenswerte Kriminalität. Und obwohl sie schnell wachsen, scheinen sie noch immer nahezu menschenleer und ruhig zu sein. Wenn ich am Samstagabend von einem Besuch bei Freunden heimkehre, kann ich 25 Kilometer weit fahren, ohne einem einzigen Auto zu begegnen.

Meine Familie landete am Hang der Footman Ridge, gerade außerhalb des Yosemite National Park. Es hätte genausogut Mendocino an der Nordküste sein können oder auch die Albion Ridge, wo unser Freund George in einem hundertjährigen Apfelgarten lebt, in dem noch immer die Stümpfe der Mammut-Bäume stehen, die gefällt wurden, als Kalifornien noch ein junger Staat war.

Wir hätten uns aber auch für die Salmon River Forks in den Klamath Mountains entscheiden können, wo sich vor 20 Jahren eine Gruppe professioneller Aussteiger niederließ, um der Stadt zu entfliehen, sich selbst zu ernähren, Kinder großzuziehen und einen eigenen Lebensstil zu finden. Die Black-Bear-Kommune überlebte und gedieh. Andere siedelten sich in Grass Valley an, einem Goldgräber-Flecken 80 Kilometer westlich des Lake Tahoe, wo Ingenieure in Blue jeans heute in kleinen Werkstätten und Fabriken modernste Elektronik produzieren.

Es gibt ein Sprichwort: Manche Menschen betrachten ein Glas und sehen es halbvoll, andere dagegen sehen es halbleer. Und es gibt natürlich auch Menschen, die meinen, daß Kaliforniens Berge zerstört worden seien; daß zuerst das Abholzen der Bäume und der Bergbau, später dann Häuser, Straßen, Städte und Erholungsorte die Natur so sehr verändert haben, daß allenfalls Inseln von Wildnis übriggeblieben sind.

Jedenfalls: Während der letzten 20 Jahre haben sich Umweltschützer der Wildnis angenommen, und auf jeden Berg, in den sich die Bulldozer fressen, kommt gewiß ein anderer, auf dem nicht einmal ein Motorradfahrer geduldet wird. Die Idee war, zu einer Ausgewogenheit zwischen den Interessen der Naturschützer und der neuen Siedler zu finden.

Der Tioga-Paß, zum Beispiel. Die Route über die Sierra entstand aus einer privaten Zollstraße, die sich durch Kiefernwälder bergauf wand, an den Tuolumne Meadows entlang führte und sich auf Paßhöhe mit dem Planwagen-Pfad traf, der für jene Männer freigeschlagen worden war, die von Silberschätzen träumten. Die Schürfer sind verschwunden, das Silber blieb nur ein Traum, und die Zollstraße wurde von der Bundesregierung gekauft, als Tioga ein Teil des Yosemite-Parks wurde. In den fünfziger Jahren, als sich Amerika dem Automobil verschrieb, wurden die Fernstraßen verbreitert und begradigt, und zwangsläufig fand auch die Tioga Road die Aufmerksamkeit der Straßenbau-Ingenieure: Gegen den lautstarken Protest von Umweltschützern wurde sie zu einem Teil der modernen Route 120 vom Mono Lake durch den Yosemite-Park ausgebaut. Statt mit 25 kommt man jetzt mit 70 Kilometern pro Stunde voran – und, wenn niemand hinsieht, sogar noch schneller.

Tuolumne Meadows, die größte subalpine Bergwiese in der Sierra, sind heute Heimat von 40 Vogel- und 20 Säugetierarten – und verfügt nur über fünf Kilometer Asphalt. Im gleichnamigen Ort gibt es eine Tankstelle, einen Laden und Häuser für die Menschen, die dort arbeiten. Die Tuolumne Meadows sind, in meinen Augen, nicht schöner geworden.

Dennoch, ich selbst habe die Schnellstraße benutzt. Ich bin aus dem vulkanischen Becken am Fuß des östlichen Steilhangs hinaufgefahren, Anfang Juli, als Schneepflüge den Paß gerade geöffnet hatten, und ich habe während dieser Fahrt einen Bären über die Straße trotten sehen, der noch sein zotteliges, zimtfarbenes Winterkleid trug. Und ich bin einen Monat später wieder oben gewesen, als schon ein Blütenteppich auf den Wiesen lag und man zum Sockel der Dutzend Gletscher wandern konnte, die noch immer an den Bergen schleifen und die Quelle des Tuolumne River bilden. Ohne Frage sind Millionen von Menschen nur durch die bequemen, schnellen Straßen verführt worden, zu den Tuolumne Meadows hinaufzufahren.

Die Ära der Anbetung des Automobils scheint indes vorüber zu sein. Die Zeit, in der nahezu jede Verschandelung der Natur in Kauf genommen wurde, um die Zufahrt auf vier Rädern zu erleichtern. Es ist unwahrscheinlich, daß die Tioga Road heute noch gebaut worden wäre. Heute müssen auch die Siedler, die nach wie vor in die Gemeinden der Vorgebirge strömen, ihre Häuser so entwerfen, daß sie in die Landschaft passen, und immer häufiger verlangen Planungsämter Änderungen des Designs. Kalifornien hat seine Berge schon immer geliebt, doch jetzt beginnt diese Liebe vernünftiger zu werden.

Was uns an den Bergen anfangs am meisten verzauberte, war der für Kalifornien so ungewöhnliche Frühling. Der größte Teil dieses Staates hat nur zwei Jahreszeiten: einen feuchten, grünen Winter von November bis etwa März und unmittelbar danach einen langen, trockenen Sommer, der das Land – mit Ausnahme der Coast Ranges und der höchsten Inland-Berge – bis zum August verdorren läßt. Es dauerte lange, bis wir die sommerliche Schönheit der sanft gewellten Hügel mit ihren goldenen Gräsern und den Gruppen dunkler Eichen schätzen lernten.

Aber ich empfinde noch immer die Geburt des Jahres am allerschönsten – die Zeit, wenn die Blüte beginnt. Zuerst, im April, bedeckt der Ackersenf das Weideland kilometerweit mit einem gelben Teppich. Im April und im Mai klettern die Blumen aus dem Tal zu den Bergwiesen empor, die sich durch Lupinen und Frühlingssternblumen blau und purpurn färben. Im Frühsommer schließlich leuchten die Canyons im Gelb des Kalifornischen Mohns und im Weiß der Roßkastanien-

Winter in einem der fruchtbaren Täler nördlich des Lassen Volcanic National Park. Im stillen, noch unentdeckten Norden Kaliforniens liegen Ranches und Farmen oft meilenweit voneinander entfernt – da ist jede Familie ganz allein auf sich gestellt

Wo die Einsamkeit zu Hause ist

Blüten. Eine Farbe und ein Duft nach dem anderen erobert die Lichtungen, und die Blumen blühen so dicht, daß jeder Spaziergänger einen Trampelpfad hinterläßt.

In einer solchen Gegend lebt Bob Metzler, gleich neben dem Highway 49 an der Mother Lode, auf der wilden Seite des Merced River. Dort schürft er Gold. In einem Alter, da er sich ohne weiteres zur Ruhe setzen könnte, verbringt Bob seine Zeit damit, Löcher in den Granit zu sprengen, um die dünne, in Quarzkristall gebettete Goldader zu finden, der er seit 1948 einen Hügel hinauf folgt.

Auch wenn es kaum noch lohnt - die Jagd nach Gold geht weiter

„Ich bin vermutlich ein verdammter Narr", sagte Bob einmal zu mir. „Manchmal weiß ich wirklich nicht, weshalb ich mich noch so abrackere." Ich glaube, ich weiß es. Ich glaube, Bob ist so besessen, weil er an einem wunderschönen Fleckchen Erde ein eigenes Leben führen und eines der aufregendsten Spiele von Mutter Natur spielen kann: Sie versteckt eine winzige Menge eines kostbaren, weichen Metalls in einem Berg, und Bob Metzler versucht, es zu finden und herauszuholen.

In gewissem Sinne besteht die Geschichte der Mother Lode darin, daß der Ansporn, dieses Spiel zu gewinnen, allmählich Habsucht und Geldrausch der Spieler verdrängt. Viele sind durch das Gold der Berge reich geworden, aber es gibt weit mehr Menschen, die dieses Spiel spielen, obwohl längst jedermann weiß, daß der Gewinn kaum die Mühe wert ist.

Eines Nachmittags plauderte ich mit meinem Freund John, als zwei Jungen, noch keine 20 Jahre alt, seinen Goldladen in Columbia an der Route 49 betraten. Die beiden wollten von John wissen, was sie da am Vormittag aus dem Kiesbett eines Baches gewaschen hatten. John warf einen Blick in ihre Blechbüchse, auf deren Boden sich tatsächlich ein Rinnsal staubfeinen Goldes kräuselte. Die Jungen strahlten. „Es ist fünf, vielleicht sechs Dollar wert", sagte John – und die Jungen waren enttäuscht.

John trägt stets einen Lederbeutel in der Tasche, den er den Jungen aber nicht gezeigt hat. Der Beutel birgt ein riesiges, ein halbes Pfund schweres Goldnugget. Ein kleines Vermögen, John hat gespielt und gewonnen; aber es ist bemerkenswert, daß er seinen Gewinn nicht gegen Bargeld eingetauscht hat.

Columbia hat sich wenig verändert seit den Tagen des Goldrausches, als Abenteurer massenweise in die Berge strömten, um ihr Glück zu machen. Columbia war eine einsame Schlucht – bis am 27. März 1850 ein gewisser Thadeus Hildreth in der Gegend das gelbe Metall entdeckte. Ein Jahr später hatte Columbia 2000 Einwohner, nach fünf Jahren waren es 5000, und jetzt gab es auch Schulen, Zeitungen, Banken, Geschäfte und Saloons – weit mehr Saloons als Kirchen. Dem Boden rings um Columbia wurde Gold im Wert von 90 Millionen Dollar entrissen. Nicht weit entfernt, in Jackass Hill, wohnte eine Zeitlang der große Schriftsteller Mark Twain, doch die Hütte steht längst leer – aufgegeben wie fast alle alten Goldgräberstädte: Squabbletown. Sawmill Flat. Yankee Hill. Chinese Camp.

Damals war der Weg über die Sierra zu diesen Camps eine einzige Strapaze, und viele dem Goldrausch Verfallene wählten eine wesentlich längere Route – per Schiff von New York aus um das Kap Hoorn herum nach San Francisco. Wer sich der Sierra von Osten nähert, weiß warum. Die Berge ragen so steil und so abrupt empor, daß man das Gefühl hat, vor einer gewaltigen, von Schnee gekrönten Granitmauer zu stehen.

Auf die ersten Pioniere, die über Land nach Kalifornien zogen, müssen die Berge noch bedrohlicher gewirkt haben. Diese Menschen waren monatelang mühsam quer über die großen Ebenen und durch die Wüstenbecken von Utah und Nevada getreckt – mit Planwagen, die all ihren Besitz enthielten. Hatten sie Glück, erreichten sie die Sierra zeitig genug, um vor dem ersten Schnee hinüberzukommen. Viele aber fanden den Tod, weil sie zu spät eintrafen und dennoch versuchten, die Berge zu überqueren – oder weil das Wetter unvermutet früh umschlug und winterlich wurde.

Damals, in den fünfziger und sechziger Jahren des vorigen Jahrhunderts, konnte ein Irrtum bei der Wahl des Weges über

600 Meter ohne Haken zum Half Dome hinauf *Die Nordwest-Wand, 1957 zum erstenmal bezwungen, ist inzwischen eine klassische Kletterpartie im Yosemite Park geworden. Seit knapp zehn Jahren hat das »clean climbing« hier Tradition: Kletterhaken ins Gestein zu treiben, ist verpönt; statt dessen sichern Aluminium-Keile, die in Risse und Spalten gestoßen und wieder entfernt werden, die Bergsteiger vor dem Absturz*

die Sierra viele Tage und Menschenleben kosten. Daher heuerten sich viele Trecks Führer an. Einer der erfahrensten und tüchtigsten war Kit Carson, bis heute eine legendäre Figur für jedes amerikanische Schulkind. Der Indianer-Scout und Büffeljäger sprach mehrere Dialekte der Ureinwohner, und im Jahre 1844 fand er den Paß südlich des Lake Tahoe, der heute seinen Namen trägt.

Der Carson-Paß mit seiner ausgezeichneten, planierten Straße ist eine meiner Lieblingsstrecken. Besonders schön ist er im Herbst, wenn der Verkehr gering, die Luft kühl und die Farbe der Bäume üppig ist. Die 20 Kilometer von Nevada hinauf führen durch eine Western-Kulisse von Wüsten-Beifuß, durch Kiefernwälder und enden an den von Espen und Wacholder gesäumten Bergwiesen. Der Weg ist wunderschön, doch nicht für ein Auto mit schwächlichem Kühler.

Jenseits des Carson-Passes schließen sich 55 Straßenkilometer in 2100 Meter Höhe an, Kaliforniens höchste Kamm-Route. Am Carson Spur, einem vulkanischen Berg, schützen „Jet Roofs“ die Straße vor Lawinen. Bei ihrem Anblick muß ich jedesmal an die Pioniere denken, die ein paar Wochen zu spät versuchten, hier ihre Planwagen durchzubringen.

Am Inspiration Point brach der junge Soldat in Tränen aus

Je nach Saison ist diese Gegend ein Dorado für Skifahrer oder Angler. Und für einen Dollar und einen kurzen Umweg kann man in den heißen Quellen von Grover baden, die mit viel Aufwand auf köstliche 42 Grad Celsius abgekühlt werden. Ich habe nie begriffen, weshalb so viele Touristen dem Lkw-Verkehr auf dem Interstate Highway folgen, statt den viel schöneren und gemütlichen Highway 88 über den Carson-Paß zu nehmen.

Zu den berühmtesten Bergen Kaliforniens gehört El Capitan am Tor des Yosemite Valley, das Europäer entdeckten, als der Goldrausch seinen Höhepunkt erreicht hatte. Bei der Verfolgung von Indianern, die im März 1851 einen Handelsposten überfallen hatten, war ein Trupp Soldaten an den Inspiration Point gelangt, und einer von ihnen, ein junger Mann namens Lafayette Bunnell, berichtete später, daß er bei dem Anblick habe weinen müssen, betroffen von solcher Schönheit.

Dieser Anblick bietet sich noch heute, von einer Ausweichstelle der Straße unmittelbar vor dem Wawona-Tunnel: das 12 Kilometer lange Tal liegt vor dir; die blankpolierte Nase von El Capitan, des

1098 Meter hohen Monolithen, an dessen Wand Kletterer selbst beim Blick durch einen Feldstecher winzige Punkte sind; da sind die Bridalveil Falls und, ganz am Ende, der Half Dome. Im Frühling, wenn in den Bergen der Schnee schmilzt, stürzen an die 50 Wasserfälle vom Rand des Tals in den Merced River hinab.

50 Jahre lang stritten Wissenschaftler über die Entstehungsgeschichte dieses Tales. Erosion, sagten die einen, eine Naturkatastrophe, meinten andere. John Muir, ein Amateur-Naturforscher, der eine Weile im Yosemite-Gebiet lebte und den Amerikanern viel von dessen Wundern erzählte, lieferte schließlich die wohl richtige Erklärung: Gletscher, Milliarden Tonnen von Eis, haben das ursprünglich flache Flußtal in diese steinerne, polierte Pracht verwandelt.

Kein Wunder, daß im Sommer sich Touristenströme ins Yosemite Valley ergießen. Ich ziehe einen Besuch im Winter oder Frühling vor. Es ist zwar ziemlich kalt, aber wenn die Sonne scheint und den Fels aufheizt, kann man selbst im Januar die Nordwände hinaufklettern. Ich bin im Februar den Yosemite Falls-Wanderweg entlangmarschiert und habe in einem normalen Daunenschlafsack und einem einfachen Zelt übernachtet. Die Yosemite Falls stürzen 739 Meter in die Tiefe. Im Winter bildet der gefrorene Gischt einen riesigen Eiskegel am Fuß der Felsen, und nachts bricht das Eis hoch oben über der Talsohle ab und donnert in die Tiefe.

Ich mag den Trail zum North Dome hinauf, meine „Snow-Creek-Serpentine“, die durch Eichen- und Kiefernwälder ansteigen und einen atemberaubenden Blick nach dem anderen bieten: Clouds Rest, Mirror Lake, Half Dome.

100 Kilometer südlich vom Yosemite Valley liegt der Le Conte Canyon – in tiefster Wildnis. Der mittlere Arm des Kings

Kiefern als Pioniere für ein Comeback

Im Nordosten Kaliforniens, vom Tourismus bislang wenig entdeckt, breiten sich die 433 Quadratkilometer des Lassen Volcanic National Park. Im Mai 1915 löschte eine gewaltige Eruption des heute 3187 Meter hohen Lassen Peak die Vegetation im Umkreis von einigen Kilometern aus. Am Fuß des Cinder Cone wachsen auf den Lavafeldern inzwischen wieder vereinzelte Jeffrey-Kiefern

River schäumt hier zwischen Klippen, die so steil wie Wolkenkratzer aufragen, nur oft noch ein ganzes Stück höher. Ich bin bislang noch nirgendwo gewesen, wo mir so oft der Gedanke kam, als erster Mensch über ein noch jungfräuliches Stück Erde zu wandern.

Wandern ist so gut wie die einzige Möglichkeit, zum Le Conte Canyon im Kings Canyon National Park zu gelangen. Der anstrengende, 30 Kilometer lange Weg beginnt in Cedar Grove, kurz vor dem Ende der Autostraße. Er führt über die Baumgrenze hinaus zum Kennedy Pass und wieder hinab zur Simpson Meadow, über einen Höhenunterschied von rund 1200 Metern.

Ich war in einem Sommer zweimal im Le Conte Canyon; einmal zum Spaß, und das andere Mal, um einen Bericht über eine Gruppe des California Conservation Corps zu schreiben. Die jungen Leute arbeiteten sich für wenig Lohn den Rücken krumm, um Wanderpfade wieder in Ordnung zu bringen. Es waren fast ausschließlich Stadtkinder, und einige von ihnen hatten – ehe sie dem Corps beitraten – noch nie in der Wildnis geschlafen. Doch gegen Ende ihrer dreimonatigen Arbeit sahen sie wie ein Völkchen altgedienter Bergscouts aus, ein Menschenschlag, der sich in warmen Bädern und weichen Betten unbehaglich fühlt.

Die jungen Leute stemmten schwere Steinbrocken vom Weg oder schnitten wuchernde Büsche zurück, und wenn sie damit fertig waren, rieben sie Erde über die Schnittstellen der Zweige, damit die Spuren ihrer Arbeit nicht mehr zu sehen waren und die Atmosphäre ungestörter Wildnis erhalten blieb. Sie schufteten jeden Tag acht Stunden lang, dann gingen sie, oft viele Meilen weit, ins Camp zurück, um ein eiskaltes Bad im Palisade Creek zu nehmen, zu essen und den Abend damit zu verbringen, ins Feuer oder zu den Sternen zu starren.

Das Camp, das ich kennengelernt hatte, war so abgelegen, daß die meisten Bergwanderer, die auf die Gruppe stießen, schon tage-, manchmal wochenlang mutterseelenallein unterwegs gewesen waren. Und ich sah diese Rucksack-Träger näher kommen, die jungen Menschen anstarren und ohne ein Wort wieder in der Wildnis verschwinden. Die Berge wirken sich manchmal so auf Menschen aus.

In jenem Sommer wanderten mein Begleiter und ich vom Basislager des California Conservation Corps am Palisade Creek weiter zum Dusy Basin, in dessen kristallklaren Seen Forellen zu sehen sind. Wir passierten etliche Stromschnellen des Dusy Creek – hinter uns Black Divide, Citadel und Lagille Peak, die den Muir Pass flankieren; vor uns der nahezu senkrechte Sturz der East Side; im Norden der Mount Ritter – schon außerhalb des Parks, Banner Peak und die Minarets; im südlich angrenzenden Sequoia National Park der Mount Whitney, Nordamerikas höchster Gipfel außerhalb von Alaska.

Am Mississippi, in den Staaten des Mittelwestens, in denen ich aufwuchs, sieht man auf 80 Kilometer, wenn ein Gewitter aufzieht. In der Sierra braut es sich binnen 20 Minuten vom Nachbartal her zusammen. Mein Freund Robert und ich gerieten an jenem heißen Augusttag mit strahlendem Sonnenschein unvermittelt in einen Schneesturm. So schnell, wie der Flockenwirbel einsetzte, war er auch wieder verschwunden. Die Wolken rissen auf und verzogen sich, so daß Robert und ich wieder in den Canyon hinabsehen konnten. Es war der schönste Blick auf eine Landschaft, den ich jemals erlebt hatte.

„Hier", sagte Robert, „habe ich das Gefühl, an Gott zu glauben." □

Tom DeVries, 41, freier Autor und Fernsehproduzent, hat als Entwicklungshelfer gearbeitet. Besonders stolz ist er darauf, inmitten der kalifornischen Sierra Nevada preisgekrönte Pfirsiche zu produzieren und drei Kinder großgezogen zu haben.

Wo das Reich der Glücksritter beginnt

Die Stateline zwischen Kalifornien und Nevada, die hier durch den Swimmingpool einer Lodge am Lake Tahoe verläuft, ist mehr als nur Gag: Denn das Glücksspiel, auf kalifornischer Seite verboten, hat in Nevada Hochkonjunktur

Die Berge

Der Streit ist alt und nicht lösbar: Ist die kalifornische Küste das Juwel des „Golden State" oder sind es die Berge? Sicher ist, daß niemand Kalifornien erleben kann, der die Gebirge bei seiner Erkundung des Staates ganz und gar ausläßt; mehr noch: Er verzichtet auf das Erlebnis einer Natur, die von überwältigender Schönheit und weithin sogar noch erstaunlich unversehrt ist.

*Shasta-Trinity National Forests (B2)**

Im Unterschied zu anderen Regionen ist diese im Norden Kaliforniens kaum touristisch erschlossen und nur etwas für wirkliche „outdoors"-Fans. Die National Forests umfassen 11 400 km² und schließen Teile der Salmon-Trinity Alps Primitive Area (B1/2) ein. Wer Natur pur will, ist hier richtig.

Vorsicht, Postkutsche kreuzt: Straßenschild in der Mother Lode

Gold-Rush Country (C3/4)

In Kalifornien hatte man immer schon einen hochentwickelten Sinn für plastische Ortsnamen: Hangman's Bridge, Poker Flat, Hell's Half Acre, Bedbug, Whiskey Flat, Jackass Hill – hier ist man im Mining Country oder Mother Lode Country, das seine wilde Blüte in der Mitte des vorigen Jahrhunderts erlebte, als es den Silber- und Goldrausch gab. Viele dieser Orte sind seither verfallen, aber einige existieren noch, manche sogar in prächtiger Verfassung. Die Golden Chain erstreckt sich am Highway 49, faszinierende 500 km lang. Sie kreuzt den Interstate Highway 80 etwa 50 km östlich von Sacramento.

Nevada City ist die am besten erhaltene Goldstadt und lohnt einen Besuch. Sehenswert: das opulente **Joss House**, der Friedhof der Pio-

* *Die Koordinaten beziehen sich auf die Karte auf den Seiten 176/177*

Juwel aus Pioniertagen: Nevada City

niere **Nabob Hill** und das **Firehouse Museum.** Das **Red Castle Inn,** 109 Prospect; Tel. (916) 265-5135 – am Prospect der Stadt, nachgemachte Gotik, legt Wert darauf, einen hauseigenen Geist zu haben. Es soll sich um die unruhevolle Leiche der Gouvernante eines früheren Besitzers handeln.

Im **Deer Creek Cafe,** 101 Broad Street; Tel. (916) 265-5908 – bruzzelt ein peruanischer Chef leckere spanische, peruanische und mexikanische Gerichte.

Rough and Ready, westlich von Grass Valley am Highway 20, ist ein historisches Unikum: Das Kaff trennte sich 1850 von der Union der Vereinigten Staaten, aber die Sezession währte nur drei Monate, weil die rebellischen Bürger von der Whiskey-Zufuhr abgeschnitten worden waren.

Grass Valley, Folsom und **Auburn** sind drei sehenswerte Orte, die einen Hauch Vergangenheit vermitteln. Aus Grass Valley stammte Lyman Gilmore: Von ihm heißt es, er sei möglicherweise – noch vor den Gebrüdern Wright – der erste amerikanische Flieger gewesen. In Auburn gibt es 833 Lincoln Way das **Auburn Hotel;** Tel. (916) 988-6708: freundlich, herzlich, sehr preiswert. Das Restaurant bringt baskische Küche. Ebenfalls am Lincoln Way (Nr. 1522) in Auburn: **Butterworth's,** Tel. (916) 885-0249, in einem stilvoll renovierten viktorianischen Haus aus dem Jahre 1887. Der Wirt pflegt seinen englischen Akzent – und seinen Weinkeller.

Placerville wurde in der bösen alten Zeit auch Hangtown genannt, weil hier viele Schlagetots und Diebe aufgehängt wurden. Gastronomische Spezialität in Placerville: ein Pfannengericht aus Austern, Speck und Eiern, mit dem anzüglichen Namen „Hangtown Fry".

In die **Fleming Jones Homestead** von Placerville, 3170 Newton Road; Tel. (916) 626-5840, findet man Unterkunft auf einer Farm aus dem urigen Kalifornien von vorgestern. Übernachten kann man auch im **Vineyard House** in Coloma, Tel. (916) 622-2217, das so heißt, weil es auf dem Terrain einer alten Winzerei steht. Es ist gefüllt mit amerikanischen Antiquitäten und sieht so aus wie eine Erinnerung an die Erbtante.

Plymouth wird in jedem August zu einem lärmenden Tollhaus: Dann ist hier die Amador County Fair mit Rodeo.

Amador City, eine Ansammlung von Gebäuden im klassizistischen Stil, beansprucht einen im übrigen nicht sehr begehrten Superlativ: den der Winzigkeit – sie ist mit 136 Einwohnern die kleinste Stadt der Vereinigten Staaten.

Die schönste der alten Goldstädte ist Sutter Creek mit einer sehenswerten Main Street, an der in Nr. 75 das **Sutter Creek Inn** aparte Übernachtung anbietet: schwingende Betten, die an der Decke hängen. Tel. (209) 267-5606.

In **Jackson** lohnt das **Amador County Museum** einen Besuch. In der Argonaut- und Kennedy-Mine dieser Gegend gewann man Gold im Wert von 70 Millionen Dollar. Aus einem Gebäude der Stadt, in dem früher die Golddigger hausten, ist inzwischen **Buscaglia's** geworden, ein Restaurant an der Jackson Gate Road Nr. 1218; Tel. (209) 223-9992, in dem es sehr preiswert zugeht.

Ein paar Kilometer westlich des Highway 49 finden Sie **The Heirloom** an der Shakeley Lane 214 in **Ione,** Tel. (209) 274-4468. Ein Gruß aus den Südstaaten. Ein Mansion mit neoklassizistischen Säulen, umgeben von einer Blumenorgie.

Murphys, östlich von Angels Camp am Highway 4, ist einer der besten „night spots" in der Mother Lode. **Murphys Hotel** an der Main Street der Stadt, Nr. 457; Tel. (209) 728-3454, hat solchen Zelebritäten wie Mark Twain und John Jacob Astor preiswerte Unterkunft geboten.

Columbia State Historic Park, eine Just-for-Show-„Ghosttown", ist – ganz und gar unkalifornisch – für Autos verboten. Dafür gibt es Fahrten mit Wildwest-Kutschen und Führungen durch die alten Minen. Wer will, kann mit der Pfanne sein Goldglück probieren und abends das Fallon House Theater besuchen. Das **City Hotel** in Columbia, über dem „What Cheer Saloon", ist an der Main Street; Tel. (209) 532-1479, und zwar schon seit 120 Jahren – für kalifornische Verhältnisse ist das steinalt. Zimmermädchen, Kellner und Busboys sind Studenten des Hospitality Management Program am nahen Junior College. Besser noch: Der Chefkoch ist Franzose und bereitet Superbes.

Sonora ist definitiv nichts für Pazifisten, denn hier findet das jährliche Sonora Smoke Pullers-Treffen statt: ein Meeting der Schieß-Fetischisten.

Ins **Jamestown Hotel** in **Jamestown,** 18153 Main Street; Tel. (209) 984-3902, geht man wie im vorigen Jahrhundert: Die Fassade ist stets penibel so gehalten, daß sie an die Zeit des Gold Rush erinnert.

Mehr als 4000 Jahre alt sind manche der knorrigen Borstenkiefern, die in den Hochlagen der White Mountains zäh Wind und Wetter trotzen: Wer die ältesten Lebewesen der Erde sehen will, findet sie im Ancient Bristlecone Pine Forest (D5)

Sacramento (B4), Hauptstadt Kaliforniens, ist das westliche Tor zum Gold-Rush Country. Sehen Sie sich **Sutter's Fort** an, das der Deutsche John Sutter (der eigentlich Johann August Suter hieß) baute und damit die Erschließung des Binnenlandes einleitete. Oder wie wär's mit dem **California State Railroad Museum,** in dem sich Dampfrösser von gestern bewundern lassen. Das Museum mit seinem sehenswerten Design steht in Old Sacramento, der Altstadt, die in den Tagen der Goldschürfer so etwas wie ein „Commercial District" war und heute mit seinen Museen, Saloons und Shops einen Einblick in die Zeit von damals gibt.
In Old Sacramento lädt **The Firehouse** zur Mahlzeit. 1111 2nd Street; Tel. (916) 442-4772. In Räumen, in denen zur Goldzeit die örtliche Feuerwehr stationiert war, wird Französisches, Italienisches und Amerikanisches serviert. Die Politiker treffen sich in Sacramento bei **Frank Fat's,** 806 L Street; Tel. (916) 447-7092, dem „heimlichen Capitol" und essen kantonesisch oder ein solides New-York-Steak mit Austernsoße.

Gold Rush, anno 1983: Schürfer am Creek

Lake Tahoe (C3)

Ein Grabenbruch an der Grenze zu Nevada füllt sich mit einem der größten alpinen Seen des nordamerikanischen Halbkontinents. Am Nordufer stehen Tahoe City, Incline Village und Crystal Bay, im Süden die Orte South Lake Tahoe und Stateline. Verbunden sind Norden und Süden mit 70 km kurvenreicher Straße, an der es gelegentlich ein Shopping Center gibt, ein Restaurant oder, wo es besonders schön ist, das unermeßlich teure Haus eines ganz Reichen.

Am Highway 50 gleich hinter der Grenze in **Stateline** weht ein Hauch der Verruchtheit des Spielerstaates Nevada: Casinos, in denen 24 Stunden am Tag der Dollar rollt. In drei „Showcases" treten die Stars des Entertainment auf, ganz wie in Las Vegas.

Nördlich von Stateline starten am Highway 50 die Bootsfahrten, und zwar in **Zephyr Cove** und **Ski Run Marina.** Man hat die Wahl zwischen Schiffen, die mit Schaufelrädern angetrieben werden, Booten mit gläsernem Boden und Booten, die mit bis zu 80 Passagieren einfach über einen der schönsten Seen der Welt kreuzen.

Wer mehr über diese Region wissen möchte, wende sich an die Lake Tahoe Basin Management Unit, P.O. Box 8465, South Lake Tahoe, CA 95731; Tel. (916) 544-6420: kostenlose Bildschauen, Vorträge und kundig geleitete Wanderungen. Zur rechten Jahreszeit gibt es Skimöglichkeiten in reicher Auswahl, unter anderem in **Squaw Valley** auf olympischem Boden. Die Gegend um den Lake Tahoe wird intensiv besucht, mithin tut man gut daran, rechtzeitig für Hotel- oder Motelreservierungen zu sorgen. Etwa im: **Sierra House Inn,** South Lake Tahoe; Tel. (916) 541-4800; oder im **Agate Bay Ski Lodge,** Tahoe Vista, Tel. (916) 546-2587.

Wer mit dem Camper oder dem Wohnmobil reist: Die „Campgrounds" von Emerald Bay State Park und am Fallen Leaf Lake gehören zu den besten Plätzen.

Le Petit Pier in Tahoe Vista, 7252 North Lake Drive; Tel. (916) 546-4464, ist ein zwar teures, aber erstklassiges französisches Restaurant: Junge Ente mit Blaubeeren, neuseeländisches Wildschwein mit Portwein- und Estragonsauce, Salat aus frischen Krabben – eines der besten Restaurants Kaliforniens.

Eine andere gute Adresse: **La Vieille Maison,** Highway 269 an der River Road; Tel. (916) 587-2421. Ein altes Haus, in dem die Crew lebte, die Charlie Chaplins „Goldrausch" filmte. Der Gastronom schwört auf Knoblauch.

Yosemite (C4/5)

Fresno (C5), am Freeway 99, liegt im San Joaquin Valley (C5/6), das zu den bedeutendsten Landwirtschafts-Regionen der Vereinigten Staaten gehört – hier werden Wein, Reis, Kartoffeln und Baumwolle auf riesigen bewässerten Plantagen angebaut. Von Fresno aus können Sie sowohl zum Yosemite als auch zu den Sequoia and Kings Canyon National Parks durchstarten.
Ausgerechnet in Fresno findet man authentische armenische Küche, am besten in **Stanley's Authentic Armenian Cuisine,** 1713 East Shaw Avenue; Tel. (209) 222-3771. Der Grund: Ein erheblicher Teil der Bürger stammt aus Armenien. Augenscheinlich sind sie mindestens in einer Hinsicht sehr amerikanisch geworden: Das Restaurant ist, nach dem Geschmack des Landes, sehr dunkel – Amerikaner halten das für cozy.

Alles, was man Ihnen über die 3081 Quadratkilometer des Yosemite National Park vorgeschwärmt hat, ist wahr. Wunderschöne Seen, rauschende Bergbäche, Riesen-Mammutbäume und grüne Wiesen mit Mohnblumen und Lupinen, El Capitan, ein riesiger freistehender Granitblock, und Half Dome, beides Träume der Berg-„Freaks". Ein Pflichtpunkt für alle, die überhaupt in diese Gegend kommen: das Yosemite Valley, zwölf hinreißende Kilometer lang. In der Mariposa Grove, 55 km südlich des Yosemite Valley, steht Grizzly Giant, mit 2700 Jahren der älteste der hier wachsenden Mammutbäume.
In Yosemite Village gibt es ein Visitor Center mit dem Indian Cultural Museum in dem die Kultur der hier einst heimischen Miwok- und Paiute-Indianer dargeboten wird.

Das **Ahwahnee Hotel,** knapp 1 km östlich der Park Headquarters, ist das feinste Haus am Platz, Tel. (209) 373-4171; knapp 1 km westlich steht die **Yosemite Lodge,** Tel. (209) 373-4171.

In Sunnyside, Muir Tree, Tenaya Lake, Tuolomne, Tamarack Flat und Smokey Jack gibt es Platz für 2000 Camper.

Die Restaurants der Region sind weniger überwältigend als die Natur; immerhin bekommt man ordentlich zu essen und grandiose Ausblicke geboten. Ein Tip: **The Narrow Gauge Inn,** Fish Camp, am Highway 41; Tel. (209) 683-7720. Gegrillte Forellen. Hummerkrabben und ein gemütlicher Kamin im Winter.

Holz und Granit: das Ahwahnee Hotel

Wer vom Yosemite-Park aus einen Abstecher zu den Freizeitrevieren rund um Mammoth Lakes (D5) und den June Lake (D4) macht, wird es nicht bereuen: Wandern, Fischen, Bootfahren, Skilaufen – hier ist immer Saison.

Im **Whiskey Creek Restaurant,** 1 km westlich von Mammoth Lakes, am Highway 203; Tel. (619) 934-2555, trifft man, bei Barbecued Spareribs und Prime Rib, ein überwiegend jugendliches und sehr sportives Publikum.

Carson Peak Inn, 5 km westlich von June Lake am Highway 158; Tel. (619) 648-7575. Ein hübsches, ländliches Restaurant am Fuße des Carson Peak.

Sierra Inn am Highway 158; Tel. (619) 648-7774. Live Country and Western Music in der Skisaison von November bis Februar. Das Restaurant ist à la Wildwest gestylt. Schöner Blick auf Berge und den June Lake.

Pflichtstopp für Touristen: vom Inspiration Point ein Blick ins Yosemite Valley

Man feiert sich beim MM.

MM, der Sekt mit dem gewissen Extra.

Sequoia und Kings Canyon (D5/6)

Wenn es nicht am Wege liegt, lohnt es einen Umweg: Imperial Dynasty in Hanford, südlich von Fresno am Highway 198, ein guter Start für einen Ausflug in die Sequoia and Kings Canyon National Parks. **Imperial Dynasty,** 2 China Alley; Tel. (209) 582-0196, ist eines der besten und ungewöhnlichsten Restaurants in Kalifornien. Die Familie Wing, der das Restaurant seit 1883 gehört, kochte ursprünglich kantonesisch, heute aber wird serviert, was man „Französisch mit chinesischem Akzent" nennen könnte: sehr lecker und jedenfalls anders als alles, was Sie bisher gegessen haben. Im Keller, wo früher Opium geraucht wurde, ist heute einer der bestsortierten Weinkeller Kaliforniens.

Wer vom Highway 5 kommt: Dort, wo der Highway 198 nach Osten zu den Parks abzweigt, steht **The Harris Ranch,** Tel. (209) 935-0717, eine alte Hacienda, wo man köstliche Steaks von hauseigenen Rindern essen kann. The Harris Ranch ist das einzige nennenswerte Restaurant am Highway 5. Eine der Spezialitäten des Hauses mag nicht jedermanns Sache sein: Mountain Oysters sind die Hoden von Schafböcken.

Nein, es gibt in den beiden Parks nicht nur Mammutbäume, sondern wiederum überwältigende Aussichten auf Berge und Einsichten in Täler, den traumhaften Kings River, die hohe Sierra, Reste von Indianerlagern und viel Wild. Der Congress Trail führt 3 Kilometer durch die großartigsten der großen Bäume. Im Sequoia-Park steht der General Sherman Tree, das massigste Lebewesen der Erde: 83 Meter hoch, 30 Meter Umfang, 2000 Tonnen schwer und – 3000 Jahre alt.

Auf „nur" 80 Meter Höhe hat es in der Grant Grove im Kings Canyon Park der General-Grant-Baum gebracht. Dafür ist er der „Weihnachtsbaum der Nation", unter dem traditionell Weihnachtsfeiern zelebriert werden.

Wenn Sie sich von den Scharen der Touristen distanzieren wollen: Folgen Sie den Wegen der Angler auf dem Nordufer des südlichen Armes des Kings River in weltenferne Natur. Von der Cedar Grove führt der Don Cecil Trail zu einem schönen Wasserfall.

Zwischen Grant Grove Village und Giant Forest Village liegt die **Stony Creek Lodge,** ein passables Hotel; Tel. (209) 565-3373.

Der Redwood-Riese stürzte 1937: ein Torbogen im Sequoia National Park

Preiswerte Unterkünfte:

Giant Forest Lodge, Giant Forest Village; Tel. (209) 565-3373.

Grant Grove Lodge, Grant Grove Village; Tel. (209) 565-3373.

Wilsonia Lodge, Wilsonia; Tel. (209) 335-2310.

Es gibt 15 Campingplätze in den beiden Parks. Besonders empfehlenswert: Buckeye Flat.

San Bernadino Mountains

Weniger gewaltig als die hohe Sierra, dafür leichter erreichbar, sind die San Bernadino Mountains, etwa 100 km östlich von Los Angeles im gleichnamigen National Forest. Hier kann man im Sommer campen, picknicken, wandern, reiten und im Winter skifahren.

In Big Bear Lake (E7), 500 Kilometer weiter im Süden, steht das **Crow's Nest** in der Alden Road; Tel. (714) 866-5771. Das Restaurant hat nautisches Dekor und einen traumhaften Blick auf den See. Die Speisekarte weist auf, womit man sich in Kalifornien nicht irren kann: Steaks, Prime Rib und knackige Salate. □

Nuggets und Natur

Nach Downieville führt nur ein Weg, der Highway 49. Wer in das versteckte Bergdorf fährt, findet 410 brave Bürger vor, deren Leben bestimmt ist von Vergangenheit und Jahreszeiten

Von Fred L. Cochran

Der winzige Ort im Canyon heißt Downieville, liegt in der nordkalifornischen Sierra Nevada und schmiegt sich an den Zusammenfluß zweier klarer, von Schnee gespeister, schnell fließender Flüsse: North Yuba und Downie.

Es ist ein abgelegener Ort mit 410 Einwohnern, umgeben vom riesigen Tahoe National Forest. Hirsch, Bär und Puma spuken in den rauhen Wäldern, und immer wieder fällt ein Bär – im Schutze der Dunkelheit – über die Abfallkübel des hiesigen Restaurants her.

Es gibt nur einen einzigen Weg nach Downieville: eine schmale, tückisch kurvenreiche Straße, die auf der Karte als Highway 49 markiert ist. Es gibt weder Eisenbahn noch Autobus, weder Flugplatz noch Taxi. Nur: Wer oder besser was sollte einen Menschen denn auch dazu bewegen, unseren alten Goldgräberort zu besuchen oder gar hier zu leben? Wie überhaupt hat es dieser Ort fertiggebracht zu überleben, da doch so viele Goldgräberstädte, die wie Downieville während des Goldrausches im Jahr 1849 gegründet worden waren, längst nur noch Ortsnamen auf alten Landkarten sind?

Die Antwort lautet: Weil Downieville 1886 zum Sitz des Sierra County geworden ist. Doch der wahre Grund ist, daß sich der Lebensstil der Bewohner von Generation zu Generation weitervererbt hat. Zuzügler – man nennt sie hier Flachländer – und Alteingesessene leben auf einem gemeinsamen Nenner: Ihr Downieville ist immun gegen die Greuel der großen Städte, gegen Überbevölkerung, Verbrechen, Umweltverschmutzung, Autobahnen, moralischen Verfall. Ihr Downieville ist ein Ort, der von den Jahreszeiten geprägt wird, voller Stimmungen, mit tobenden Schneestürmen im Winter und Regenbogenforellen, die in der Frühlingssonne funkeln.

Es ist ein Ort, in dem Geburtstagstorten mit 90 Kerzen üblich sind. Aber ebenso eine Gemeinde wie alle anderen, mit Friedhöfen, mit Geistern – mein Büro ist voll von ihnen. Ich bin der Herausgeber der hiesigen Zeitung, des „Mountain Messenger“, also des „Gebirgs-Boten“, der ältesten Wochenzeitung in Kalifornien. Mein Archiv reicht zurück bis ins Gründungsjahr 1853. Zu unseren Autoren gehörten Mark Twain, Bret Harte, Jack London und Hunderte weniger berühmter Sterblicher, die von Downieville bezaubert waren, von den Verlockungen des Goldes und von den Geheimnissen der Berge und Wälder in der Sierra.

Die Historie hat uns einen doppelten Ruf eingetragen: Wir sind berühmt und berüchtigt. 1851 wurde in Downieville zum erstenmal in der Geschichte Kaliforniens eine Frau gehängt, eine bildschöne Mexikanerin namens Juanita. Sie war ein leichtes Mädchen, und sie wurde überführt, einen Goldsucher ermordet zu haben. Sie wurde, nach weniger als zwei Stunden Verhandlung, schuldig gesprochen – Zeugenaussagen und Beratung des Gerichts eingeschlossen – und gleich anschließend gehängt. An einem Träger der Brücke, die über den North Yuba führt, weil der Galgen erst hätte geflickt werden müssen. Die gesamte Bevölkerung von Downieville, damals 3000 Menschen, jubelte laut.

Juanita war schnell vergessen, und Downieville blühte und gedieh, und die Zahl der Einwohner stieg in den achtziger Jahren des vorigen Jahrhunderts auf 8000.

Heute hängen wir natürlich keine Frauen mehr an Brükken auf, und natürlich finden wir auch keine fünf Pfund schweren Gold-Nuggets in Bächen und Flüssen. Unsere Lebensqualität ist die Heiterkeit und Ruhe des Kleinstadtlebens.

Wir führen ein einfaches, aber erfülltes Leben weil die Stechuhren der Industrie uns noch nicht erreicht haben

Wenn uns auch augenscheinlich die Annehmlichkeiten einer City fehlen, so haben wir doch eine Tankstelle, zwei Lebensmittelgeschäfte, einen Eisenwarenladen und drei Kirchen.

Wir sind wie der Durchschnitt der Menschheit – weder einzigartig noch langweilig. Wir schlagen Holz in den Wäldern – eine bedeutende Industrie im Sierra County – oder schürfen ein bißchen Gold in den Flüssen oder arbeiten für Bundes- oder Kreisbehörden. Einige von uns sind Ladenbesitzer, andere Rentner und Pensionäre.

Aber niemand in Downieville setzt sich wirklich „zur Ruhe“, dafür sind wir alle viel zu munter. Es gibt immer noch Feuerholz zu schlagen, einen „German Brown“, einen leckeren Fisch, zu fangen oder einen kleinen Garten zu bestellen.

Unser Städtchen ist arm, unser Landkreis ist arm, aber über die amtlichen Statistiken, die uns bescheinigen, daß wir mit unserem Pro-Kopf-Einkommen weit unterhalb des Existenzminimums der Vereinigten Staaten liegen, können wir nur lachen. Es stimmt, wir haben nicht viel Geld, aber selbst wenn wir es hätten – wo sollten wir es ausgeben? Wir würden wohl überwiegend den Katalog von Montgomery Ward, eines Versandhauses für die Landbevölkerung, durchschmökern und sparsam und vorsichtig eine neue Kettensäge oder ein neues Jagdgewehr auswählen.

Vor kurzem nannte uns eine Zeitschrift „primitiv“. Aber sie hat nichts begriffen: Wir sind „primitiv“ aus unserem eigenen Antrieb weil unsere materiellen Ansprüche all den Schwätzern und Hökern an der Madison Avenue spotten. Wir haben keinen Bedarf an dem Krimskrams, der auf dem Markt der technisierten Gesellschaft angeboten wird. Wenn wir die Wahl haben zwischen einem elektrischen Büchsenöffner und einem Paar Wollsocken, nehmen wir die Socken.

Wir jagen und fischen und laufen Ski, und an kalten Wintermorgen hocken wir im 49er Markt um einen riesigen Holzfeuer-Ofen und erzählen uns Geschichten; und wir

Viele Goldgräber-Camps verfielen schnell zu Geisterstädten – nicht aber Downieville in einem engen Canyon der Sierra Nevada. Der Ort war kaum geboren, da erschien 1853 »The Mountain Messenger«, Kaliforniens ältestes Wochenblättchen, für das einst Mark Twain und Jack London schrieben

freuen uns aufs Potluck, ein gemeinsames Essen, im Lion's Club und bei den Freimaurern. Und einmal im Monat, beim Potluck der American Legion, grüßen wir unsere Fahne. Wir schreiben sogar Briefe an den Präsidenten in Washington und machen Vorschläge, wie er unser Land regieren sollte.

Wir leben mit den Jahreszeiten, denn wir sind in ihnen eingesperrt. Während der Wintermonate fügen wir, mit viel Liebe und Kunstsinn, kunstpreisverdächtige Patchwork-Steppdecken zusammen, fertigen künstliche Fliegen an, die selbst die vorsichtigsten Forellen in Versuchung bringen; und in dieser Zeit werden viele, viele Bücher abgestaubt und verschlungen. Im Frühling, wenn der Ozean die Schneemassen aus den Bergen geschluckt hat und sich die Flüsse hier oben erwärmen, gehen wir schwimmen. Nicht in irgendeinem künstlichen Gartenpool, sondern in einer Biegung des North Yuba. In einem tiefen, breiten Schwimmbecken, das die Natur uns geschenkt hat und das von den Sonnenstrahlen geheizt wird.

Im Sommer und im Frühherbst müssen wir – ein jeder nach seinen Fähigkeiten – wieder für den unvermeidlichen Winter vorsorgen: Holz fällen, in die Minen gehen, Rinder und Schafe im Hochland weiden und die Neulinge unter den Rucksack-Touristen durch unsere Berg-Wildnis führen. Ein einfaches, aber – in vielfacher Hinsicht – ein erfülltes Leben. Einfach – ich wiederhole es noch einmal –, weil wir geringe Ansprüche stellen; erfüllt, weil die Stechuhren der Industrie uns nicht erreicht haben.

Ein Leben ohne die Strapazen des materiellen Erfolges, der unseren Mitmenschen in den großen Städten aufgebürdet wird. Einige dieser Städte sind übrigens gar nicht soweit entfernt. Wir können zum Beispiel mit dem Auto binnen fünf, sechs Stunden in San Francisco sein; oder in zwei Stunden in Reno. Uns stehen also beide Welten offen – aber wir leben nur in einer.

Unsere Häuser sind alt, doch die allermeisten haben die Stürme von mehr als hundert strengen Wintern überlebt. Und unsere Gehwege sind immer noch teilweise aus Holzplanken.

In gewisser Weise allerdings werden wir modern. Wir haben jetzt wieder eine Bank – mit dem passenden Namen „Gold Country Bank" die erste Bank seit 75 Jahren. Wir haben auch Kabelfernsehen, und vor zehn Jahren wurde im Ort die Wasserversorgung modernisiert. Heute haben wir sogar einen Zahnarzt, den guten Dr. Burkhard, der im Keller seines viktorianischen Hauses praktiziert. Einen Arzt aber haben wir nicht, dafür jedoch eine kleine Krankenstation mit einer ausgebildeten Schwester. Das nächste Krankenhaus ist 80 Kilometer von uns entfernt. Vielleicht sind wir deshalb so gesund.

Wie ernst ist es Downieville damit, diesem Flecken und dem Häuflein von 400 Seelen die Lebensart zu bewahren?

Man hat die Niederlassung von zwei Industrie-Giganten in einem Landstrich verhindert, den ein großes amerikanisches Magazin die „Verlorene Sierra" genannt hat. Man hat Walt Disney davon abgehalten, das „Größte Alpine Ski-Zentrum der Welt" am Independence Lake zu bauen. Und man hat die Absicht eines Öl-Konzerns durchkreuzt, im Sierra Valley ein riesiges Wohnungsbauprojekt zu verwirklichen. Mögliche Steuereinnahmen in Millionenhöhe sind offensichtlich nicht so wichtig wie unsere Art zu leben.

Aber an Downieville haftet eine gewisse Traurigkeit. Sie hat etwas mit der Vergänglichkeit allen Lebens zu tun. Viele junge Leute verlassen uns nach ihrem High-School-Abschluß, um eine angemessene Anstellung zu finden. Deshalb nimmt die jugendliche Bevölkerung von Downieville drastisch ab.

Ich glaube aber, daß die jungen Leute im Laufe der Jahre zu uns zurückfinden werden. Und bei allem Respekt widerspreche ich unserem großen amerikanischen Schriftsteller Thomas Wolfe, der gesagt und geschrieben hat: „You can't go home again" – es führt kein Weg zurück. Ich glaube, sie wollen und sie können zurückkommen, denn es ist dem Menschen angeboren, daß er sich am Ende einen Platz sucht, weit weg von den modernen Drehscheiben der Menschen –, und so ein Platz ist Downieville. □

Fred L. Cochran, 46, hat als Chemophysiker und Metallurge in der Atomindustrie gearbeitet und ist Autor von über 200 wissenschaftlichen Publikationen. Während der Arbeit an einem Atombombenprojekt begriff er, daß sein Job mit seiner Moral unvereinbar sei. Er zog sich nach Downieville zurück, kaufte den „Mountain Messenger", dessen Auflage er von 400 auf 2200 Exemplare steigerte, und schrieb unter Pseudonym nachdenkliche Science-fiction-Romane.

Sausalito: Wohnen im Hausboot

Castro Street Distrikt: Bürgermeisterin Dianne Feinstein besucht die »Gays«

Ein Paar von vielen: Hier leben 150 000 »Gays« und »Lesbians«

Cable Cars in der California Street: mit Tempo 15 den Hügel hinauf

Richmond-San Rafael Bridge: eine von fünf Brücken über die Bay

Drei Städte

Ein Trio von Solisten

Jede der drei großen Städte Kaliforniens hat ihr ureigenes Gesicht, ihren unverwechselbaren Lebensstil: das weltoffene San Francisco, das tempogeladene Los Angeles, das gepflegte San Diego

Golden Gate Bridge: Blick auf die City, die Wall Street des Westens

De Young Memorial Museum: Kunst aus Amerika, Europa und Afrika

Fisherman's Wharf: frische Krebse für Seafood-Fans

SAN FRANCISCO

San Francisco auf den 40 Hügeln sei, so heißt es, Amerikas schönste Stadt. Seine 600 000 Bürger jedenfalls sind davon überzeugt. Schon die ersten Siedler, die sich 1835 hier niederließen, waren von der attraktiven Lage fasziniert. Und doch wäre San Francisco womöglich nicht ein solch bedeutender Ort geworden, wäre nicht 1848 in den Bergen Gold gefunden worden. Damals wurden Zigtausende von Glücksrittern in San Francisco an Land gespült – und als der Goldrausch vorüber war, kehrten die meisten hierher zurück. Ihre Nachfahren sind die kosmopolitischen Bürger dieser Gemeinde

Stunt-Show in den Universal Studios: Beifall auf Befehl

Das Sternenbanner ist immer dabei: Friedhof für die Hunde

Sweatshop in East L. A.: Nähen im Akkord

Downtown-Skyline: Leben mit dem Smog

Venice City Beach: Bühne für Solisten

Elektronischer Tip für Freeway-Benutzer: Fahr lieber Bus!

LOS ANGELES

Ein kleiner, 1781 gegründeter spanischer Pueblo wuchs zur größten Stadt Kaliforniens heran: Nimmt man lediglich die 1200 Quadratkilometer der eigentlichen City of Los Angeles, dann zählt L. A. »nur« drei Millionen Einwohner; doch dieses urbane Monstrum hat weder Kern noch Schale, sondern ist ein Sammelsurium von mehr als einem Hundert unterschiedlichster, miteinander und ineinander verwachsener »communities« – und daher darf man mit Fug auch sagen, daß in L. A. neun Millionen Menschen leben. Schon die Geburt dieses Molochs von Einfamilien-Häusern war ungewöhnlich: Los Angeles entstand an einem klimatisch zwar ange-

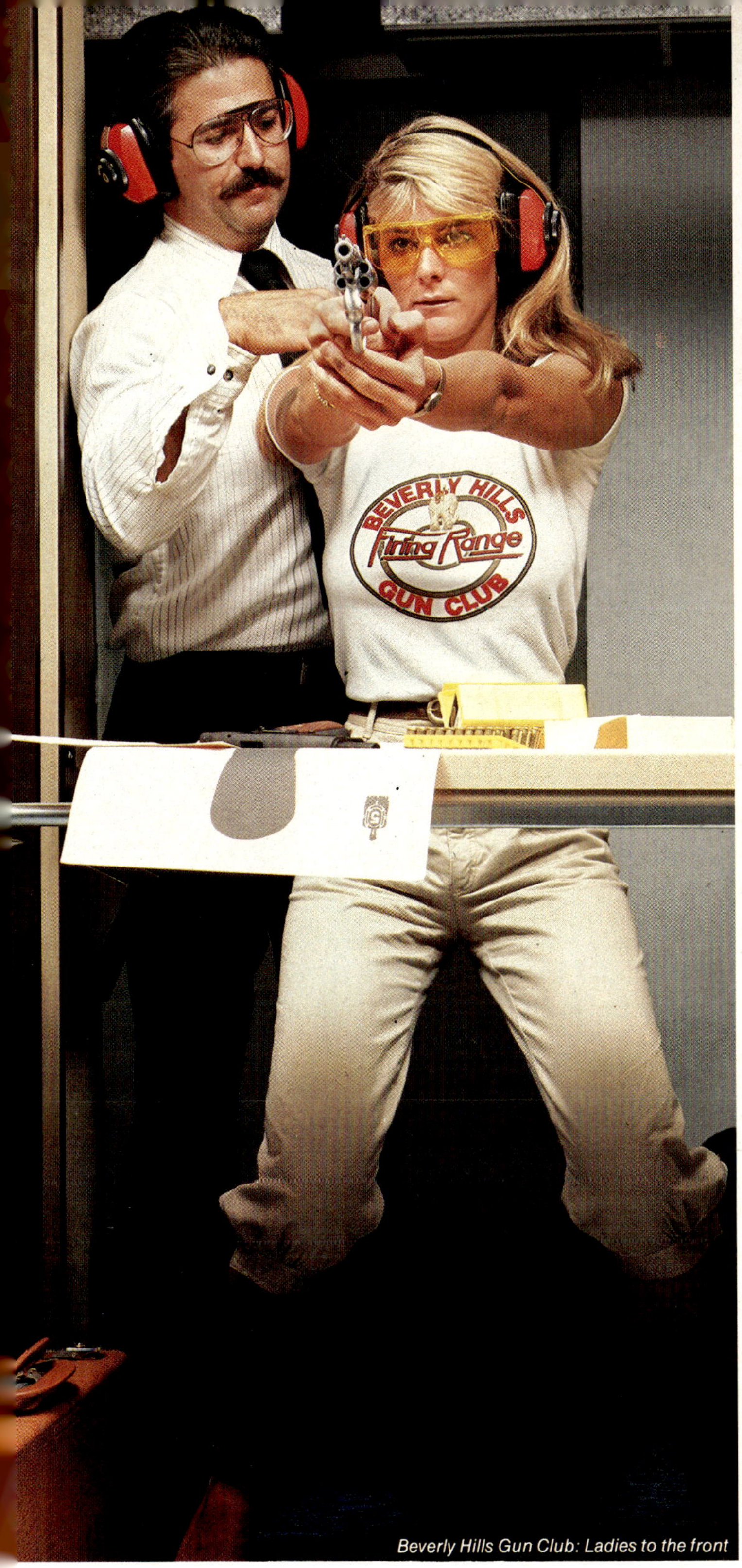

Beverly Hills Gun Club: Ladies to the front

Beverly Hills: Millionäre unter Palmen

Avalon-Kino auf Santa Catalina: Kaugummi-Magnat Wrigley war der Bauherr

Kindergarten in East L. A.: Nachwuchs für die Chicanos

nehmen, aber von Bergketten und Wüsten eingeschlossenen Ort, dem zudem das Wasser fehlte. Dieses wurde aus dem 380 Kilometer entfernten Owens River herbeigeholt, und fortan mußte jede Gemeinde, die ans Leitungssystem angeschlossen werden wollte, sich von L. A. einverleiben lassen. Mit dem Wasser kamen auch die Wege: L. A. hatte das fortschrittlichste Schnellbahnsystem Amerikas, das die Knotenpunkte der Vielstädtestadt miteinander verband. Schon Anfang der zwanziger Jahre betrug das Streckennetz der Pacific Electric 2000 Kilometer. Später kauften General Motors, die Reifenfirma Firestone und Standard Oil die Bahn und legten sie allmählich still. Die Leute sollten Autos kaufen. Heute sind die 1160 Autobahn-Kilometer die Nervenstränge der mobilsten Stadt Amerikas

La Jolla Beach: Relaxen im Ruhestand

Shelter Island: Ankerplatz einer Vergnügungs-Armada

Antreten vor der Naval Station: Heimkehr ins Hauptquartier der 11. US-Flotte

La Jolla: Freiluft-Lunch im Shopping Center

Hotel del Coronado: historische Nobelherberge

SAN DIEGO

In San Diego, mit fast einer Million Einwohnern zweitgrößte Stadt im Staat, stand die Wiege Kaliforniens. Am Point Loma landete 1542 Juan Rodriguez Cabrillo und reklamierte das Land entlang der pazifischen Küste für die spanische Krone. Die erste Siedlung wurde gut 200 Jahre später gegründet; von hier aus bekehrten katholische Missionare die Ureinwohner zum Christentum. Aber erst nachdem ein Kaufmann aus San Francisco Ende des vorigen Jahrhunderts – Kalifornien war längst ein amerikanischer Bundesstaat geworden – die »Neustadt« rund um den Naturhafen gebaut und die Santa Fe Railroad die Stadt erreicht hatte,

San Diego Zoo: ein Eisbär, eins von 3000 Tieren auf 40 Hektar Gehegelandschaft

Tijuana, Mexiko: die Billig-Werkstatt für Automobilisten

La Jolla Beach: Surfen – das Rennen mit der großen Welle

Von Cyra McFadden

Niemand liebt die Großstadt leidenschaftlicher als ein Mensch, der in einer Kleinstadt aufgewachsen ist. Ich muß das wissen, denn ich habe selbst vor 20 Jahren, als ich nach Kalifornien umzog, den Sprung gemacht. Müßte ich heute aus der großen Stadt fort, würde ich mich zweimal am Tag, der Westküste Kaliforniens zugewandt, niederwerfen – voll Sehnsucht nach dem freizügigen San Francisco, voll Heimweh nach dem tempogeladenen Los Angeles, voll freudiger Bereitschaft, mich nach San Diego teleportieren zu lassen.

Da Kaliforniens drei größte Städte sich sehr voneinander unterscheiden, besitzt jede von ihnen ihren ganz eigenen Charakter und übt einen unverwechselbaren Einfluß auf diejenigen von uns aus, die sie bewohnen. Und wenn wir in New Delhi leben müßten – wir wären doch Kalifornier.

Ein Einwohner von San Francisco würde weiterhin nach angenehmen Bars und freundlichen Restaurants Ausschau halten. Wir sind ein trinkfreudiges, geselliges Volk, auf gutes Essen erpicht und Liebhaber der Weine aus dem nahe gelegenen Napa Valley. Wir pilgern gegenwärtig zu einem kleinen, neuen Thai-Lokal draußen, in „the Avenues", einem Netzwerk von numerierten Straßen im Westteil der Stadt, oder zu winzigen Weinkellereien, die für ihren Cabernet Sauvignon berühmt sind. Wir lesen Restaurantkritiken aufmerksam wie die New Yorker ihre Theaterrezensionen.

Als die Zeitschrift „San Francisco" vor kurzem eine Liste der Spitzenrestaurants der Stadt brachte, wurden darin nicht die zehn, sondern die 50 besten verzeichnet.

Ein Einwohner von Los Angeles, nach New Delhi verbracht, würde seinen eigenen Wagen mitnehmen – zum Teufel mit den Frachtkosten. L. A., ein vielfach verschlungenes Gewirr von kreuzungsfreien Freeways, ist die Hauptstadt der amerikanischen Autokultur, von Joan Didion gefeiert, von uns anderen mit weiß verkrampften Händen am Lenkrad mühsam bewältigt. Autowaschstraßen nehmen ganze Häuserblocks ein und werden bei Nacht, wie säkulare Kathedralen, mit Flutlicht beleuchtet. Von den „Chicano low riders", den Mexikanern aus East L. A., in ihren tiefer gesenkten, liebevoll polierten Chevrolets bis zu den „high rollers" von Beverly Hills, den Filmzaren in ihren Rolls-Royce oder Mercedes, sind die Bewohner von Los Angeles nicht, was sie essen, sondern was sie fahren. Die Stadt ist ein einziger großer Verbrennungsmotor.

Ein aus San Diego, der modernen tüchtigen Stadt weiter südlich, nach New Delhi Verbannter würde den Besen in die Hand nehmen und die Straßen fegen. San Diego ist sauber. Die Stadt ist ein mild tem-

belebte sich San Diegos Business. Versuche, das wirtschaftlich stärkste unter den urbanen Zentren der Küste zu werden, scheiterten. Zwar hat sich eine bedeutende Fischerei- und Raumfahrt-Industrie niedergelassen, zwar ist die Stadt seit dem Zweiten Weltkrieg eine Kommandozentrale der US-Pazifikflotte und damit Sitz vieler Regierungsbehörden geworden – doch Weltläufigkeit hat sich kaum eingestellt. San Diego ist eine saubere, ordentliche Stadt geblieben – ein Refugium betuchter Pensionäre

Es ist unmöglich, San Francisco Zügel anzulegen und es zur Einsicht seiner Irrwege zu bringen

perierter, freundlicher Beweis dafür, daß die Zukunft funktioniert: saubere Bürgersteige, saubere Straßen, saubere Jogger, begleitet von sauberen Hunden. Kein Wunder, daß Tijuana in Mexiko, unmittelbar hinter der Grenze, auf viele Einwohner von San Diego eine magische Anziehungskraft ausübt. Denn so viel Sauberkeit und Ordnung lassen die Seele nach ein bißchen schmuddeliger Unordung dürsten.

Von den drei Städten ist San Francisco jene, in der man am angenehmsten wohnt: weder so unübersichtlich wie L. A., noch so gesetzt und ruhig wie San Diego, und überall bekannt für seine Toleranz – Zuflucht für Gauner und Nichtseßhafte, Schwindler, Selbstfinder und Flüchtlinge aus allen übrigen Bereichen. Die meisten von uns, die hier leben, sind von irgendwo gekommen und haben niemals einen Blick zurückgeworfen. Ein in San Francisco Geborener ist so selten wie ein nebelfreier Tag im Januar.

„Keine andere Stadt erweckt das Herz so sehr zum Leben wie San Francisco", schrieb William Saroyan. Das liegt an der Schönheit, die hier herrscht: an dem Tunnel aus Nebel, der am Spätnachmittag durch das Golden Gate hereinzieht, am Spiel des Lichts, auf dem, was zum größten Teil eine weiße Stadt geblieben ist. Die geschlossenen Reihen viktorianischer Häuser sind es, die San Francisco eine angenehm anachronistische Atmosphäre verleihen und eine Maginotlinie gegen die Sterilität moderner Architektur bilden. Doch auch das Wasser spielt dabei eine Rolle, genau wie der luftige Spann der Golden Gate Bridge und die grüne Weite des Golden Gate Park, eines 512 Hektar großen Rechtecks wohlgepflegter „Landschaft" mitten in der Metropolis. Keine andere Stadt der Welt liegt so schön; und trotz des Wolkenkratzerbooms der letzten 20 Jahre ist sie irgendwie unversehrt geblieben.

Ebenso anregend wirkt sich ihr unbekümmert permissiver Charakter aus. „Ja, ja, nirgendwo sonst als in San Francisco . . ." lautet die übliche Redensart, begleitet von einem liebevollen, wehmütigen Kopfschütteln. Sie bietet zwar keine Erklärung für unsere kollektive Exzentrizität, soll aber auch keine Bitte um Entschuldigung sein. Wenn der Zeitungskolumnist Herb Caen die Stadt als „Bagdad an der Bucht" bezeichnet, sind wir, die Einwohner, stolz auf dieses Etikett. Die meisten von uns haben der bunten Vielfalt des Basars den Vorzug vor der Frömmigkeit des amerikanischen Bible Belt gegeben.

Bei den diesjährigen Wahlen für die Stadtverwaltung war einer der Kandidaten Sister Boom Boom, ein männliches, schwules Mitglied des natürlich von der Kirche nicht akzeptierten katholischen Ordens der „Sisters of Perpetual Indulgence", der ewigen Duldsamkeit. Er erhielt eine beachtliche Anzahl Stimmen. Der große, politisch aktive Bevölkerungsanteil der Homosexuellen verstößt keineswegs gegen die Standardregeln des Gemeinwesens, sondern bestimmt sie auf Grund des Wählerpotentials sogar erheblich mit.

Aber nicht jeder, der in San Francisco wohnt, teilt diesen Geist der Toleranz, und dieser hat durchaus auch seine dunklen Seiten – etwa die traurigen, drogenbestimmten Folgen von Haight-Ashbury und des Sommers der Liebe. Dennoch ist es unmöglich, dieser Stadt Zügel anzulegen, ihre Triebe zu bremsen oder sie zur Einsicht ihrer Irrwege zu bringen. Solange du niemandem ins Gehege kommst, lautet die hier herrschende Devise, kannst du tun und lassen, was du willst.

Mit seiner Ausdehnung von insgesamt nur 116 Quadratkilometern ist San Francisco relativ kompakt und kann, von der Rush-hour abgesehen, mit dem Auto leicht in 20 Minuten durchquert werden. Ein großer Teil dieses Geländes führt bergauf oder bergab. Obwohl bekannt als „die Stadt der sieben Hügel", gibt es in San Francisco in Wirklichkeit sogar bis zu 43 – je nachdem, welchen Stadtführer man liest. Seine verschiedenen Viertel bewahren ihren jeweiligen ethnischen Charakter: Chinatown, Japantown, der vorherrschend lateinamerikanische Mission District und der „North Beach", der auf Grund von Landaufschüttungen gar kein Strand mehr ist. Einstmals überwiegend italienisch, wird der North Beach jetzt weithin von Chinesen bewohnt, ein demographischer Wandel, der begleitet ist von Klagen darüber, „wie es damals war", nämlich vor dem Zustrom von Geldern aus Taiwan.

Im Herzen von downtown San Francisco bietet der Union Square den Kontrast zwischen eleganten Kaufhäusern und den Stadtstreichern, die, in Muskatellerträumen versunken, auf seinen Bänken liegen und schlafen. Sporadische Versuche, den Union Square zu säubern, ziehen über ihn hinweg wie der tägliche Nebel. Die „Winos", die „Druggies" und die übrigen menschlichen Wracks kommen immer wieder zurück. Sie erinnern uns andere daran, daß Großstädte wie San Francisco mit ihrem Chic stets auch verwundbare Stellen haben.

Reichtum wird diskret heruntergespielt: eine Frage des San-Francisco-Stils. Armut kann mit Stil wenig anfangen, doch während sie durchaus zu bemerken ist, beschränkt sie sich taktvoll auf ihre Bereiche. In den Hauseingängen an der Union Street, oberhalb des Marina Districts, die von Blumenkästen und Boutiquen gesäumt ist, findet man keine zusammengerollten Betrunkenen.

Im Gegensatz dazu ist die Clement Street im Richmond District voller Leben. Vor 20 Jahren war Richmond noch größtenteils von Russen bewohnt. Heute sind die Schilder an den Geschäftsfassaden in Englisch und Russisch, Englisch und Chinesisch, Englisch und Japanisch. Es ist eine Gegend zum Spazierengehen und zum Einkaufen einer Vielfalt von Waren: Piroschki, antiquarische Bücher, Gebrauchtmöbel, türkischer Kaffee, griechisches Gebäck.

San Francisco hat seine Vororte nicht in sich aufgenommen. Diese Stadt an der Bucht hat keinen Platz zum Wachsen. Aus diesem Grund sind die Immobilienpreise astronomisch. Der Richmond District ist jedoch relativ billig geblieben und hat daher nicht unter der nivellierenden Wirkung des Reichtums zu leiden gehabt. Im Gegensatz zu Russian und Telegraph Hill, beides einstmals Künstlerviertel, heute sündhaft teuer und modern, bewahrt die Clement Street in Richmond den eigentlichen Charakter San Franciscos: bunt, lebendig, ein ethnisches, kulturelles und ökonomisches Mixtum.

Der Marina District könnte fast eher am Mittelmeer liegen als an der Bucht von San Francisco. Seine Häuser sind im spanischen Stil gehalten, mit strahlend weißem Verputz, Bogenfenstern und roten Ziegeldächern. Sie blicken auf den Yachthafen und den Marina Park hinaus, wo Jogger laufen, Drachen steigen und sonnenhungrige Bewohner von San Francisco an den wenigen heißen Tagen ihre Matten und Decken ausbreiten.

Die Straße vor dem Ghirardelli Square, ehemals eine Schokoladenfabrik, heute ein Komplex von Geschäften und Restaurants, wird von Musikanten beherrscht, die sie vor allzu glattem Luxus bewahren. Am Ende der Hyde Street Pier laden die dort festgemachten alten Segelschiffe zu San Franciscos Lieblingsbeschäftigung ein: dem Schwelgen in Nostalgie. Das Café Buena Vista an der Ecke Hyde und Beach Street lädt zur zweiten Lieblingsbeschäftigung der Stadtbewohner ein: dem Trinken. Die Spezialität dort ist der Irish Coffee, der die Zunge löst, die Knochen wärmt und den Nebel durchdringt.

Am Morgen nach einem Abend im „BV", wo ich die Spezialität des Hauses getrunken habe, fahre ich auf dem Scenic Drive, der am Pazifik entlangläuft, und parke vor dem Palace of the Legion of Honor, einem Museum aus weißem Marmor mit einer schönen Kolonnade. Genau gegenüber führt ein Pfad zwischen Eukalyptusbäumen hindurch an den Klippenrand zu dem Aussichtspunkt von San Francisco, der mein Lieblingsplatz ist: endlose Weite, die Golden Gate Bridge und die Bucht, die sich tief unten zum Meer hin verbreitert. Dort empfinde ich immer wieder Freude darüber, in dieser herrlichen Stadt leben zu dürfen.

Und sage mir, daß ich ebensogut auch in Los Angeles hätte landen können.

L. A. ist mit seinen 1202 Quadratkilometern eigentlich gar keine Stadt im herkömmlichen Sinn, sondern eine Ansammlung von Städten, grundverschieden, weitläufig, und traditionell Zielscheibe von Witzen. Beverley Hills sei, wie neulich ein Spaßvogel aus San Francisco gesagt haben soll, „ein Ort, an dem man abgeschleppt wird, auch wenn man überhaupt kein Auto besitzt". „Altes Geld", behauptet ein anderer, „das ist in Los Angeles jemand, dessen Scheck die Bank auf Anhieb einlöst." Sogar die „Los Angeles Times", die größte Zeitung am Platze, kann es sich nicht verkneifen, gegen die Stadt zu sticheln. In einem Leitartikel nannte sie den San Diego Freeway, auf dem es ständig zu Staus kommt, den „längsten Parkplatz der Welt".

Erste Lieblingsbeschäftigung in San Francisco: das Schwelgen in Nostalgie. Zweite Lieblingsbeschäftigung: das Trinken

Die schlechte Luft der Stadt ist sprichwörtlich. Los Angeles gibt manchmal Warnungen heraus, daß Menschen mit schwacher Lunge besser zu Hause bleiben sollten. Zuweilen verschwindet die Stadt unter einer dichten, stinkenden, braunen Glocke. Das Problem ist die Inversionswetterlage, die Auspuffgase von vier Millionen Personen- und Lastwagen im Los-Angeles-Becken festhält.

Miteinander verbunden sind die 40 Stadtteile durch ein System von Freeways, das für die Einwohner zur zweiten Natur geworden, für Besucher jedoch die Hölle auf Rädern ist. Als ich sechs Monate lang in L. A., in einem Hotel in West Hollywood, wohnte, hatte ich Freeway-Alpträume.

Schon die Größe der Stadt macht es schwer, sich einen Eindruck von deren wahrer Identität zu verschaffen. Die Klischees, die ihr anhaften, machen das eher noch schwerer: L. A. sagt man, sei „Plastik", nichts als Drogen und eine intellektuelle Wüste. Sein einziger Beitrag zur amerikanischen Kultur sei, hat Woody Allen gemeint, daß man dort bei Rot rechts abbiegen könne.

Das alles läßt jedoch die ungestüme Vitalität dieser Stadt und die zahllosen begabten Menschen außer

Wo ein Auto weit mehr als ein Auto ist

Von den »high rollers«, den Reichen mit ihren vierrädrigen Statussymbolen, bis hin zu den »low riders«, den Latinoamerikanern und ihren Phantasieschlitten – L. A. ist Hauptstadt der amerikanischen Autokultur. Auch in San Diego bringen die Karosserien Farbe ins Straßenbild, San Francisco hingegen hat den Autofreaks eine der haarnadeligsten Straßen der Welt zu bieten

acht, die dort wohnen und Filme machen oder neue technische Produkte entwickeln, Beiträge zu einer lebendigen Theaterszene liefern oder ganz einfach Autos parken, bis sich die Paramount-Filmgesellschaft für ihre Skripts interessiert.

Als ich in einer September-Hitzewelle zum erstenmal auf dem Hollywood Freeway nach Los Angeles fuhr, hielt ich die Stadt für eine Pesthölle. Sechs Monate später verließ ich sie, erfüllt von Liebe zu ihren weißen Sandstränden; zu dem verspielten, verrückten Mixtum, das die Architektur von Los Angeles darstellt – spanische Villen, Häuser wie aus Grimms Märchen, mittelalterliche Burgen mit Schloßgräben und Zugbrücken.

New York ist – zu Recht – für seine Grobheit bekannt. San Francisco ist Fremden gegenüber kühl und neigt dazu, die Nase über die Touristen zu rümpfen, die doch, nachdem es seinen Status als Großhafen verloren hat, seine einträglichste Industrie darstellen. Die Einwohner von Los Angeles hingegen sind immer und überall freundlich. Sie entschuldigen sich sogar für schlechtes Wetter, als seien sie schuld daran, scheinen sich weit weniger vom Stress des Stadtlebens zermürben zu lassen als die meisten von uns und praktizieren ihre ganz eigene, ausgefallene Gastlichkeit, gemäß der Nation, aus der ein Angeleno gerade stammt. Nach zehn Minuten Bekanntschaft erbietet ein Angeleno sich, mit Ihnen mehr als 100 Kilometer weit zu seinem Lieblingsrestaurant zu fahren.

Die Angelenos entschuldigen sich sogar für schlechtes Wetter, als seien sie schuld daran

Los Angeles ist eine Stadt schärfster Kontraste und endloser Vielfalt. Beverly Hills ist ganz zurückhaltender Reichtum, die Luft erfüllt von feinem Sprühregen aus den unterirdischen Gartensprenganlagen, die ständig laufen und die weiten Rasenflächen der Filmzaren so grün wie frisch gedruckte Dollarscheine halten. Ein paar Kilometer entfernt, am Echo Park, könnte man meinen, man sei in einer mexikanischen Stadt. Die einzige Sprache, die man hier vernimmt, ist Spanisch. Die Barbecue-Grills produzieren Carnitas statt Hot dogs. Es gibt in L. A. inzwischen mehr Latinos als Anglos, und sie gewinnen ständig an politischem Einfluß. Sie verleihen der Stadt eine zweisprachige, von zwei Kulturen beherrschte Atmosphäre, obwohl sich ihre Existenz in den Enklaven der Reichen – Beverly Hills, Laurel Canyon, Coldwater Canyon und Malibu – ausschließlich in Gestalt mexikanischer Hausgehilfinnen manifestiert.

Im Norden, entlang dem Ventura Freeway, liegt das San Fernando Valley, eine Anzahl flacher, austauschbarer Städte, aufgereiht wie eine Perlenschnur: Studio City, Sherman Oaks, Encino, Tarzana, Woodland Hills. In einem Schallplatten-Hit beschrieb Moon Zappa satirisch die „Valley Girls“ – Teeny-Boppers, die sich in den Einkaufszentren herumtreiben, sich darin üben, gelangweilt zu sein, und ihre eigene Ursprache praktizieren: „Gross me out. Grody to the max“ – „Das stinkt mir echt. Spitzenmäßig zum Ausflippen.“

Entlang der Küste zieht sich eine weitere Perlenschnur: die Beach Towns. Santa Monica ist „hip“, liberal, progressiv und jener Distrikt, der Tom Hayden, den Ehemann von Jane Fonda, ins Abgeordnetenhaus des Staates gewählt hat. Auf der Esplanade von Santa Monica gleiten Rollerskater dahin, die mit kaum mehr als Knieschützern bekleidet sind, während sich ältere Menschen um den Shuffleboard-Platz versammeln. Die Wohnsilos am Strand halten sich, dank vorausschauender Stadtplanung, in erträglichen Maßen: Der Blick aufs Meer gehört hier immer noch allen Bürgern. Santa Monicas baufälliger Pier gleicht einem Vergnügungspark: „Fish 'n' Chips“-Stände, bierdunstige Bars und ein pompöses, altes Karussell – eine herrliche Gelegenheit, die typisch südkalifornische Mischung von „hip“ und Hedonismus zu genießen.

Venice, weiter im Süden, ist härter. Einstmals eine Künstlerkolonie, ist es jetzt „in“. Die ehemaligen Wochenend-Strandhütten kosten heute eine halbe Million Dollar. Ein Freund und Fernseh-Autor, der eine solche Hütte besitzt und sie für 300 000 bekommen hat, hält das für ein „phantastisches“ Geschäft. Das Haus braucht nichts weiter als ein Fundament, eine Heizung und ein Dach.

Dies ist das Land des Bodybuilding. Am Labor Day, Anfang September, bei den Wahlen beim „Mr. Surf Festival“, kann man die Muskelmänner bewundern, wie sie sich, aufgebläht wie Puffottern, majestätisch auf ihren wie Rotholz glänzenden Beinen drehen und ineinanderverhaken. Bittet der Conférencier die Kandidaten, eine Drehung nach rechts oder links zu vollführen, machen das jedoch erstaunlicherweise mindestens 75 Prozent von ihnen tatsächlich richtig. Die Luft ist schwer vom Dunst des Kokosöls. Auch hier frönen die Rollerskater ihrer eigenen Variante von der ständigen, ruhelosen Bewegung dieser Stadt. Die hübschen Beach Girls im Bikini sind goldene Beweisstücke für genußvolles Leben und fortschrittlichste Zahnorthopädie.

Manhattan Beach, Hermosa Beach, Redondo Beach, Palos Verdes Estates – sie alle verfügen über einen weiten weißen Sandstrand wie aus den Filmen

der fünfziger Jahre: Jeder einzelne könnte eine Filmdekoration sein. Hier ist das „Dolce vita" von Kalifornien in Reinkultur.

Pasadena, im nordöstlichen Quadranten von Los Angeles gelegen, ist die Heimat des „Old Money". Man kann es geradezu riechen, in Pasadenas stillen, baumgesäumten Straßen – zusammen mit der besonders schlechten Luft dieser Gegend. Ich habe Tage in Pasadena erlebt, an denen die Luft die Farbe und Konsistenz von Linsensuppe besaß.

Hollywood, häufig verwechselt mit der gesamten Stadt, ist nicht mehr voll Glamour, seine Glanzzeit liegt lange, lange – „far, farra" – zurück. Dennoch verfügt es noch über einige zweifelhafte Attraktionen, wie etwa Fredericks of Hollywood, berühmt für stützende BHs und Höschen ohne Zwickel. Die riesigen, weißen Buchstaben der Hollywood-Reklame leuchten grell an einem nahen Berghang, verewigen eine Legende. Aber während die Luft vor 30 Jahren nach Orangenblüten duftete, so duftet sie heute nach schlechter Küche.

L. A. ist übrigens ein Schlaraffenland für Freunde des „junk food", des Zeugs, das die futtern, die vom Schlankheits-Trip nichts wissen wollen. Machen Sie's deshalb wie die Einheimischen und stehen Sie Schlange nach einem „Chiliburger" im Tommy's, an der Ekke Beverly Boulevard und Rampart Street, oder nach einem Hot dog im Pink's an der La Brea Avenue. L. A. weiß, daß der Mensch nicht vom Brot allein lebt: Er braucht auch Fett.

Mir gefällt der Fairfax District, an der Fairfax Avenue zwischen Beverly Boulevard und Wilshire Boulevard – Verkaufsstände auf dem Bürgersteig, Märkte, Synagogen und reichlich europäische Kultur. Ich mag auch die kitschigrosa Hochzeitstorte, das Beverly Hills Hotel am Sunset . . . Ich mag Rodeo Drive in Beverly Hills, wo die Damen beim Einkaufen selbst in der erstickendsten Hitze ihre Pelze tragen. Schließlich mag ich noch das Château Marmont am Sunset Strip, eine zinnengekrönte Burg von einem Hotel. Die Klimaanlage funktioniert zwar nicht immer, aber was macht das schon? Hier starb John Belushi an einer Überdosis.

Ich mag das spanische East Los Angeles von downtown aus auf der anderen Seite des Hollywood Freeway. Leute, die in L. A. leben, haben mich vor den gefährlichen Straßen dort gewarnt. Ich bin da durchgewandert; ich habe Tacos mit Ziegenfleisch gegessen; unter ohrenzerfetzendem Lärm von Autostereos und Radiorecordern gelitten und bin immer wieder zu dem überschäumenden Leben in diese Straßen zurückgekehrt. East L. A. sorgt dafür, daß das übrige Los Angeles seinen Ursprung als spanisches Dorf nicht vergißt, ob das den Leuten von Beverly Hills nun paßt oder nicht.

Weiter südlich, den Interstate Highway entlang, weicht in San Diego die glitzernde Vielfalt und lebendige Energie von Los Angeles der sanften Ruhe. San Diego ist eine freundliche, wohlhabende Stadt mit einem Klima der gemäßigten Tropen und zugleich die Stadt Kaliforniens, die am schnellsten wächst. In den letzten zehn Jahren hat die Bevölkerung des San Diego County, des drittgrößten im Staate, um fast eine halbe Million zugenommen. Ungeachtet dieser Wachstumsrate ist es so attraktiv und fade wie eine Mahlzeit in einem Restaurant, das lediglich für seine Ausstattung bekannt ist.

Die Studenten in San Diego sehen aus wie Fotomodelle, die für tägliches Milchtrinken werben

Warum wird es dann aber von nahezu zwei Millionen Menschen geliebt? Es ist eine Stadt am Meer, mit schönen Meeresblicken und Enklaven entlang den Ufern seiner Buchten, an denen es sich gut leben läßt. Es ist ein Erholungsort für Sportangler, Wasserskifahrer, Segler und Motorbootfahrer, für Sporttaucher und Surfer. Die Studenten an den acht Universitäten und Colleges der Stadt erfreuen sich eines kalifornisch ungestressten Daseins; sonnengebräunt, kerngesund und mit sonnengebleichtem Haar sehen sie aus wie Fotomodelle, die für die wohltuende Wirkung täglichen Milchtrinkens werben.

Der Zoo ist berühmt. Innerhalb seines 40 Hektar großen Geländes im Balboa Park, im Herzen der Stadt, kann man die Tiere in Gehegen beobachten, die ihrer natürlichen Umgebung entsprechen.

Man kann in San Diego einkaufen. Und einkaufen und einkaufen und einkaufen. Für mich verschwimmt ganz San Diego zu einem einzigen, riesigen Einkaufszentrum: Die Old Town, beim Interstate Highway 5, der die Stadt von Norden nach Süden durchschneidet, ist ein Durcheinander von historischen Gebäuden aus der Mitte des 19. Jahrhunderts und Boutiquen. Neun Hektar groß ist das Seaport Village, ein Einkaufszentrum, und außerdem gibt es noch den Glasshouse Square und das Gaslamp Quarter, allesamt Komplexe von Restaurants und Geschäften, die ganz auf „Early California" machen. Niedliche Geschäftsnamen sind zwar kein Monopol San Diegos, aber dort nehmen sie überhand – ein Ausdruck der Begabung, die in dieser Stadt für eine hübsche Verpackung von Lebensmitteln, Kunsthandwerk, Geschenkartikeln und sich selbst verbreitet ist.

La Jolla, im Norden von San Diego, hat schon wieder ein Einkaufszentrum zu bieten, aber auch die

In den großen Städten wird der Traum von Geld, Glück und Freizügigkeit vorgelebt – durch die Reichen in Malibu etwa oder die Gays in San Francisco. Kalifornien ist ein Magnet für ungezählte Menschen, vor allem Mexikaner. Viele kamen illegal, bei einer Razzia auf einer Tomaten-Farm arretierte die Polizei 89 Personen

Nur wenige der Illegalen werden geschnappt

erstklassige Scripps Institution of Oceanography, und riesige Golfplätze. Hier sind nicht nur die Rasen der Privatvillen, hier ist sogar das Meer dollarscheingrün.

Es wäre vermutlich ungerecht zu schreiben: Das Beste an San Diego ist Tijuana. Ich gebe aber zu, daß ich den ganzen mexikanischen Grenzort mag, der nur eine Straßenbahnfahrt für einen Dollar entfernt ist.

In Tijuana ist es, ganz im Unterschied zu San Diego, rauh, ohrenbetäubend und schmutzig. Der Autoverkehr hält sich an seine eigene, lateinamerikanische Logik: Die Luft ist erfüllt vom Geräusch zahlreicher Kotflügeldeller sowie den Stimmen der Ladenbesitzer, die Passanten anflehen, Lederartikel, mexikanische Töpferwaren, Parfüm und das zugelassene Quantum zollfreien Whiskey zu kaufen. Um in „TJ" fahren zu dürfen, empfiehlt sich eine besondere Autoversicherung, und Mietwagen dürfen die Grenze überhaupt nicht überqueren – aus gutem Grund.

Die Hauptstraße der Stadt, die Avenida Revolución, bietet vielsprachige Vergnügungsstätten wie die Hot Disco und den Aloahe Club. Das Jai alai, im Jai Alai Palace an der Ecke Calle Septima, lockt eine Zuschauermenge an, die zu Hause, aus Mangel an Mitgefühl, zusehen würde, wie die Löwen in einem römischen Colosseum die Christen verspeisen. Das Spiel ist schnell, verbissen und unergründlich.

Eine Tribünen-Eintrittskarte für einen Dollar verschafft in Agua Caliente, der lokalen Rennbahn, während der Woche Zugang zu den Hunderennen am Abend und an den Wochenenden zu den Pferderennen. Von Mai bis einschließlich September finden in der Plaza de Toro am Boulevard Agua Caliente Stierkämpfe statt.

In Tijuana bekommt man alles, einschließlich zu allem bereiter Damen und zwölfjähriger Jungen. Man kann Stunden mit dem Versuch zubringen, einem Straßenzuhälter zu erklären, daß man weder eine Frau noch einen zwölfjährigen Jungen will. Kaum ein Stündchen fährt man von downtown San Diego mit der „Tijuana Trolley" bis hierher: Was den Stil des Geschäftemachens angeht, so ist man hier in einer anderen Welt. Als Tourist versucht man an einem Straßenstand vorbeizugelangen, indem man sogar den Blickkontakt vermeidet. Der Straßenhändler freilich scheut – lediglich, daß er auf wirkliche Handgreiflichkeiten verzichtet – keine Anstrengung, den Fremden dennoch zu sich hereinzuholen.

Tijuana ist laut und schmutzig – aber farbig und von überschwenglicher Lebhaftigkeit

Aber auf der anderen Seite der Grenze, im sauberen, ordentlichen San Diego, fehlen mir Tijuanas grellbunte Farben, sein Duftgemisch aus Knoblauch und Chilis und seine überschwengliche Lebhaftigkeit.

Was mir freilich, nach 20 Jahren Kalifornien, keinesfalls fehlt, das ist die kleine Stadt in Montana, in der ich aufgewachsen bin. Nicht, weil sie nicht schön wäre; aber weil sie nicht San Francisco ist. Als ich nach San Francisco zog, ist mit mir eine Veränderung vorgegangen, die nicht weniger drastisch war als eine Geschlechtsumwandlung. Offenbar ist sie nicht nur genauso drastisch gewesen, sondern genauso unwiderruflich. □

Cyra McFadden, 45, Mitarbeiterin zahlreicher literarischer und nichtliterarischer Zeitschriften sowie Film- und Fernsehautorin, hat ein sehr komisches und beliebtes Buch über den lustbetonten Lebensstil im kalifornischen Marin County verfaßt.

Drei Städte

San Francisco

Dies ist eine Stadt, die nicht nur die Besucher entzückt – auch die Einwohner sind in sie verliebt. Zu Recht ist ihre traumhafte Lage als eine der schönsten der Welt berühmt. Berühmt ist auch die Genußfähigkeit der Einheimischen, die stolz sind auf ihre guten und variantenreichen Restaurants. Einige davon haben wir ausgesucht, damit Sie bei Ihrem Entdeckungs-Bummel nicht verhungern.

Union Square

Das Zentrum der City ist ein kleiner gepflegter Park, in dem sich zur Mittagszeit Sonnenhungrige, Sonntagsredner, Straßenmusikanten, Schachliebhaber und Liebespaare vergnügen.
Ringsum, an der Geary, Stockton und Post Street, liegen die ältesten und elegantesten Kaufhäuser und Geschäfte der Stadt: Saks Fifth Avenue, I. Magnin, Neiman Marcus, Macy's, Gucci, Alfred Dunhill, Jaeger und Bally. Die Helga Howie Boutique in einem Frank-Lloyd-Wright-Bau in der Maiden Lane gilt als besonders „in". An der Grant Avenue, zwischen Sutter und Post Street, befinden sich die besten Galerien der Stadt.
Einige der elegantesten und teuersten Restaurants San Franciscos liegen in dieser Gegend: Le Trianon, 242 O'Farrell Street, dessen Chef einst für die Kennedys im Weißen Haus kochte; Donatello, im Pacific Plaza Hotel, 501 Post Street; und Trader Vic's, 20 Cosmo Place, das Original der berühmten „polynesischen" Kette.

Wer's billiger und herzlicher mag:

Sears Fine Foods

439 Powell Street; Tel. 986-1160.
Prima zum Frühstück und zum Lunch.

Le Central

453 Bush Street; Tel. 391-2233.
Beliebt bei San Franciscos Politikern und Journalisten zur Lunchzeit.

Chinatown

Direkt nördlich vom Union Square – gehen Sie die Stockton Street hoch – liegt das nach New York größte Viertel der chinesischen Gemeinde der USA. Das verschnörkelte Eingangstor liegt an der Ecke Bush Street und Grant Avenue. Aber die Grant ist eine Touristenfalle; die wahre Hauptstraße des Viertels ist die parallel verlaufende Stockton Street. Versäumen Sie nicht, auch in die Seitenstraßen zu schauen.

Hong Kong Tea House

835 Pacific Avenue; Tel. 391-6365.
Berühmt für sein „dim sum", gebratene und gebackene Kleinigkeiten – die in Wägelchen am Tisch vorbeigerollt werden und von denen man sich beliebig nimmt. Der Endpreis errechnet sich nach der Zahl der Schälchen auf dem Tisch.

Mandarin Delight

941 Kearny Street; Tel. 362-8299.
Bestimmt das beste Restaurant in Chinatown, besonders für den, der scharf gewürzte Leckerbissen mag.

North Beach/Telegraph Hill

Einst ein nach Westen verlegtes Greenwich Village – Heim der Beat Generation der fünfziger Jahre – ist der an Chinatown grenzende North Beach heute ein Kuddelmuddel von Topless-Bars, Jazz- und Nachtclubs, originellen Cafés und den besten italienischen Restaurants.
Vom Telegraph Hill – die Stockton rauf nach Norden und die Lombard Street rüber nach Osten – mit seinen bunten Häusern und Gärten hat man einen wunderbaren Ausblick auf Stadt und Bay.

Ernie's Restaurant

847 Montgomery Street; Tel. 397-5969.
Zweifellos das beste der teuren französischen Restaurants der Innenstadt.

Hunan

924 Sansome Street; Tel. 956-7727.
Der „New Yorker" nannte es „das beste chinesische Restaurant der Welt" – das ist wirklich nur leicht übertrieben.

Tommaso's

1042 Kearny Street; Tel. 398-9696.
Die „coo clams" schmecken herrlich nach Knoblauch, doch die Spezialitäten sind Pizza und Calzone. Filmemacher Francis Ford Coppola darf sich seine Fladen selber in den Ofen schieben.

Leckeres aus Fernost: Stopp in Chinatown

Vanessi's

498 Broadway; Tel. 421-0890.

Immer voll. Besonders gut die Grillspezialitäten. Und zum Nachtisch Zabaglione.

North Beach/ Fisherman's Wharf

Am nördlichen Zipfel des North Beach an der Bay liegen Fisherman's Wharf, The Cannery und Ghirardelli Square: Restaurants, Shops und Souvenirläden in ehemaligen Lagerhäusern und Fabrikgebäuden. Ghirardelli Square ist die neueste und glitzerndste Galerie. Von all diesen Hafen-Attraktionen hat man einen herrlichen Blick auf die Alcatraz, Angel und Treasure Islands. Fahrten nach Alcatraz, einst der vergitterte Zwangswohnsitz von Al Capone, legen ab von Fisherman's Wharf, Pier 41 (Ende Powell Street); Auskunft: Tel. 546-2805.

Maxwell's Plum

Ghirardelli Square; Tel. 441-4140.

Ein Sieben-Millionen-Dollar-Schuppen, mit Marmorstufen, Pflanzen, Buntglasfenstern, Rokoko-Holzvertäfelungen und Kristallüstern – noch exzessiver als das Gegenstück in Manhattan.

Nob Hill

Westlich von Chinatown liegt der Nob Hill, sein Gipfel erhebt sich an der California Street zwischen Taylor Street und Mason Street. Der Name kommt von „nabob" – hier standen früher die Riesenvillen der Berühmten und Reichen. Die meisten ihrer Mansions brannten nach dem Großen Erdbeben ab. Heute erheben sich noble Hotels an ihrer Stelle. Von der **Crown Lounge** im Fairmont Hotel und der **Top of the Mark Bar** im Mark Hopkins Hotel, 1 Nob Hill, hat man einen großartigen Rundblick über die City. Eine Verschnaufpause im **Vienna Coffee Shop** im Mark Hopkins lohnt sich.

Erst die berühmte **Cable Car** machte die Besiedlung des Hügels möglich. Sie wurde 1873 von einem Engländer erfunden, 1955 nach vielen Kontroversen und einer Bevölkerungsumfrage vorm Verschrotten gerettet und neun Jahre später unter Denkmalschutz gestellt. Bis Ende 1984 wird sie einer Generalüberholung unterzogen. Bis dahin ist auch das Cable Car Museum geschlossen.

An der Westseite des Nob-Hill-Viertels liegt das alte Gay Quarter San Franciscos: Polk Street, zwischen Broadway und Geary Street. Die Gegend ist entspannter, nicht so aufgesetzt „macho" wie die Gay-Region um die Castro Street im Süden. Gute Restaurants und Bars, für jedermann mühelos zugänglich. Zu empfehlen:

Swan Oyster Depot

1517 Polk Street; Tel. 673-1101.

Tolle Krabbencocktails und Austern am ebenso beliebten wie ungemütlichen Tresen dieser „Arbeiterbar".

Russian Hill

Auf den Straßen von Nob Hill weiter nach Norden erreicht man den Gemischtwarenladen des Russian-Hill-Viertels, in dem Wohlstand und Boheme Tür an Tür wohnen.

Financial District/ Embarcadero Center

Östlich von Chinatown und südlich des North Beach ragen die modernen Hochhäuser der Bank- und Finanzimperien der Westküste in den Himmel: Gleich am Beginn von „Wall Street West" steigt die dunkelrote Weltzentrale der Bank of America auf; im **Carnelian Room** im 51. Stockwerk sollten Sie den Ausblick bewundern. Das **Embarcadero,** Eingang Battery Street zwischen Clay und Sacramento Street, bildet mit der Fülle seiner Restaurants und Geschäfte den Abschluß des Viertels nahe am Hafen.

Wo sich Architekt John C. Portman sein Babel baute: Embarcadero Center

Tadich Grill

240 California Street; Tel. 391-2373.

Uraltinstitution – für kalifornische Verhältnisse. Mittags brechend voll mit Top-Businessleuten, die sich an gegrilltem Fisch delektieren.

Japantown

Westlich von Union Square und Civic-Center-Viertel hat die kleine, nach 1945 zurückgekehrte japanische Gemeinde ihre Heimstatt. Heute mischen sich hier alle Nationalitäten, von russischen Emigranten bis zu Exil-Filipinos.

Die Oase des Japan Center mit Konsulat, Hotel, Pagode und Kabuki-Theater liegt an der Laguna Street, Ecke Geary Street. Zu empfehlen: ein japanisches Gemeinschaftsbad oder eine Shiatsu-Massage in den Kabuki Hot Springs; Tel. 922-6000.

Osome

1923 Fillmore Street; Tel. 346-2311.

Eine der besten und ältesten Sushi-Bars in Nordkalifornien. Wenn Sie keinen rohen, wie zartes Kalbfleisch schmeckenden Thunfisch mögen, verlangen Sie Teriyaki oder Tempura.

Castro Street

In San Francisco leben weit weniger Gays als in New York oder Los Angeles, doch hier, wo sie etwa ein Fünftel der Bevölkerung ausmachen, haben sie teil an der politischen Macht.

Die Gegend um die Castro Street ist das neue Gay-Zentrum der Stadt – aggressiver als die um die Polk Street. Die Folsom Street ist das härteste Pflaster.

Golden Gate Park

Zu Zeiten der Flower Power lag das Hippie-Reich im Südwesten der Stadt, am „Pfannenstiel", dem Beginn des Golden-Gate-Stadtparks im Westen San Franciscos. Nach dem Niedergang der Hippie-Bewegung wurde die Gegend vorübergehend von Schwarzen in Besitz genommen. Jetzt wird sie von der Gay Community restauriert. Ganz am westlichen Ende des Golden Gate Park und dann noch ein Stückchen weiter auf der Esplanade nach Norden liegt an der Mündung der Point Lobos Avenue das berühmte **Cliff House** mit Restaurant und Museum; Tel. 386-1170; hier sollten Sie lange im voraus buchen.

The Dish

Haight Street, Ecke Masonic Avenue; Tel. 431-3534.

Informell und witzig; teils altmodischer amerikanischer Coffee Shop, teils New Wave – alle Fernseher der Kneipe sind ständig auf Flimmern geschaltet.

Golden Gate Bridge

Die berühmt-schöne Brücke erreicht man auf der Fahrt vom Golden Gate Park, Richtung Norden, und vom Ghirardelli Square, Richtung Westen. Der Wagen läßt sich am besten am Ghirardelli Square abstellen, und man kann dann vom gegenüberliegenden Aquatic Park auf der 5 km langen Golden Gate Promenade zum Fort Point an der Brücke wandern. Die ganze Gegend gehört zur Golden Gate National Recreation Area, einem riesengroßen Nationalpark, der sich an der Küste zu beiden Seiten der Brücke erstreckt.

Green's at Fort Mason

Building A, Marina Boulevard, Ecke Laguna Street; Tel. 771-6222.

Das beste vegetarische Restaurant Amerikas, von Zen-Buddhisten betrieben: Pasta, Pizza, Salate, Suppen – so einfallsreich und köstlich zubereitet, daß es selbst Steak-Fans schmeckt.

Hotels

Verwöhnung garantieren die folgenden Superpaläste – um nur vier von vielen zu nennen, die mindestens ebenso gut sind: **Mark Hopkins,** 1 Nob Hill, Tel. 392-3434 – gebührenfreier Anruf aus allen anderen Teilen der USA: (800) 327-0200 –, in dem Vorbereitungsgespräche für die Vereinten Nationen stattfanden; **Hyatt Regency** (Financial District/Embarcadero), 5 Embarcadero Center, Tel. 788-1234 – gebührenfrei: (800) 228-9000 –, in dem Sie in modernen Räumen zwischen hängenden Gärten und Superarchitektur in der Lobby wohnen. Außerdem gibt es noch ein **Hyatt on Union Square,** 345 Stockton Street, Tel. 398-1234. Im **San Francisco Hilton** (Union Square), 333 O'Farrell Street, Tel. 771-1400 – gebührenfrei: (800) 652-1094 – können Sie

Die Atrium-Lobby gab der Architektur neue Linien: Hyatt Regency Hotel

Aus einer Schokoladenfabrik entstand ein fashionables Shopping Center rund um einen Platz zum Faulenzen und Flanieren: der Ghirardelli Square

im 5. bis 11. Stockwerk direkt vor die Zimmertür vorfahren.

Gut und teuer

Sheraton at Fisherman's Wharf (North Beach), 2500 Mason Street, Tel. 362-5500 – nur ein Katzensprung zu den Hafenattraktionen. **Sir Francis Drake** (Union Square), 450 Powell Street, Tel. 392-7755 – alte Eleganz mit persönlichem Service verbunden. **Spreckels Mansion** (am Buena Vista Park, nahe Haight-Ashbury), 737 Buena Vista Avenue West, Tel. 861-3008 – eine alte Villa auf einem

Speisen mit Ambiente: Sheraton Palace

Hügel mit prachtvollem Blick von allen Zimmern.

Preiswert, doch gemütlich

Bed and Breakfast Inn (nahe Fort Mason/Marina), 4 Charlton Court, Tel. (415) 921-9784 – ein romantisches „Country Inn" mitten in einem Wohnviertel. **The Beresford Arms** (zwischen Nob Hill und Union Square), 701 Post Street, Tel. 673-2600 – eines der besten kleinen Hotels „for your money". **Red Victorian Hotel** (Golden Gate Park/Haight-Ashbury), 1665 Haight Street – Hotel mit Kunstgalerie und Meditationszentrum.

Für Anspruchslose

Senator Motel-Hotel (nahe Civic Center), 519 Ellis Street, Tel. 775-0506 – nur sechs Blocks vom Museum of Modern Art und der Oper. **Pacific Heights Inn** (nahe Marina), 1555 Union Street, Tel. 776-3310 – in den Kitchenettes können Familien Kaffee kochen.

Nightlife

Venetian Room

Im Fairmont Hotel (Nob Hill), 950 Mason Street; Tel. 772-5163.

Einer der letzten großen verschwenderisch dekorierten und sündteuren Musik-Säle. Der Schnulzier Tony Bennett gastiert jedes Jahr im „Venetian" mit „I Left My Heart In San Francisco".

Great American Music Hall

(Civic-Center-Gegend), 859 O'Farrell Street; Tel. 885-0750.

Ein toller Schuppen für die Super-Stars von Blues, Jazz, Rock und Folk. Man zieht an, was man will in diesem 1907 in echtem kalifornischem Barock erbauten Palast mit Marmorsäulen und Kristall-Lüstern.

Keystone Korner

(North Beach/Telegraph Hill), 750 Vallejo Street; Tel. 781-0697.

Klein, aber fein: der beste Jazz-Club in der Bay Area.

Earthquake McGoon's

(North Beach/Fisherman's Wharf), Pier 39; Tel. 986-1433.

Hier wird noch Dixieland gespielt. Die Turk Murphy Jazz Band spielte vor 21 Jahren zum erstenmal hier – und heute ist sie eine Institution.

Old Waldorf

(Financial District/Embarcadero Center), 444 Battery Street; Tel. 397-3884.

Rock, Jazz und Rhythm & Blues. Immer montags: Heavy Metal Rock.

Kabuki Nightclub

(Japantown), 1881 Post Street; Tel. 362-0261.

Der neueste New Wave Rock donnert durch ein japanisches Ambiente im Herzen des Japan Center.

On Broadway

(North Beach/Telegraph Hill), 435 Broadway; Tel. 398-0800.

Gilt als Nummer 1 unter den Musik-Schuppen. Hier werden junge Talente gefördert.

Theater

San Francisco Ballet

War Memorial Opera House, Van Ness Avenue, Ecke Grove Street; Tel. 621-3838.

Die älteste Ballett-Truppe des Landes. Am Heiligen Abend 1944 führte sie Tschaikowskis Nußknacker-Suite mit solchem Erfolg auf, daß sie heute noch zu Weihnachten wiederaufgenommen wird.

San Francisco Opera

War Memorial Opera House, Van Ness Avenue Ecke, Grove Street; Tel. 431-1210.

Im Wechsel mit der Ballett-Truppe finden die Opern-Aufführungen von September bis Dezember statt. Das traditionelle Sommer-Festival dauert, im Juni und Juli, sechs Wochen. Jeweils im Februar und März gastiert man im Palace of Fine Arts Theatre, 3601 Lyon Street. Bedenken Sie, daß die Oper von San Francisco eines der ersten Häuser der Welt ist und daß deshalb Eintrittskarten so begehrt sind wie Autographen des großen Caruso.

American Conservatory Theatre

Geary Theatre, 415 Geary Street; Tel. 673-6440.

Gilt als das beste Repertoire-Theater der USA. Die Saison dauert von Oktober bis Ende Mai. Im Sommer werden Musicals aufgeführt.

Club Fugazi

678 Green Street; Tel. 421-4222.

Trauen Sie sich in eine Aufführung von „Beach Blanket Babylon Goes to Broadway" und Sie werden endlich begreifen, was „California Crazy" bedeutet: Dieses Kabarett-Theaterchen funkelt mit ätzendem Witz und hinreißenden Texten.

New Performance Gallery

3153 17th Street; Tel. 863-9834.

Tummelplatz der kalifornischen Avantgarde. Klassisches Ballett sowie freier Jazz-Tanz. Alles Neue wird ausprobiert und vorgestellt.

Museen

Asian Art Museum

Golden Gate Park; Tel. 558-2993.

Tausende glänzender Beispiele asiatischer Kunst, zusammengetragen vom kunstsinnigen Olympia-Tycoon Avery Brundage. Täglich geöffnet von 10.00 bis 17.00 Uhr.

M. H. de Young Memorial Museum

Golden Gate Park; Tel. 752-5561.

Glanzstück ist ein „Johannes der Täufer" von El Greco. Die Sammlungen enthalten alte Kunst aus Europa, dem frühen Ägypten, Griechenland und Rom, aber auch aus den Pioniertagen Kaliforniens und dem Amerika des 19. Jahrhunderts. Geöffnet von Mittwoch bis einschließlich Sonntag von 10.00 bis 17.00 Uhr.

Mexican Museum

Fort Mason, Building D; Tel. 441-0404.

Grundstock der Sammlungen sind Ensembles prähispanischer und kolonialer Kunstgegenstände. Geöffnet Mittwoch bis einschließlich Sonntag von 12.00 bis 17.00 Uhr.

San Francisco Museum of Modern Art

Van Ness Avenue, Ecke McAllister Street; Tel. 863-8800.

Meisterwerke der klassischen Moderne, Hauptwerke von Jasper Johns, Jackson Pollock, Paul Klee, Alexander Calder und Henri Matisse. Geöffnet Dienstag bis einschließlich Freitag von 10.00 bis 18.00 Uhr, Donnerstag bis 22.00 Uhr, Samstag und Sonntag bis 17.00.

Öffentliche Verkehrsmittel

Bus-, Straßenbahn- und Cable Car-Routen sind in den Yellow Pages des Telefonbuchs zu finden. Die Cable Cars werden bis 1984 generalüberholt. Der Golden Gate Transit Bus bringt Sie nach Sausalito, Mill Valley und Tiburon. Die supermoderne U-Bahn fährt durch den drittlängsten Unterwassertunnel der Welt zur Ostseite der Bay, hinüber nach Oakland und Berkeley. Fahrplan-Informationen: 673-6864; für den Transit Bus: 332-6600.

Sightseeing Tours

Gray Line Tours

First, Ecke Mission Street; Tel. 771-4000.

Rundfahrten durch ganz San Francisco – eine Riesenauswahl, Dutzende von Kombinationen bei Tag und bei Nacht – auch ins „Weinland", ins „Goldland" und an die Big-Sur-Küste.

Harbor Tours

Pier 43 und 43½, Fisherman's Wharf; Tel. 546-2815.

Dampferfahrten auf der Bay, unter den Brücken hindurch, vorbei an Alcatraz, Angel und Treasure Islands, nach Sausalito.

Vom Knast zum Ausflugsknüller: Alcatraz

HelicopTours

The Embarcadero, Ecke Berry Street; Tel. 495-3333.

San Francisco aus der Luft, und wenn kein Nebel herrscht, fliegen Sie *unter* der Golden Gate-Brücke hindurch – falls Sie es denn unbedingt wollen.

Oakland/Berkeley

In Oakland sollten Sie das **Oakland Museum,** Tenth Street, Ecke Oak Street, Tel. 273-3401, keinesfalls versäumen. Supermoderne Architektur, anmutige Gärten, historische und zeitgenössische Kunstausstellungen erwarten Sie.

Berkeley und der **Campus der University of California** sind ebenfalls lohnende Ziele. Die Coffeeshops der Telegraph Avenue und am Bancroft Way bilden ein Zentrum akademischen Müßiggangs. Schauen Sie auf den Campus mit seinem Wahrzeichen, dem Campanile, in die **Bancroft Library** und das **University Art Museum** (Video shows) und in das **Pacific Film Archive,** die größte Filmbücherei der Westküste; hier werden regelmäßig Filme gezeigt. Info: Tel. 642-1412.

Gramma's Bed and Breakfast Inn

2740 Telegraph Avenue; Berkeley, CA 94705; Tel. 549-2145.

Achtzehn gemütliche Zimmerchen in einer Villa der Jahrhundertwende, fünf Minuten entfernt vom Berkeley Campus – ein preiswertes Sprungbrett für den Besuch San Franciscos.

Chez Panisse

Berkeley, 1517 Shattuck Avenue; Tel. 548-5525.

In diesem Restaurant wurde die französisch-italienisch beeinflußte „California Cuisine" erfunden, die mit wahrer Besessenheit nur frische, lokale und möglichst außergewöhnliche Zutaten verwendet. Das Bistro im ersten Stock ist billiger.

Und abends . . .

Ashkenaz

Berkeley, 1317 San Pablo Avenue; Tel. 525-5054.

Ultraamerikanisches „folk dancing" im Western Dress. Unterricht von 20.00 bis 21.00 Uhr. Danach tanzen Meister und Schüler hitzig juchzend in den Morgen.

Berkeley Square

Berkeley, 1333 University Avenue; Tel. 849-3374.

Klein, aber gemütlich, mit New-Wave-Musik im College-Stil – *die* Bar in der East-Bay-Gegend.

Sausalito

Etwas für Romantiker: Künstler- und Hausbootkolonie auf der anderen Seite der Golden Gate Bridge.

Sausalito Inn

16 El Portal, CA 94965; Tel. (415) 332-4155.

Drei Stiegen hoch – und dann der Blick auf Bay oder Park von jedem Zimmer aus. An Wochenenden hämmert das Klavier aus der Bar durch die Wände Ihrer Kemenate.

Sally Stanford's Valhalla Inn

201 Bridge Way; Tel. 332-1792.

Die im Februar 1982 verstorbene Sally führte einst San Franciscos feinstes Bordell, setzte sich dann nach Sausalito ab, eröffnete das Restaurant und ließ sich zum Bürgermeister wählen. Steak und Lobster sind die Spezialitäten.

»Weinstampfer«-Festival in der Monterey Peninsula Winery: Hunderte treten Trauben

Das Weinland

Kalifornischer Wein ist im Begriff, die Welt zu erobern. Die besten und teuersten Kreszenzen kommen aus den kühlen Küstentälern von Napa und Sonoma im Norden. Dort sind Sie von San Francisco aus in anderthalb Stunden. Die Fahrt durch die liebliche Landschaft ist ein Vergnügen.

Die **Bed and Breakfast Exchange,** 1118 Pine Street, St. Helena, Tel. (707) 963-7756, vermittelt oft besonders hübsche Privatunterkünfte bei Weinleuten.

Aber es schläft sich auch gut im:

The Wine Country Inn

1152 Lodi Lane, St. Helena, CA 94574; Tel. (707) 963-7077.

Neuerbaut im rustikalen Scheunenstil. Zimmer mit Balkon oder Gärtchen, manche mit Kamin – und Eisschrank für die mitgebrachte Flasche Wein.

Los Angeles

L.A. ist ein Supermarkt der Möglichkeiten. Hier gibt es alles, und alles ist hier möglich. Das **Visitors Bureau,** downtown am Arco Plaza, 505 South Flower Street, Tel. (213) 628–3101, versucht, das Angebot mit Karten und Broschüren handlich zu machen.
Doch selbst die vierstündige City- und die ebenfalls vierstündige Hollywood-Tour der Gray Line, 1207 West 3rd Street, Tel. 481-2121, kann Ihnen nur einen ersten allgemeinen Überblick vermitteln.

Downtown

Im heutigen **Pueblo de Los Angeles State Historic Park** begann die spanische Besiedlung der Gegend. Das Avila Adobe, 10 East Olvera Street, ist das älteste Gebäude der Stadt (mit Museum). Im übrigen ist die Olvera Street ein rekonstruiertes Kitschsträßchen mit Tequila, Tacos und Touristen-Tand.

Am nahen Broadway weiter südlich „shoppen" die Latinos, gewöhnlich alle auf einmal. Sie machen bald die Hälfte der Bevölkerung aus. Kämpfen Sie sich durch den farbenreichen **Grand Central Public Market**! Vom North Broadway nach Norden zur College Street – und Sie befinden sich mitten im quirligen chinesischen Viertel. Klein-Tokyo mit dem New Otani Hotel, Shops und Restaurants liegt um die First und die Central Avenue. Wenn Sie es amerikanischer wollen: An der North Spring Street (Nr. 200) erhebt sich, gigantisch und weiß gleißend, das **Rathaus** mit einer Aussichtsplattform im 27. Stockwerk. An der First Street, Ecke Grand Avenue, liegt der Stolz der Stadt – das **Music Center** mit seinen drei heiligen Hallen für Musik, Musical und Schauspiel.

Sie essen gut japanisch: Im **Thousand Cranes Restaurant,** New Otani Hotel, 120 South Los Angeles Street, Tel. 629-1200 – mit Blick auf eine Gartenoase, oder im **Yagura Ichiban,** Japanese Village, 101 First Street, Tel. 623-4141.

Amerikanische Küche ist zu kosten: Im **Tower,** Transamerica Center, 32. Stock, 1150 South Olive Street, Tel. 746-1554 – wo die L.A. Business Community sich zum teuren Lunch hoch oben im Smog-Himmel von Los Angeles versammelt.

East Los Angeles/Watts

Die konzentrierteste Ansammlung von Chicanos in den USA wohnt zwischen Eisenbahnschienen und Freeways im Osten der Stadt, etwa zwischen Boyle Heights und den Whittier Hills. Die schwarzen Gemeinden Watts, Willow Brook und Compton liegen weiter südlich zwischen Central Avenue und Alameda Street. Die berühmten **Watts Towers,** 1765 East 107th Street, hat ein italoamerikanischer Exzentriker in 30jähriger Bastelarbeit mit Keramikteilchen, Glasscherben und Muscheln verziert.

Long Beach und San Pedro

Da Sie eh so weit im Süden sind, fahren Sie auf dem Harbor Freeway gleich weiter nach Wilmington und San Pedro, durch den schmalen Streifen, den Los Angeles vor knapp 75 Jahren annektierte, um Zugang zu einem Hafen zu haben. Der Hafen von L.A. und Long Beach ist die größte Fischerei- und Fischverarbeitungsanlage der USA. An der Ostseite, bei der selbständigen Stadt Long Beach, kommen Erdöl aus Alaska und japanische Autos an. Am Pier J, gleich neben der „Queen Mary", steht unter einer riesigen Glaskuppel die **Spruce Goose,** ein von Howard Hughes vor knapp 40 Jahren entworfenes Transportflugzeug aus Holz und Aluminium, das nur den Jungfernflug hinter sich gebracht hat.

Hollywood

Sie hoffen doch nicht etwa, daß Sie hier berühmte Stars zu Gesicht bekommen? Die wohnen nämlich fast alle in abgeschirmten Luxuskolonien in Beverly Hills, Bel Air oder Malibu.

Der Stadtteil besteht eigentlich aus drei ganz unterschiedlichen Quartieren: Da ist einmal das „alte Hollywood" am gleichnamigen Boulevard, zwischen Vine Street und La Brea Avenue. An Filme und Stars erinnern hier nur Mann's exotisches **Chinese Theater,** Hausnummer 6925, und das **Egyptian Theater,** Nr. 6712. Schauen Sie sich im

Ein Tempel des Kinos: Mann's Chinese Theater

Eingang des Chinese Theater die Fuß- und Handabdrücke der Stars an. Ansonsten sehen Sie auf dem Boulevard statt Filmstars junge käufliche Damen, T-Shirt Shops, verruchte Luxuswäsche bei Fredrick's of Hollywood, Nr. 6608, und Dutzende von kleinen, verstaubten Spezialbuchhandlungen. Essen Sie in „Hollywoods ältestem Restaurant, geöffnet seit 1919", dem **Musso and Frank Grill,** 6667 Hollywood Boulevard, Tel. 467-7788. Es gibt nur amerikanische Standardgerichte, aber fragen Sie die muffigen Ober vorsichtig nach den Tagesspezialitäten.

Heute loben hier Menschen, die für die vielen kleinen Ton-, Fernseh- und Fotostudios arbeiten, welche die Filmkolosse ersetzt haben. Immerhin gibt es noch die Paramount Studios.

In **Lucy's El Adobe,** 5536 Melrose Avenue, Tel. 462-9421, soll der frühere Gouverneur Jerry Brown die Popsängerin Linda Ronstadt oft nach Plattenaufnahmen zum mexikanischen Lunch getroffen haben. Ein Hühnergericht ist nach ihm benannt. **Hampton's,** 1342 North Highland Avenue, Tel. 469-1090 – angeblich vom Filmstar Paul Newman gegründet, weil er nirgendwo anständige Hamburger kriegen konnte –, hat eine tolle Salatbar und 29 verschiedene Hamburger, vom „Tannenburger" bis zum „Zapataburger".

Im Norden, in den Ausläufern der Santa Monica Mountains, wird Hollywood etwas filmreifer: In den Hollywood Hills, am Beachwood-, Nichols- und Laurel Canyon, wohnen Musiker, Autoren und bekannte Fernseh-Figuren. Vom Mount Lee leuchtet das berühmte „Hollywood"-Zeichen herüber. An der Glendower Avenue 2607, am Griffith Park, hat Frank Lloyd Wright 1917 für einen Privatmann einen Pseudo-Maya-Tempel gebaut. Über die Nichols Canyon Road oder den Laurel Canyon Boulevard erreichen Sie oben auf den Santa Monica Mountains die schönste Aussichtsroute der Stadt, den **Mulholland Drive.** In der Abenddämmerung sehen Sie von hier auf der einen Seite die glitzernden Lichter von Los Angeles und auf der anderen das flache Wohnmeer des San Fernando Valley, in das inzwischen die meisten Filmstudios, der billigeren Miete wegen, gezogen sind.

Zurück zur Kreuzung Laurel Canyon und Sunset Boulevard. An der Ecke finden Sie **Schwab's Drugstore,** 8024 Sunset Boulevard, in dem Lana Turner angeblich entdeckt wurde und wo sich heute noch allmorgendlich zum Frühstück am Tresen Filmsternchen männlichen und weiblichen Geschlechts einfinden. Jetzt sind Sie mitten auf dem „Sunset Strip" mit seinen riesigen Filmplakaten. Der Strip ist voller Nightclubs und Restaurants, in denen Sie endlich Ihren Stars begegnen können, nämlich im:

Dar Maghreb

7651 Sunset Boulevard;
Tel. 876-7651.

Das Dinner wird zünftig mit den Fingern gegessen. Sie sitzen auf großen marokkanischen Kissen.

Butterfield's

8426 Sunset Boulevard;
Tel. 656-3055.

„California Cuisine" in einem versteckten Garten. Aus dem Häuschen, das einst Erroll Flynn gehörte, dringt Gitarrenmusik.

Le Dôme

8720 Sunset Boulevard;
Tel. 659-6919.

Französische Küche in einem pseudo-griechischen Tempel mit chinesischen Vasen – very „chic" und „in".

Spago

8795 Sunset Boulevard;
Tel. 652-4025.

„Most fashionable hangout" der jüngeren Generation der „beautiful people". Der Anblick allein genügte, aber die Küche ist auch nicht schlecht.

West Hollywood ist ganz anders. Um die Melrose Avenue, zwischen La Cienega und San Vicente Boulevard, versammeln sich Innendekorateure, Kunst- und Antiquitätenhändler und schicke Boutiquen. Das **Pacific Design Center,** im Volksmund „der blaue Wal" genannt, liegt an der Melrose Avenue (Nr. 8687). In der Umgebung einige der „in"-Restaurants:

Trumps

8764 Melrose Avenue;
Tel. 855-1480.

Auf supermodernen Zementbänken verzehrt die Schickeria ihr Mittagessen.

Ma Maison

8368 Melrose Avenue;
Tel. 655-1991.

Die Telefonnummer ist eigentlich geheim! Rolls-Royces werden genau vor der Tür geparkt, Volkswagen im Hinterhof versteckt. „Star gazing" auf Plastikrasen, zwischen Plastikblumen und erleuchteten Gänsen: wirklich *der* Platz zum Sehen und Gesehenwerden.

The Melting Pot

8490 Melrose Avenue;
Tel. 652-8030.

Stars, ganz in Jeans oder Tennisshorts und, natürlich, Sonnenbrillen treiben sich hier zum Sunday Brunch herum.

Auf dem nahen La Cienega Boulevard, zwischen Melrose Avenue und Santa Monica Boulevard, locken die eleganten Tempel der Haute Cuisine von L. A.: **L'Orangerie, L'Ermitage.** Der südlichere Teil des La Cienega Boulevard gilt als „Freßgasse": **Lawry's The Prime Rib,** 55 North La Cienega Boulevard, Tel. 652-2827, ist unschlagbar, wenn Sie ein saftiges Stück Rindfleisch suchen. Was anderes bekommen Sie hier aber auch nicht!

Beverley Hills/Bel Air

Nach dem Shopping am Rodeo Drive (siehe Seite 48), am Wilshire Boulevard oder am sogenannten Little Santa Monica Boulevard südlich der Eisenbahnstrecke nimmt „man" einen Imbiß im **Bistro** oder **Bistro Garden,** 246 oder 176 North Canon Drive; in der **La Scala Boutique,** 475 North Beverley Drive oder bei **Nate 'n' Al's,** 414 North Beverly Drive – hier möglichst ein „pastrami sandwich"!

Straßenjungs am Sunset Boulevard verkaufen Ihnen gern Führer zu den „homes of stars", die fast alle nicht mehr stimmen, da diese Stars inzwischen meist unter dem grünen Rasen von Forest Lawn liegen.

Aber fahren Sie, wenn man es Ihnen erlaubt, durch die stolzen schmiedeeisernen Tore der Bel Air Community am Sunset Boulevard: Hinter den Hecken an den gewundenen Straßen residieren Filmproduzenten und Ölscheichs in jenen Prachtvillen, die einst den Stars gehörten.

West Los Angeles

Die Studenten des UCLA-Campus in Westwood, südlich des Sunset Boulevard, zwischen der Warner und der Veteran Avenue, bestimmen hier das geschäftige Treiben. Zentrum ist die Ecke Wilshire/Westwood Boulevard. In der „Bookshop Row", dem Westwood Boulevard zwischen Wilshire und Pico Boulevard, liegt das Buchhandelszentrum der Stadt.

Dillon's Restaurant and Bistro

1081 Gayley Avenue;
Tel. 208-5088.

Eine Studententranke. Disco in den oberen Stockwerken.

Hymie's Fish Market

9228 West Pico Boulevard;
Tel. 550-0377.

Treffpunkt für „Showbiz-Leute" aus Century City zum Dinner.

In Brentwood Heights, das sich mit seinen teuren Apartmenthäusern jenseits des San Diego Freeway in Richtung Meer an Westwood anschließt, finden Sie in einem versteckten Shopping Center am National Military Home das beste italienische Restaurant von Los Angeles:

Peppone's,

11628 Barrington Court;
Tel. 476-7379.

Topanga Canyon/Malibu

Fahren Sie über den Mulholland Drive auf den Santa Monica Moun-

»Weimar am Pazifik«

Um 1940 herum ließen sich an der Küstengegend zwischen Pacific Palisades und Santa Monica mehrere bedeutende deutsche Schriftsteller, Komponisten und andere Intellektuelle nieder. Angelockt vom Klima und vom nahen Hollywood, wo sie sich Arbeitsmöglichkeiten erhofften, versuchten Flüchtlinge wie Thomas und Heinrich Mann, Brecht und Döblin, Werfel und Zuckmayer, Schönberg und Weill eine neue »alte« Heimat aufzubauen. Vor allem um Lion Feuchtwanger bildete sich ein erlauchter Kreis. 20 Jahre nach seinem Tod entstand 1978 um Feuchtwangers einzigartige Bibliothek und seinen Nachlaß das Feuchtwanger Institute of Exile Studies an der University of Southern California. Es ist Forschungsstätte und Denkmal für Deutschlands von den Nazis vertriebene Elite zugleich

tains an die Küste oder auf dem Highway 1 von Santa Monica nach Nordwesten oder die Windungen des Sunset Boulevard entlang und meditieren Sie an dessen Ende ein Weilchen im Self-Realization Fellowship Lake Shrine, 17190 Sunset Boulevard, zwischen holländischen Windmühlen und fernöstlichen Buddhas an einem Schwanensee. Vom Highway 1 biegt der Topanga Canyon Boulevard bei Topanga Beach ab und führt Sie in die Berge zu Aussteigern, Pferdenarren und verblühenden Blumenkindern. Im **Inn of the Seventh Ray,** 128 Old Topanga Canyon Road, Tel. 455-1311, serviert man Ihnen allerlei Vegetarisches. Und falls Sie der ländlichen Atmosphäre verfallen und bis zum späten Abend nicht losgekommen sind: In der **Topanga Cantina and Saloon,** 2034 South Topanga Canyon Boulevard, können Sie wilde Country and Western Music oder alten Rock 'n' Roll hören.

Aber Sie wollten ja endlich wissen, wo die Stars wirklich wohnen; also weiter, die Küste entlang: nach Malibu. Die Tore zur exklusiven Malibu Beach Colony sind Fremden verschlossen.

Die **Casa Malibu,** 22752 Pacific Coast Highway, Malibu, CA 90265, Tel. (213) 456-2219, ist billiger als Hotels in der City – und hier sind Sie gleich am Strand.
In der schön gelegenen **Casa Larronde,** einem Bed & Breakfast Inn, 22000 Pacific Coast Highway, Malibu, Tel. 456-9333, wohnen Sie an der „Millionaire's Row". In **Alice's Restaurant,** 23000 Pacific Coast Highway, Tel. 456-6646, können Sie mit Blick auf den Malibu Pier essen und bei **Pasquale's,** 22724 Pacific Coast Highway, Tel. 456-2007, sich die Nacht am Strand mit Jazz um die Ohren schlagen.

Santa Monica/Venice/ Marina del Rey

Am Ende des Santa Monica Freeway an der Küste (Ausfahrt Lincoln Boulevard, dann gleich Colorado Avenue dem Meer entgegen) stoßen Sie auf die Steilküste im Ocean Palisades Park. Sie sehen den Santa Monica Municipal Pier unter sich liegen. Leihen Sie sich ein Fahrrad und radeln Sie auf der Promenade – wenn sie nicht vom jüngsten Unwetter weggespült worden ist – nach Süden, nach Venice. Ins **Sidewalk Café,** 1401 Ocean Front Walk, oder **Land's End,** 323 Ocean Front Walk, zum Imbiß. Dann weiter. In Marina del Rey, dem größten Sportboot-Hafen der Welt, werden Sie auf betuchte Segler mit offenem Hemd und Goldkettchen treffen. Weiter südlich, an den Stränden von El Segundo sowie Manhattan, Hermosa und Redondo Beach reihen sich Ferienwohnungspaläste aneinander. Aber Sie müssen ja Ihr Fahrrad in Santa Monica zurückgeben, so sollten Sie entweder im **Les Anges,** 14809 Pacific Coast Highway (Eingang Entrada Drive), Tel. 454-1331, essen oder zwischen

Basketball	The Forum
Bogenschießen	El Dorado Park
Boxen	L. A. Memorial Sports Arena
Fechten	Long Beach Convention Center
Fußball	Rose Bowl
Gewichtheben	Loyola Marymount University
Handball	CSU Fullerton, CSPU Pomona
Hockey	East Los Angeles College
Judo	CSU Los Angeles
Kanu	Lake Casitas
Leichtathletik	L. A. Memorial Coliseum
Moderner Fünfkampf	Coto de Caza
Radfahren	CSU Dominguez Hills
Reiten	Santa Anita Park
Ringen	Anaheim Convention Center
Rudern	Lake Casitas
Schießen	noch nicht festgelegt
Schwimmen	Univ. of Southern California
Segeln	Long Beach Marina
Turnen	Pauley Pavilion, UCLA
Volleyball	Long Beach Arena
Wasserball	Pepperdine University, Malibu

Ein Wegweiser für die olympischen Wettkämpfe

Zum zweitenmal nach 1932 ist L. A. vom 28. Juli bis 12. August 1984 Schauplatz der Olympischen Sommerspiele. Zum erstenmal haben ausschließlich private Sponsoren die Finanzierung und Organisation eines solchen Spektakels übernommen und sich in das »Los Angeles Olympic Organizing Committee« eingekauft. Den größten Batzen des auf 500 Millionen Dollar veranschlagten Budgets zahlt die TV-Gesellschaft ABC, die sich ihre US-Übertragungsrechte 225 Millionen kosten ließ. Ob die Spiele ein Geschäft werden, bleibt fraglich; aber an die 250 000 Besucher, so die Schätzungen, werden täglich in die 21 Arenen strömen und die olympische Promotion-Show erleben

In der Polo Lounge des Stuckpalasts werden die dicksten Filmkontrakte geschlossen: Berverly Hills Hotel

nautischem Schnickschnack im **Gladstone 4 Fish,** 17300 Pacific Coast Highway, Tel. 454-4374, mit Blick auf die untergehende Sonne speisen.

Pasadena/Forest Lawn/ Universal City

Hier wird alljährlich in der **Rose Bowl,** 991 Rosemont Boulevard, eines der berühmtesten Football-Matches der USA ausgetragen. Nördlich von Pasadena in La Canada-Flintridge („Lacanjàda" ausgesprochen) liegt das **Jet Propulsion Lab,** von dem aus Mars und Jupiter erkundet wurden. Es ist am letzten Sonntag im Monat für Besucher geöffnet: 4800 Oak Grove Drive, Tel. 354-4321. Im westlich von Pasadena gelegenen Friedhof Forest Lawn von Glendale, 1712 South Glendale Avenue, könnten Sie die Gräber Ihrer Stars, Clark Gable oder Jean Harlow, besuchen – aber niemand wird Ihnen verraten, wo sie liegen.

Orange County

Disneyland, Knott's Berry Farm (siehe Seite 162) – und das geschäftigste Shopping Center der Welt an der South Coast Plaza in Costa Mesa, 3333 Bristol Street (nahe des San Diego Freeway), Tel. (714) 546-6683.

Hotels

Gut und teuer

Spitzenkomfort hat seinen Preis, aber bitte schön – von vielen Luxusquartieren nennen wir Ihnen ein paar:

The Beverly Hilton

9876 Wilshire Boulevard, Beverly Hills, CA 90210; Tel. (213) 274-7777 oder – gebührenfrei aus allen anderen Teilen der USA – (800) 542-6101.

L'Ermitage

9291 Burton Way, Beverly Hills, CA 90210; Tel. 278-3344.

Luxus hoch fünf, Zimmerpreise bis 450 Dollar.

Beverly Hills Hotel

9641 Sunset Boulevard, Beverly Hills, CA 90210; Tel. 276-2251.

Hotel Bel-Air

701 Stone Canyon Road, Bel Air, CA 90077; Tel. 472-1211.

Century Plaza Hotel

2025 Avenue of the Stars, Century City, CA 90067; Tel. 277-2000.

Aber auch andere Häuser haben Pfiff und eine besondere Note – wieder eine Auswahl:

Miramar-Sheraton Hotel

101 Wilshire Boulevard, Santa Monica, CA 90401; Tel. 394-3731 oder – gebührenfrei – (800) 325-3535.

Hier weht immer eine frische Brise, wenn L. A. im Smog erstickt. Die Strände sind ganz nahe.

The Biltmore Hotel

515 South Olive Street, L. A., CA 90013; Tel. 624-1011.

Ein historisches Wahrzeichen im Zentrum von L. A. Elegant-europäisches Dekor. Im Untergeschoß liegt Bernard's, ein hübsches französisches Restaurant und die Grand Avenue Bar mit Marmor und Samt.

The Westin Bonaventure

404 South Figueroa Street, L. A., CA 90071; Tel. 624-1000.

Riesig: Drei verspiegelte Türme fangen Ansichten von L. A. ein. Die Lobby ist abweisend, die Zimmer sind angenehm.

Château Marmont

8221 Sunset Boulevard, L. A., CA 90046; Tel. 656-1010.

Wirkt wie eine normannische Festung und empfängt gern alternde Exzentriker wie Mick Jagger.

Pasadena Hilton

150 South Los Robles Avenue, Pasadena, CA 91101; Tel. 577-1000 oder – gebührenfrei – (800) 542-6101.

Dieses Haus mit 256 Zimmern wirbt mit Komfort und Stil in europäischer Tradition. Busse bringen Sie vom Airport direkt vor die Tür.

Preiswert und gemütlich

Beverly House

140 South Lasky Drive, Beverly Hills, CA 90212; Tel. 271-2145.

Nahe Century City und Rodeo Drive, klein und freundlich, mit angeschlossenem Waschsalon.

Breakers Motel

1501 Ocean Avenue, Santa Monica, CA 90401; Tel. 451-4811.

Nur eine Minute hinter dem Strand, ganz dicht am anmutigen Ocean Palisades Park. Geheiztes Schwimmbad, Farbfernseher, große Zimmer.

Nightlife

Madame Wong's

949 Sun Mun Way, L. A.; Tel. 624-5346.

Über ein altes Chinatown-Restaurant gequetscht: Purpurhaarige Punker und soignierte Vorstadt-Beaus vergnügen sich an den besten New Wave Bands von L. A.

O. N. Klub

3037 Sunset Boulevard, L. A.; Tel. 939-9549.

Ska und Reggae. Ein hartes Gelände, leicht überfüllt. Sie werden tanzen wie in einer Sauna.

Parisian Room

4960 West Washington Boulevard, L. A.; Tel. 936-0678.

Jazz und Blues; ehe es wirklich anfängt, können Sie sich in der Barbecue Rib-Kneipe nebenan stärken. Ab 23.00 Uhr: Highlife.

Club Lingerie

6507 Sunset Boulevard, Hollywood; Tel. 466-8557.

Toller Tanzboden, die Dekoration ist überaus schnieke, Hommages an die alten fünfziger Jahre und die Rockabilly-Nächte. Sind Sie verwegen angezogen, dann können Sie bleiben.

The Roxy

9009 Sunset Boulevard, West Hollywood; Tel. 276-2222.

Hollywoods beste Kneipe für Jazz oder Hard Rock. Kein Tanz!

The Central

8852 Sunset Boulevard, West Hollywood; Tel. 855-9183.

Treffpunkt für Musiker. Die eine Nacht superb, die andere mies, hängt davon ab, wer gerade in der Stadt zu tun hat. Rock, Rhythm & Blues und ein wenig New Wave.

La Cage aux Folles

643 North La Cienega Boulevard, West Hollywood; Tel. 657-1091.

Tolles Ambiente. Transvestiten imitieren Liza Minnelli, Barbra Streisand, Judy Garland, Bette Davis und wie die Göttinnen alle heißen. Am Ende der Vorstellung wird das Publikum mit Federn überschüttet. Besonders reichhaltige französische Speisekarte.

Studio One Backlot

657 North Robertson Boulevard, West Hollywood; Tel. 659-0472.

Eleganter Spitzen-Club: Musik, Varieté, Ulk.

Studio One

652 North La Peer Drive, West Hollywood; Tel. 659-0471.

Die größte Disco von L. A., hauptsächlich schwules Publikum.

Donte's

4269 Lankershim Boulevard, North Hollywood; Tel. 877-8347.

Jazz, vor allem sehr guter Jazz.

The Palomino

6907 Lankershim Boulevard, North Hollywood; Tel. 764-4010.

Gewöhnlich randvoll, denn hier treten Country & Western-Stars wie Rita Coolidge, Rick Nelson und Little Willie Nelson auf.

Chippendale's

3739 Overland Avenue, West L. A.; Tel. 202-8850.

Nichts für Zimperliche. Männliche Schönheitstänzer, die bis zum Letzten gehen, was immer das sein mag, treten von Mittwoch bis einschließlich Sonntag auf, die Show beginnt um 20.30 Uhr. Damen-Schlamm ringkämpfe finden Dienstagnacht statt. Disco-, Punk- und New Wave-Musik.

Oper, Theater

The Music Center

135 North Grand Avenue, L. A.; Tel. 972-7211.

Drei Theater beieinander, sie sind Stolz und Freude der Stadt: Der **Dorothy Chandler Pavilion** ist die Heimstatt des renommierten Los Angeles Philharmonic Orchestra, dazu die Bühne des L. A. Master Chorale, der Civic Light Opera und Gastspielstätte der New York City Opera. Hier finden alljährlich die „Oscar"-Verleihungen statt. Das **Ahmanson Theatre,** Tel. 972-7654, hat 2000 Plätze und spielt vorzugsweise Musicals. Das **Mark Taper Forum,** Tel. 972-7353, nimmt sich der kalifornischen Modernen an.

Ambassador Auditorium
300 West Green Street, Pasadena; Tel. 304-6161.
Hochelegantes, von einer Kirchengemeinde unterhaltenes Theater. Hochberühmte Solisten singen hier mitunter, beispielsweise Luciano Pavarotti, der Caruso unserer Tage.

Westwood Playhouse
10886 Le Conte Avenue, Westwood; Tel. 208-6500.
Direkt hinter dem UCLA-Campus liegt diese kleine Bühne, die besonders das moderne Schauspiel pflegt. Jason Robards, der Star mit dem verwitterten Granitgesicht, hat hier einmal angefangen.

Huntington Hartford Theater
1615 North Vine Street, Hollywood; Tel. 462-6666.
Im Herzen von Hollywood, wirkt intim, trotz seiner 1000 Plätze. Hier treten auch Jack Lemmon und der Altstar Helen Hayes auf.

Shubert Theater
2020 Avenue of the Stars, Century City; Tel. 553-8101.
Im ABC Entertainment Center gelegen. Bühne für die neuesten Broadway-Produktionen.

Museen, Galerien

Huntington Art Gallery
1151 Oxford Road, San Marino; Tel. 449-3901.
Kulturzentrum mit Galerie und Bibliothek (Gutenberg-Bibel!) umsäumt von zwölf anmutigen Gärten. Bewahrt besonders schöne Beispiele englischer Kunst aus dem 18. und 19. Jahrhundert auf. Dienstags bis sonntags von 13.00 bis 16.30 Uhr. Im Oktober geschlossen, sonntags nur mit schriftlicher Anmeldung.

Norton Simon Museum of Art
411 West Colorado Boulevard, Pasadena; Tel. 449-6840.
Rembrandt, Goya, Degas und Picasso, Bilder aus der Sammlung des Industriellen Simon, der 1974 das schöne Pasadena Museum kaufte, um seine Stiftung darin unterzubringen. In keinem Fall übersehen: die Räume mit den französischen Impressionisten. Donnerstags bis sonntags von 12.00 bis 18.00 Uhr.

J. Paul Getty Museum
17985 Pacific Coast Highway, Malibu; Tel. 459-8402.
Das wohlhabendste Museum der Welt, eine Stiftung des Ölmilliardärs – der es in seinem Leben nie besuchte. Die unvergleichlich reichen Sammlungen sind in einer – rekonstruierten – römischen Villa aus dem ersten Jahrhundert n. Chr. untergebracht. Sie umfassen Meisterwerke aus nahezu allen Epochen. Die jüngste Neuerwerbung, die kostbare Handschriften-Sammlung des Aachener Industriellen und Mäzens Peter Ludwig, bedeutet einen herben Verlust für die Bundesrepublik.
Museums-Besucher sollten sich rechtzeitig um Parkplätze kümmern oder den Bus (RTD 175) von Santa Monica aus nehmen und ein Getty-Ticket verlangen. Mitte September bis Mitte Juni dienstags bis samstags von 10.00 bis 17.00 Uhr, von Mitte Juni bis Mitte September montags bis freitags von 10.00 bis 17.00 Uhr.

Musik und alte Meister: Getty Museum

Los Angeles County Museum of Art
5905 Wilshire Boulevard, L. A.; Tel. 937-2590.
Gemälde, Skulpturen, Graphik, Kostüme und Textilien aus allen Epochen, daneben eine der größten Sammlungen indischer, nepalesischer und tibetanischer Kunst. Im Kinosaal des angegliederten Leo S. Bing Center Film-Retrospektiven, immer freitag- und samstagabends. Dienstags bis freitags von 10.00 bis 17.00 Uhr, samstags und sonntags von 10.00 bis 18.00 Uhr.

George C. Page Museum of La Brea Discoveries
5801 Wilshire Boulevard, L. A.; Tel. 936-2230.
Vor dem Gelände der La Brea-Teergruben: Das Museum enthält die größte Sammlung rekonstruierter Eiszeit-Tiere.

Southwest Museum
234 Museum Drive, L. A.; Tel. 221-2163.
Indianisches Kunstgewerbe. Liegt auf dem Mount Washington, hoch über der Stadt, in einer eben renovierten frühkalifornischen Mission. Dienstags bis sonntags von 13.00 bis 17.00 Uhr. Von Mitte August bis Mitte September geschlossen.

The Real Thing Museum of Coca-Cola Memorabilia
11650 Riverside Drive, North Hollywood; Tel. 980-3444.
Die schönsten Stücke und Werbeartikel aus den Coca-Cola-Kampagnen von 1891 bis 1943, Kalender, Tabletts, Spielzeuge und andere Antiquitäten der Konsumkultur. Zum größten Teil verkäuflich. Montags bis samstags von 11.00 bis 16.00 Uhr.

Museum of Rock Art
6427 Sunset Boulevard, Hollywood; Tel. 463-8979.
Plakate, Plattentaschen und allerlei Souvenirs aus den Ateliers der Rockheroen von 1960 bis in die späten Siebziger. Frühe Rockkonzerte, Interviews und denkwürdige TV-Shows auf Video. Mittwochs bis samstags von 12.00 bis 16.30 Uhr.

Traction Gallery
800 Traction Avenue, L. A.; Tel. 680-4743.
Ein Verkaufstempel südkalifornischer Kunst. Video, Filme, Vorträge, Mixed Media und Papierarbeiten. Vorher anrufen.

Los Angeles Institute of Contemporary Art
2020 South Robertson Boulevard, West Hollywood; Tel. 559-5033.
Eine Werkstatt neuer Kunst: Malerei, Bildhauerei, Environments. Dienstags bis freitags von 12.00 bis 18.00 Uhr.

Flow Ace Gallery
185 Windward Avenue, Venice; Tel. 392-4931.
Bevorzugte Künstler: Robert Rauschenberg, Jasper Johns und Andy Warhol. Dienstags bis samstags von 10.00 bis 17.00 Uhr.

Three Galleries
170 South La Brea Boulevard, Hollywood.
Drei Galerien vereinigt in einem stilvoll renovierten Apartmenthaus: Jan Baum, Roy Boyd und Swope. Ausstellungen zeitgenössischer Kunst. Hervorragende Kunstbuchhandlung – und das „170 Café".

San Diego

Beschränken Sie sich in San Diego aufs Nichtstun: sonnenbaden, spazierengehen, das Leben genießen. Das scheinen die Menschen von San Diego alle so zu machen. Man kann aber auch noch eine Menge anderer Dinge unternehmen:

Balboa Park

Hier können Sie joggen, reiten, golfen, radeln, ins Museum oder ins Theater gehen: **Museum of Natural History; Fleet Space Theater and Science Center** (mit einem Planetarium); **San Diego Aero-Space Historical Center; Museum of Man; Museum of Art; Timken Art Gallery; Photo Arts Center; Spanish Village Arts and Crafts Center; Zoo** (siehe Seite 168).
Old Globe Theatre: Shakespeare von Juni bis September, Tel. (619) 239-2255. **Balboa Park Puppet Theater:** Puppenspiele von September bis Juni, Tel. 276-1634. **Starlight:** Broadway-Musicals von Ende Juni bis Anfang September, Tel. 280-9111.

El Prado: Promenade des Balboa Park

Mission Bay

Im Mission Bay Park stehen Wasserskilaufen, Schwimmen, Segeln, Picknicken, Zelten auf dem Programm. In „Sea World" springenden Delphinen zusehen (siehe Seite 168). Segel- oder Motorboote kann man an den großen Hotels der Bay mieten: **Hyatt Islandia,** 1441 Quivira Road, Tel. 224-3541. **San Diego Hilton,** 1775 East Mission Bay Drive, Tel. 276-4010. **Vacation Village,** 1404 West Vacation Road, Tel. 274-4630.
Lunch oder Dinner im **Hyatt Islandia** oder **Atlantis Restaurant,** mit Blick auf Segelboote, 2595 Ingraham Street, Tel. 224-2434.

Point Loma/Cabrillo National Monument

Zum Cabrillo-Denkmal am Ende der Point-Loma-Halbinsel pilgern jährlich mehr Touristen als zu Manhattans Freiheitsstatue. Im Süden dieses Parks steht ein Aussichtsturm für Wal-Fans, die von hier aus im Herbst und im Frühjahr die wandernden grauen Leviathane beobachten können.
Am Commercial Basin greifen Sie sich dann ein Thunfisch-Sandwich bei **Point Loma Sea Foods,** 2805 Emerson Street, und verzehren es in der Sonne am Pier.

Shelter Island/Harbor Island

Beide Halbinseln sind von Menschenhand geschaffen. Shelter Island gilt als ein „Segelmekka" Südkaliforniens. Auf Harbor Island neben dem Flughafen erwarten Sie eine ganze Reihe von Hotels, Restaurants und Nachtbars.
In **Tom Ham's Lighthouse,** 2150 Harbor Island Drive, Tel. 291-9110, ist das Essen zwar nur „so, so", aber dafür speisen Sie in einem echten Leuchtturm.

Hafenviertel

Am Embarcadero am Harbor Drive westlich von downtown San Diego mischen sich Kriegsschiffe der Navy mit privaten Motorbooten, kommerziellen Fischkuttern und den Touristenattraktionen von drei „Windjammern". Hafenrundfahrten starten vom Broadway Pier. Am Südende des Embarcadero liegt die neun Hektar große Imitation eines Seaport Village – ein Einkaufs- und Imbißzentrum.

Stadteinwärts zwischen Broadway und Market Street bis zur Tenth Avenue sollten Sie nicht unbedingt nachts spazierengehen. Hier rauften sich einst Matrosen mit leichten Mädchen. Einige Bars mit Show „für Erwachsene" haben San Diegos Stadtväter noch nicht schließen können, als sie vor kurzem begannen, die Gegend zu sanieren und zum historisch-kitschigen Gaslamp

District mit viktorianischen Häusern aufzuwerten. Führungen freitags und samstags, Info. Tel. 233-5227. Hier liegt auch San Diegos ältester Jazz-Club, **Crossroads,** 345 Market Street, Tel. 233-7856.

An der Union Station am Kettner Boulevard, Ecke C Street, fährt nahe am Hafen die knallrote San Diego-Tijuana Trolley ab, die Sie in 40 Minuten an die mexikanische Grenze bringt.

Coronado

Gegenüber vom Embarcadero Center gelangen Sie über die spektakuläre San Diego-Coronado Bay Bridge auf die berühmte Halbinsel, auf der der Film „Some Like It Hot" mit Marilyn Monroe gedreht wurde. Der nordwestliche Teil des Coronado Island wird von der Naval Air Station eingenommen. Weiter südlich liegen Golf- und Tennisplätze, ein Yachtclub, historische Villen und das mit Kuppeln und Türmchen bewehrte **Hotel del Coronado.** In diesem unter Denkmalschutz stehenden Haus hat bereits jede Menge Prominenz aus Politik und Wirtschaft geschlafen: 1500 Orange Avenue, Coronado, CA 92118, Tel. 435-6611. Führungen samstags um 13.00 Uhr ab Hotellobby.

Stoppen Sie nach der Rückkehr über die Brücke in der populären Kneipe **Chuey's Café,** 1910 Main Street, Tel. 234-6937, zum mexikanischen Lunch unter Studenten, Arbeitern, Geschäftsleuten und den Polizisten von Downtown.

Erbe der Spanier: San Diego de Alcalá

Old Town und Presidio Park

Auf dem Presidio Hill über der Altstadt steht das **Serra Historical Museum** – an der Stelle der ersten spanischen Mission, die in Alta California errichtet wurde. Das Museum ist nach Padre Junipero Serra benannt, der 9 km landeinwärts die zweite Mission, die San Diego de Alcalá Mission, gründete. Das Serra Museum vermittelt eine Vorstellung von der spanischen Kolonisierungsperiode: 2727 Presidio Drive, Tel. 297-3258. Im **Café Pacifica,** 2414 San Diego Avenue, Tel. 291-6666, lunchen Sie in einem kleinen charmanten Restaurant mit Patio.

La Jolla/Torrey Pines Park

La Jolla ist das Beverly Hills und das Universitätsviertel von San Diego, die Perle unter den Stadtteilen im Norden: schick, klein, urban, kunstinteressiert – und vertouristet. Im **La Jolla Museum of Contemporary Art,** 700 Prospect Street, finden Sie oft die besten Kunstausstellungen Kaliforniens.

Wandern Sie vorbei an den Boutiquen und Galerien und frühstücken oder lunchen Sie dann in dem blumenbestückten Patio des Elite-Hotels **La Valencia,** 1132 Prospect Street. Zur Happy hour trifft man sich in demselben Hotel in der Whaling Bar, zum Dinner im Sky Room im obersten Stockwerk. Reservierung: Tel. 454-0771. Weniger elitär als diese beiden Etablissements ist das Sidewalk Café **The Pannikin,** 7467 Girard Avenue, Tel. 454-6365, Treffpunkt von Literaten und Künstlertypen.

Die Strände in und um La Jolla sind weißsandig und romantisch, besonders die La Jolla Cove, mitten vor La Jolla. Besichtigen Sie unbedingt die La-Jolla-Höhlen, Zugang von 1325 Coast Boulevard auf dem Hügel über der La Jolla Cove. Zur Sunny Jim Cave steigt man 133 Stufen tief. Im **San Diego-La Jolla Underwater Park** können Sie schnorcheln. An der Steilküste am Park beginnt ein Küstenpfad, auf dem Sie zwischen blühender Brunnenkresse und Klee dahinstapfen, während unter Ihnen Möwen auf Fischfang gehen und im Winter Grauwale in die kalte Luft prusten.

Am Nordende von La Jolla liegt der exklusive La Jolla Beach and Tennis Club, Treff des internationalen Jet-set von Christina Onassis bis zu Gunter Sachs.

Weiter nördlich finden Sie den supermodernen Campus der University of California, gleich hinter der weltbekannten Scripps Institution of Oceanography. Der lange Pier dient als Wegweiser.

Noch weiter nördlich, am Black's Beach, haben die Stadtväter die „Unsitte" des FKK verboten, aber kein Mensch hält sich daran; die Polizei ist zu lebensnah, um hier einzugreifen. Der Beach kann nur von Norden her in einem längeren Fußmarsch erreicht werden.

Wenn Sie auf dem Torrey Pines Scenic Drive weiterfahren, erreichen Sie bald den Torrey Pines Glider Port, wo sich beherzte Seelen unter bunten Nylonsegeln von den steilen Klippen stürzen.

Wo der Wind die Drachenflieger verwöhnt: am Torrey Pines Glider Port

Hotels

The Britt House

406 Maple Street, San Diego, CA 92103; Tel. (619) 234-2926.

Acht Bed & Breakfast-Unterkünfte in dieser im Queen Anne-Stil erbauten Villa, zwei Blocks vom Balboa Park entfernt.

Abigail

6310 Raydel Court, San Diego, CA 92120; Tel. (619) 583-4738.

Im zweiten Stock mit separatem Eingang ein geräumiges Apartment für ein oder auch für zwei Paare. Mitten in einer ruhigen Wohngegend, an der Route 8, etwa 15 Kilometer von downtown San Diego entfernt. Mr. und Mrs. Ammar, die Besitzer, sprechen neben vielen anderen Sprachen auch Deutsch.

In der Umgebung

La Costa Country Club and Spa

Costa del Mar Road, Carlsbad (D8), CA 92008; Tel. (619) 438-9111.

Luxuriöse „fat ranch" zum Abnehmen und Sichausarbeiten, selbsterklärter „Zufluchtsort für Stars", die hier Golf und Tennis spielen, reiten, saunen und sich massieren lassen. Vier Tage Minimumaufenthalt zu stolzen Preisen.

Und das Ganze ein bißchen billiger, vegetarisch – und an der mexikanischen Grenze:

Rancho La Puerta Fitness Resort

Tecate, CA 92080; Tel. (619) 478-5341.

Ausflüge von San Diego

Julian/Anza-Borrego Desert State Park

Das Hinterland San Diegos ist voller faszinierender Kontraste. Auf dem Interstate Highway 8 fahren Sie zunächst durch die Shopping Center des flachen Mission Valley, kommen dann nach etwa 60 Kilometern durch Avocado- und Orangenhaine und grüne Hügel zum Highway 79, der nach links durch trockenen Chaparrall und alpin anmutende Wäldchen auf die Cuyamaca Mountains (E8) führt. Am Cuyamaca Reservoir wurde um 1870 das erste Gold in dieser Gegend entdeckt. Goldgräber machten das Städtchen Julian zur „boom town". Inzwischen ist es eine ländliche, verschlafene Oase, berühmt für selbstgekelterten Apfelwein und wilde Orchideen, die in der Umgebung wachsen.
Bei Julian zweigt der Highway 78 zum Anza-Borrego Desert State Park ab (E7/8); (siehe Seite 124).

Julian Hotel

2032 Main Street, Julian, CA 92036; Tel. (619) 765-0201.

Großmutters Uhr und vergilbte Fotografien in der Salon-Eingangshalle. Saubere, auf altmodisch-amerikanisch restaurierte Zimmerchen, nicht alle mit Bad.

Von Tijuana ins Mexikanische

Nehmen Sie die Straßenbahn bis an die Grenze, wenn Sie nur einen Tagesbesuch planen, und dann jenseits der Grenze ein Taxi nach Tijuana zum Sightseeing und Shopping auf der Avenida Revolución und der Plaza Río Tijuana. Auch Stierkämpfe (sonntags um 16.00 Uhr von Mitte Mai bis Mitte September), Hunderennen und das harte baskische Ballspiel Jai alai können Sie in der Plaza de Toro oder dem Frontón Palacio erleben.

Auskunft für Grenzgänger gibt in San Diego: Mexican Tourist Council, 600 B Street, Tel. 236-9314. Für die Stierkämpfe nimmt die Ticketron-Organisation, Tel. 565-9947, Reservierungen entgegen.

Essen Sie mit Basken im von außen reichlich schäbig aussehenden, aber freundlichen **Chiki Jai Restaurant,** Tel. (706) 685-4955, an der Avenida Revolución.

Wenn Sie weiterfahren wollen, mieten Sie sich am besten in San Diego einen Wagen und lassen sich gleich eine Autoversicherung für Mexiko geben.

Stoppen Sie zum Drink im populären **Rosarito Beach Hotel,** Tel. (706) 612-1126, 25 Kilometer südlich von Tijuana, einem pompösen, doch inzwischen etwas lädierten spanischen Palast aus den zwanziger Jahren. Wenn Sie eine Sauza Commemorativa (Tequila mit Salz und Limonen) bestellen, dürfen Sie das Glas behalten.

90 km weiter südlich liegt an der Küste die Stadt Ensenada (E9), eine der ältesten mexikanischen Siedlungen, an einer wunderschönen Bucht. Das Hotel **La Pinta,** Avenida Lopez Mateos, Ecke Avenida Floresta, Tel. (800) 542-6028 (gebührenfrei von Kalifornien aus), ist hier Ihre beste Wahl, es sei denn, Sie führen 10 km weiter südlich zum **Estero Beach Resort Hotel,** Tel. (706) 674-0858. Verglichen mit US-Preisen sind die Hotels in Mexiko billig.

Casamar

Ensenada, Boulevard Costero 449; Tel. (706) 674-0417.

Hier serviert man Ihnen Hummer, die noch größer – und vor allem billiger sind – als im berühmten Palm Restaurant in New York City. □

Revolte hat Ruh'

Keine amerikanische Universität hat mehr Nobelpreisträger hervorgebracht als die von Berkeley und keine hat die Welt so bewegt wie Berkeley Ende der sechziger Jahre – mit Flower Power und Antivietnamkrieg-Demonstrationen. Heute wird nicht mehr revoltiert, auf dem Campus ist wieder der akademische Alltag eingekehrt

Von Lucille Day

Ein Januartag in Berkeley, die Rinnsteine laufen über, heftige Böen verdrehen Regenschirme. Kein Straßenmusikant, kein Possenreißer, keine Bauchtänzerin auf der Sproul Plaza.

Durchnäßt strebe ich dem Caffé Mediterraneum zu: Eine Tasse Hagebuttentee wird gut tun.

Ja, da sitzen bei Kräutertee oder Kaffee lauter interessante Typen, die das Berkeley-Klischee verkörpern. Da ist zum Beispiel Julia Vinograd, Autorin von „The Berkeley Bead Game". Man kennt sie auch unter dem Namen „Bubble Lady". Bei besserem Wetter würde sie jetzt auf der Telegraph Avenue Seifenblasen segeln lassen und Passanten ihre Bücher verkaufen. Die Kaffeehaus-Literaten leben noch und sind wohlauf. Junge Menschen sitzen neben Männern mit grauen Bärten. Langhaarige neben Glatzköpfigen.

In der Cappuccino-Subkultur hat sich nichts verändert.

Auch für politische Aktivisten ist in Berkeley immer noch Raum. Letzte Woche veranstalteten über 100 Demonstranten im Eingang des Verwaltungsgebäudes der Universität ein Sit-In gegen die Kernwaffenpolitik der Alma mater: Die University of California verwaltet die beiden einzigen Kernwaffenforschungslabors der USA. Während die Demonstranten von der Campus-Polizei weggebracht wurden, sangen sie alte Protestsongs und riefen im Chor: „Ein einiges Volk wird niemals besiegt."

Nur: Es waren gerade 100, die noch die alten Kampflieder sangen. Nicht mehr Tausende wie in den sechziger Jahren, die damals für studentische Mitsprache demonstrierten, für das Recht, auf dem Campus Flugblätter verteilen und sich in politischen Gruppen organisieren zu dürfen. Dieses „Free Speech Movement", das Berkeley in die Schlagzeilen brachte, war der Anfang einer Studenten-Revolte, die sich weltweit ausbreitete.

Die Bürgerrechtsbewegung und Antivietnamkrieg-Kampagnen folgten, und als sich die aufgestauten Spannungen 1969 schließlich in blutigen Schlachten mit der Nationalgarde entluden, standen die Bürger Berkeleys längst auf der Seite der Studenten. Der gemeinsame Kampf um einen „People's Park" wurde zum Symbol für dieses Bündnis. Und heute?

Mit welcher Idee man sich auch identifiziert – in Berkeley wird man gleichgestimmte Seelen finden

Eine Gruppe, die sich „Urban Gorillas" nennt, befreite kürzlich drei Kätzchen aus einem Forschungslabor in der Tolman Hall, dem Psychologie-Gebäude. Später verteilte die Gruppe ein Kommunique mit einem Bild der Tiere und der Erklärung, sie befänden sich an einem sicheren Ort. Die „Urban Gorillas" wollten mit ihrer Aktion gegen die Verwendung von Tieren bei Laborversuchen protestieren.

Die Studenten hier denken zwar noch politisch, aber ihre Aktivität hat sich in kleine, und manchmal skurrile Zirkel verlagert. Die Alma mater ist nach dem Ende des Vietnamkrieges zum akademischen Alltag zurückgekehrt, doch in der Stadt lebt die Atmosphäre von damals weiter. Berkeley gilt als eine der progressivsten, experimentierfreudigsten Städte Amerikas. Ein Mekka für Außenseiter und Aktivisten, eine Stadt der Extreme.

Mit ihren vielen kleinen Druckereien hat sie relativ mehr Buchverlage als jede andere Stadt des Landes. Außerdem wohnen hier mehr Anhänger der vegetarischen Therapie, purpurfarbene Jazzgymnastik-Lehrer und nichtrauchende, bisexuelle Astrologen als in jeder anderen Stadt der Welt. Mit welcher Idee man sich auch identifiziert – in Berkeley wird man mindestens ein paar gleichgestimmte Seelen finden. Und wer noch nach seiner Persönlichkeit sucht, kommt hier wahrscheinlich ans Ziel.

Das intellektuelle und kulturelle Büfett ist so reichhaltig, daß einige davon Magendrücken bekommen.

Dies Milieu wäre nicht vorstellbar ohne die berühmte Universität; jedenfalls nach der Meinung von Dr. Julia Robinson, der Präsidentin der American Mathematical Society. Sie gehört zu den beiden Berkeley-Gelehrten, die gerade den angesehenen MacArthur Prize erhalten haben, durch den ihr im Laufe der nächsten fünf Jahre 295 000 Dollar für ihre Forschungen zur Verfügung gestellt werden. Steuerfrei.

Die vielfältigen Subkulturen Berkeleys, so glaubt die Wissenschaftlerin, existierten, weil es „überall dort, wo sich die intellektuelle Elite versammelt, eine Menge Ideen gibt, und davon fühlten sich Menschen mit Ideen, und seien sie noch so verrückt, angezogen".

Tatsächlich ist Berkeley – vor Stanford – die höchstrangige Forschungsuniversität der Vereinigten Staaten. In einer kürzlich fertiggestellten Studie erscheint sie auf der Top Ten-Liste für 28 von 32 Fächern. Die Nummer eins wollte die Universität von Anfang an sein, seit 1868, als Henry Durant, Theologe, Gräzist und der erste Präsident, entschlossen verkündete, man wolle hier ein „Athen am Pazifik" schaffen.

Der Ruf dieser Universität lockte tatsächlich bald hochkarätige Gelehrte und begabte Studenten aus der ganzen Welt nach Berkeley – und so ist es bis heute geblieben.

Im International House, einem weitläufigen Gebäude im spanischen Stil, treffe ich Hans Peter Reile. Er ist 23, kommt aus München und stu-

Mit Talar, Magisterhut und der gemeinsam gesungenen Nationalhymne empfangen Absolventen der University of California in Berkeley ihre akademische Würde – brav, wie es die Tradition verlangt. Der Geist der Revolte zeigt sich noch unter manchem Hut in Form von kaum gezügelter Haarpracht

diert hier Jura. Er hat sich nach dem Referendarexamen in Deutschland bei den besten amerikanischen Law Schools beworben und wurde von mehreren akzeptiert. „Aber meine Lehrer", erzählt er, „empfahlen mir dringend, nach Berkeley zu gehen."

Als der Münchner nach Berkeley kam, hatte er das Berkeley der sechziger Jahre im Kopf – und wurde enttäuscht. Denn heute heizt zwar noch das traditionelle Football-Match gegen die Stanford University, aber keine Antiatomwaffen-Demonstration die Emotionen der Massen an.

Einer im Lehrkörper in Berkeley ist Professor Czeslaw Milosz. Er errang den jüngsten der zehn Nobelpreise, gegenwärtigen Berkeley-Gelehrten zugesprochen wurden. Als Dichter, der polnisch schreibt, lehrt Milosz slawische Sprachen und Literatur.

Kurz nach der Meldung, er habe den Nobelpreis gewonnen, machte Milosz in der Bay Area von San Francisco Schlagzeilen, weil Rektor Ira Michael Heyman ihm, der schon zahllose Strafzettel für falsches Parken erhalten hatte, einen eigenen Stellplatz zuwies. Kommentar des Laureaten: „Wenn man einen Nobelpreis für Naturwissenschaften bekommt, wird ein Gebäude nach dir benannt. Geisteswissenschaftler werden statt dessen mit einem Parkplatz belohnt – den man übrigens gern annimmt."

Milosz, seit 23 Jahren in Berkeley, in Litauen geboren und in Polen erzogen, war von 1946 bis 1950 Kulturattaché der polnischen Regierung in Washington, New York und in Paris. 1951, als die Kommunisten die polnische Kultur zwangsweise reformierten, weigerte er sich, nach Polen zurückzukehren und blieb als Exilant in Paris.

In seinem Buch „Verführtes Denken" erklärt Milosz, was ihm intellektuelle Freiheit bedeutet: „Der unmittelbare Grund für meinen Bruch mit der Volksdemokratie Polen war der sozialistische Realismus. Es wäre falsch zu behaupten, daß diese offizielle Kunsttheorie, von Moskau diktiert, Schriftsteller und bildende Künstler zwingt, gewissen ästhetischen Neigungen abzuschwören. Nein, sie zwingt, etwas viel Wichtigerem abzuschwören: der Wahrheit."

In Berkeley hat Milosz einen Wirkungskreis gefunden, an dem die Wahrheit ihren Platz hat. □

Lucille Day, 35, erwarb in Berkeley den Doktorgrad in Mathematik. Bekannt aber wurde sie durch einen preisgekrönten Gedichtband und zahlreiche Magazinbeiträge.

*Auf dem Highway 190:
Die meisten durchqueren
Death Valley im klimatisierten
Mobil – doch es gibt manchen, der genießt den Fahrtwind erst richtig bei Temperaturen um 50 Grad
im Schatten*

Die Wüsten

Vom Spielplatz des Teufels ins Tal des Todes

Die Wüsten sind längst nicht mehr nur ödes Land. Auf ihrer Suche nach immer neuen Freizeitvergnügen haben sich die Kalifornier auch Amerikas heißeste Gegend erschlossen: Manche toben hier ihren PS-Spleen aus, andere fahren bescheidener, und die Snobiety hat sie für ihre Luxus-Oasen ausgewählt

Von Page Stegner

Die Vormittagstemperatur in Parker beträgt nun schon seit drei Wochen über 45 Grad Celsius. Während ich im Schatten der Tankstelle auf einen freien Platz an den Zapfsäulen warte, werfe ich einen Blick über den Beifuß hinweg auf die Tamarisken und Weiden am Ufer des Colorado, der hier die Grenze zwischen Arizona und Südkalifornien markiert.

Hinter dem Fluß liegt die riesige Wüste, liegen 100 000 Quadratkilometer unfruchtbaren, öden Landes, etwa ein Viertel der Bodenfläche Kaliforniens, des bevölkerungsreichsten und geophysikalisch mannigfaltigsten Staates der USA.

Eigentlich sind es drei Wüsten: Colorado, Mojave und Great Basin, die ineinander verschmelzen und sich nur darin unterscheiden, daß die eine jeweils höher als die andere ansteigt, wenn man sich von Süden nach Norden bewegt.

Ich spüre ein Brennen auf meinen Wangen. Der Metallrahmen meiner Brille erhitzt außerhalb der klimatisierten Kabine des Pritschenwagens rapide.

„Sierra Club, leck mich doch!" lese ich auf dem Sticker an der Stoßstange eines

Pickup an der Zapfsäule neben mir. Der Wagen gehört einem verschwitzten Mann mit rosigem Gesicht, der – mit dem Tanken fertig – die Windschutzscheibe seines Motorbootes auf dem Anhänger zu polieren beginnt: ein Geschoß von Boot, rot wie ein glasierter Zuckerapfel mit einem halben Dutzend verchromter Kompressorröhren, die aus der Motorverkleidung ragen wie Raketenantriebe. Der Mann sieht meine kalifornische Autonummer und fragt, ob auch ich zu den Bootsrennen nach Parker gekommen sei. „Nein", sage ich, „ich bin nur gekommen, um in meiner Wüste nach dem Rechten zu sehen."

„Ihre Wüste?" fragt er. „Ha, ha, ha."

Ich weiß nicht, was daran so komisch ist. Es ist meine Wüste. Es ist auch seine Wüste. 10 000 Quadratkilometer sind National Monuments und State Parks, 12 000 Quadratkilometer für das Militär reserviert, und 50 000 Quadratkilometer werden vom Innenministerium für das amerikanische Volk verwaltet.

Bis auf jenes Gebiet, in dem das Pentagon heimlich mit Sprengstoffen und Überschall-Spielzeugen hantiert, ist alles öffentlicher Grund und Boden, wenngleich sich das Interesse der Allgemeinheit fast ausschließlich auf die Frage konzentriert: Wie schnell kann man diese Gegend hinter sich bringen?

Kein Wunder, die kalifornische Wüste – das sind so abschreckende Ortsnamen wie Death Valley (Tal des Todes), Devil's Playground (Spielplatz des Teufels), Furnace Creek (Schmelzofen-Bach). Hier übrigens wurde am 10. Juli 1913 die bisher höchste Temperatur in den Vereinigten Staaten gemessen: 57 Grad Celsius. Im Schatten.

In der kalifornischen Wüste, etwa so groß wie die DDR, leben gerade 350 000 Menschen, aber viele von ihnen nur zur Saison.

Palm Springs, zum Beispiel, ist Winter-Spielplatz für die Super-Reichen. 35 000 Golfer scheinen Dauerresidenten in die-

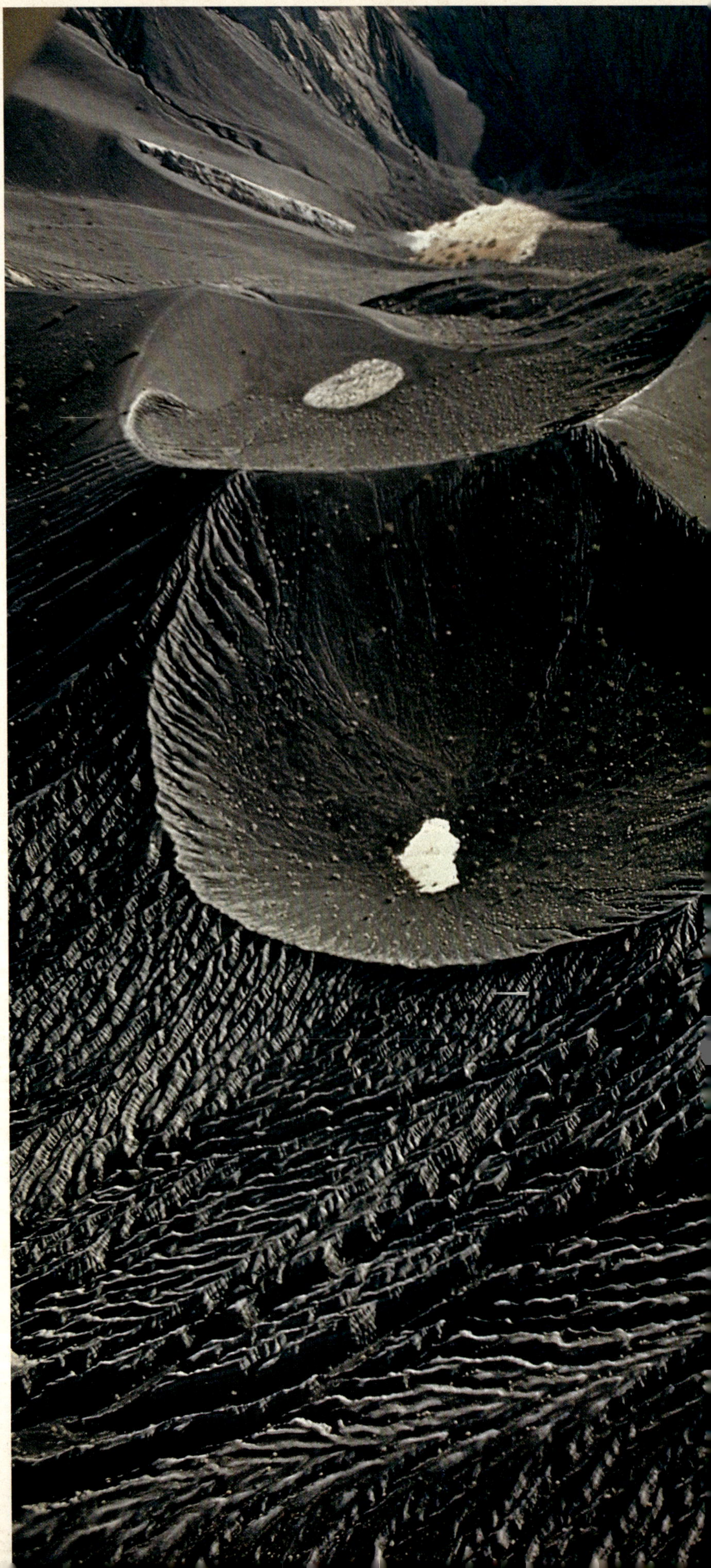

Wo die Wüste Dampf abließ

Salz, Sand, Kies – aber auch Asche und Schlacke bedecken den Boden im Death Valley National Monument: Der Ubehebe-Crater im Norden entstand durch Explosionen, als aufsteigende Magma das Grundwasser verdampfte und einen enormen Überdruck entstehen ließ. Der letzte Ausbruch liegt etwa 1000 Jahre zurück

ser künstlichen Oase am Osthang des 3293 Meter hohen Mount San Jacinto zu sein – das darf man jedenfalls annehmen, da hier jedes Jahr an die 100 Turniere gespielt werden.

Wunderland – damit ist eigentlich das Wesentliche über Palm Springs schon gesagt. Eine Hollywood-Erfindung. Fantasia. Es gibt über 6000 Swimmingpools in der Wüstenstadt, Golf- und Tennisplätze, es gibt ein Heilbad, das von den ursprünglichen Besitzern dieses Landes, den Cahuilla-Indianern, verleast wird und ihrem Stamm im Agua-Caliente-Reservat ein jährliches Einkommen von über sechs Millionen Dollar beschert. Es gibt eine bedeutende Anzahl „schlichter" und „anspruchsloser" Heimstätten in der 600 000-Dollar-Preislage und darüber, und es gibt einen Park mit Wohnmobilen, die so umgemodelt wurden, daß sie nun einem französischen Château, dem Weißen Haus, einer japanischen Pagode oder dem Tempel von Karnak ähneln. Von der Hütte bis zur Hazienda – alles in Palm Springs ist abhängig vom Wasser, das aus dem Colorado River geholt werden muß und von der Klima-Anlage: Wunderland.

Das wirkliche Leben draußen in der Wüste sagt nicht jedermann zu. Eigentlich sogar niemandem, und ganz gewiß nicht meinem Sportsfreund an der Tankstelle in Parker. Er erzählt, daß er das „Ödland" in vier Stunden durchquert hat, und empfiehlt mir, dasselbe zu tun.

Dann schleppt er sein Boot weiter zur örtlichen Marina, um ein erholsames Wochenende zu verbringen und mit Gleichgesinnten den Colorado hinauf- und hinunterzurasen, den Fluß mit Benzindämpfen und Öl zu verpesten und die Stille des Camps zu zerreißen – mit kreischenden, bis zur Grenze ihrer Leistungsfähigkeit gequälten Motoren. Welch ein Spaß . . .

Ich überquere die Brücke nach Kalifornien hinein, mein Ziel ist das Joshua Tree National Monument, einer der drei großen Wüstenparks zwischen Arizona und der Pazifik-Küste. Ein heißer Wind schlägt gegen die Transporter-Kabine, peitscht die Kreosotbüsche am Straßenrand, wirbelt über den Sand wie ein wildgewordener Staub-Teufel, tanzt Ballett zwischen den Kakteen.

Gräßliches Zeug, dieses Kreosot-Gebüsch, und nicht zu verwechseln mit dem süßduftenden Salbei in den höhergelegenen Wüstenregionen. Der Kreosotbusch sondert ein Gift ab, das im Boden alle Pflanzen tötet, die ihm das lebensnotwendige Wasser der spärlichen Regenfälle nehmen könnten. Dieser Busch macht sogar seine eigenen Ableger kaputt; und er schmeckt so faulig, daß nicht einmal Schafe ihn fressen.

Etwa 30 Meter vor meiner Stoßstange verschwimmt die Straße zu einer Quecksilberlinie flirrender Hitze. Ich bin umgeben von einem opalisierenden See, dessen Hitzewellen mit jeder Veränderung der Straße auf- und abwogen. Irgendwo zur Rechten schlängelt sich das Colorado-River-Aquädukt durch zackige Gebirgskämme, die wie Inseln in der Ebene zu treiben scheinen.

Berge? In der Tat. Die höchsten ragen bis zu über 1700 Meter auf. Vor etwa 70 Millionen Jahren ist, so glauben Wissenschaftler, das heutige Kalifornien im wesentlichen entstanden – als sich die vielen, vornehmlich von Norden nach Süden verlaufenden Verwerfungen der Erdoberfläche noch weiter aufbäumten und übereinanderschoben. Die verrufensten der so entstandenen Gesteinsfalten sind die von San Andreas und Garlock. Aber es gibt Hunderte weitere – allerdings von weniger eindrucksvollen Ausmaßen.

Vor etwa 40 Millionen Jahren ist die Erdkruste in großen Blöcken aufgebrochen. Die Blöcke haben sich übereinandergeschoben und die hohen Bergrücken gebildet. Dazwischen entstanden tiefe Furchen, an denen seit Jahrmillionen die Erosion zehrt. Diese Furchen und Spalten füllten sich langsam mit dem Schutt, der von den Abhängen bröckelte – und die einst gebirgige Landschaft wurde langsam wieder eingeebnet, begraben in ihrem eigenen Schutt – so entstand die Mojave Desert.

Es ist spät, als ich das Joshua Tree National Monument erreiche, und ich muß meine Siebensachen im Scheinwerferlicht meines Transporters ausbreiten. Die Park-Verwaltung stellt einen Tisch und eine Feuerstelle zur Verfügung, aber ich bin mit einem Propankocher ausgerüstet. Zugegeben, Propan ist weniger stimmungsvoll als offenes Feuer, aber ich erspare mir damit, auf der Suche nach den letzten zwölf Zweigen, die andere Camper übersehen haben, über Klapperschlangen und Skorpione zu stolpern. Und ich bin gar nicht erst versucht, meinen Teil zu dem Saustall aus Holzkohle, Asche und halbverbrannten Abfällen beizutragen, dem moderne amerikanische Campingplätze oft gleichen.

Vorschläge zum Schutz der Wüste halten viele für völligen Blödsinn

In den höheren, ein wenig kühleren Regionen des fast 2260 Qadratkilometer großen Joshua-Parks gedeiht der Josua-Baum. Reisende Mormonen, die hier vor

Irgendwo bei Palm Springs – Kakteen, Steine, Sträucher und die typischen Washingtonia-Palmen: Die auf den ersten Blick so monotone Landschaft ist in Wirklichkeit unglaublich reich an Pflanzenarten. Kein Wunder: Kaliforniens Wüste, zu der sowohl der tiefste Punkt der westlichen Hemisphäre als auch über 3000 Meter hohe Berge gehören, umspannt viele Vegetationszonen

Wo mehr als 1000 Arten wachsen

Zeiten die kalifornische Wüste durchquerten, fanden, daß dieser Baum an den biblischen Propheten und „Wegweiser" Josua erinnere, der die Israeliten zur Landnahme führte.

Der Josua-Baum mit seinen getrimmten, verdrehten Zweigen gehört zur Ordnung der Lilien, deren typischen Vertretern er aber in keiner Weise ähnelt. Er wird über zehn Meter hoch, und bei Tageslicht erinnert er mich auf eigenartige Weise an die Dornengewächse, mit denen die Serengeti im Nordwesten von Tansania gesprenkelt ist.

Wer die Wüsten-Fauna entdecken will, ihre erstaunliche Vielfalt, der muß im Dunkeln wie eine Eule sehen können und den brennenden Wunsch verspüren, nachts in einem Gelände herumzuwandern, wo selbst das kleinste bißchen pflanzlichen Lebens einem Nadelkissen gleicht. Es gibt Coyoten, natürlich, und den Rotluchs, das Dickhornschaf, die Gopherschildkröte, das Antilopenziesel, das Rundschwanzziesel, die Grashüpfermaus, die Hirschmaus, die Erntemaus, die Stacheltaschenmaus, die Wüstenratte, und – jedermanns Liebling – den Taschenspringer. Dieser pelzige kleine Nager mit spatelähnlichen Füßen sieht ganz so aus, als habe ihn ein Zeichner von Walt Disney erfunden.

Nach dem Frühstück am nächsten Morgen fahre ich nordwärts weiter über die Sheephole Mountains und durch den ausgetrockneten Bristol Lake nach Amboy, einem winzigen Eisenbahnknoten an der Santa-Fe-Linie. Hier, in einer wahrhaftig unwirtlichen Landschaft, wohnen Arbeiter, die vom Grund des Bristol Lake Kalziumchlorid gewinnen.

Der Bristol Lake ist, wie fast alle in der Mojave und im Great Basin verstreuten Seen nur an der Oberfläche trocken. In den Schlamm darunter werden metertiefe Furchen gegraben, in denen sich das Wasser sammelt und Salz ausscheidet. Tümpel mit alkalischem Schaum. Chemische Schlacke, wie schmutziger Schnee.

Am Nordende des Beckens erhebt sich der Aschekegel des Amboy Crater – er ist relativ jung, glauben die Geologen, und habe erst in den letzten tausend Jahren seine geschmolzene Lava über einen Umkreis von acht Kilometern erbrochen.

Kein Wunder, daß eine Menge Leute die Vorschläge zum Schutz einer solchen Landschaft nur für den Wahnsinn einiger Umwelt-Verrückter halten. Auch der „California Desert Conservation Area Plan", ein nach fünfjähriger Forschung gebilligtes Konzept, das die kalifornischen Wüstenregionen vor Schaden bewahren soll, wird unentwegt attackiert – von der Bergbau-Lobby, von den Viehzüchtern oder auch den Geländefahrer-Vereinen, die es am liebsten zu Tode verbessern würden.

An einer Erfrischungsbude verzehre ich einen „Amboyburger" und rumple weiter über den Granite Pass in Richtung Kelso, Baker, Shoshone, Death Valley. Irgendwo zwischen Devil's Playground und den Lavabetten nördlich von Kelso halte ich, um mir die Beine zu vertreten. Ich erklimme einen niedrigen Kiesbukkel, um einen besseren Ausblick auf die großen Sanddünen zwischen den Bristol und Soda Mountains zu haben – als plötzlich der Boden unter mir Schlagseite nach Steuerbord kriegt.

Ich finde mich auf den Knien wieder, einen halben Meter tief eingesackt. Taschenspringer. Sie haben die ganze Gegend untergraben, und ich höre, wie sie aus der Tiefe ihrer Tunnel den Tölpel beschimpfen. Ein Geräusch, das mich an das Flattern von Wachtelflügeln erinnert.

Wer will, kann am heißesten und trockensten Ort der Welt Tennis spielen

Die Taschenspringer kriechen, wie alle anderen der Dürre und Hitze angepaßten Nager, erst nach Einbruch der Dunkelheit aus ihren Löchern. Der Harn des Taschenspringers ist besonders wasserarm, der Urin konzentriert. Sie haben keine Schweißdrüsen und verlieren daher auch keine Körperflüssigkeit durchs Schwitzen. Viele trinken überhaupt niemals, sondern gewinnen ihr Wasser für den Stoffwechsel aus den Samen und Gräsern, von denen sie sich ernähren. In einer Landschaft, in der im Jahr weniger als 25 Zentimeter Regen fällt und vielerorts sogar nur die Hälfte davon oder noch weniger, ist dies eine bemerkenswerte biologische Begabung.

Baker liegt mitten in der Mojave-Wüste, am Interstate Highway 15. Wohnmobile und Caravans strömen durch die Stadt. Die meisten sind unterwegs in die Spieler-Pferche von Las Vegas. Die Blechkarawane wird überwacht vom Autobahnpolizisten, der mit schwarzen Glanzstiefeln und dunkler Brille auf dem Motorrad am Stadtrand lauert – und mit gezücktem Strafzettelblock und laufender Maschine. Ich halte nur zum Auftanken, dann mache ich mich schnellstens auf den Weg nordwärts, durch knochentrockene Hügel zum Death Valley.

Die Shoshoni nannten es Tomesha, was in ihrer Sprache „Flammender Grund" bedeutet. Eigentlich ist das „Tal des Todes" gar kein Tal, sondern ein Becken zwischen den Amargosa und Panamint

Ranges, eine Senke voller Salz, Schlamm, Kies und Sand; und mit den Temperaturen eines Hochofens. Sie seien, so meinen viele Leute, die Hauptattraktion der kalifornischen Wüste. Aber für die meisten ist Death Valley nur ein visuelles Erlebnis, durch die getönten Scheiben eines vollklimatisierten Autos.

Ob der Anblick dieses Todestals nun die Poesie beflügelt oder einen schaudernd aufs Gaspedal treten läßt, ist eine Frage der inneren Einstellung. Wenn man von Süden ins Tal hineinfährt, scheint es, als ob die Berge ineinanderfielen; sie stürzen aus einer Höhe von 1000 Metern am Salsberry Pass hinunter in eine Talsohle, die 86 Meter unter dem Meeresspiegel liegt – dem tiefsten Punkt in den Vereinigten Staaten. Zwischen den parallelen, über 1600 Meter aufsteigenden Pultschollen breitet sich ein trockener, an die 220 Kilometer langer und 25 Kilometer breiter Chemikaliensee, der in der safrangelben Hitze des Nachmittags bebt und wabert. Der überwältigende Eindruck in diesem Chaos verworfenen und gefalteten Gesteins ist, daß hier nichts lebt außer kümmerlichem Kreosot-Gestrüpp und ein paar Gräsern.

Aber der Schein trügt. Der Botaniker Frederick Vernon Coville, dessen Death-Valley-Expedition im Jahre 1891 noch immer eine wesentliche Grundlage ist für alle ökologischen Studien in der östlichen kalifornischen Wüste, hat 1200 unterschiedliche Pflanzenarten und -unterarten aufgelistet; und wenn man bedenkt, daß die Spanne der Vegetationszonen in diesem Park von der Trockenwüste bis zur Subalpinen reicht, ist diese Zahl auch leicht zu glauben.

Die Felsen, die ich am Fuße der Black Mountains sehe, sollen über 600 Millionen Jahre alt sein. Ich glaube das auch, obwohl es mir dafür an Vorstellungsvermögen fehlt. Ich glaube alles – und behaupte dennoch, daß es hier verdammt tot aussieht.

Die Ranger haben einen hölzernen Schaukasten an der Straße aufgestellt mit dem Schild: „Death Valley Survival Hints“, Hinweise zum Überleben. Hinweise? Warum so zaghaft? Warum nicht sagen, was Sache ist? Bleib im Schatten und trink eine Menge Wasser, wenn du überleben willst. Besser noch: Mach mal Pause im bürgerlichen Kaninchenbau von Fred Harvey in der Furnace Creek Inn oder in Stovepipe Wells. Mach's wie die Schlangen und Eidechsen, und bleib in deinem Loch, bis es dunkelt.

„Furnace Creek“, Schmelzofen-Bach, einer der beiden Orte des Nationalparks, in denen man bei Fred Harvey übernachten kann, ist eine Oase mit Dattelpalmen, Pappeln und Tamarisken. Die Quellen, die das kleine Stück Land im Becken befruchten, sprudeln aus einem Aquifer im Sockel der nahen Funeral Mountains. Sie versorgen den Park außerdem mit Trinkwasser, reichen sogar, so versicherte ein Park Ranger, für den Ansturm von 35 000 Menschen aus, wie sie zu Ostern und noch einmal an Veteran's Day im November ins Death Valley strömen.

Wie lange das noch so bleiben wird, mag jeder selbst abschätzen. Wie groß ist dieser unterirdische See? Wie schnell kann sich ein Aquifer wieder auffüllen – bei durchschnittlichen Regenfällen von nur vier Zentimeter pro Jahr?

Nun, im Augenblick jedenfalls gibt es Palmenhaine und Rasen, einen Swimmingpool mit olympischen Abmessungen, einen Golfplatz mit 18 Löchern, Tennisplätze – und dies alles, so verspricht Fred Harveys Broschüre, „ist erst der Anfang des Furnace Creek Resort“.

Man ist versucht zu fragen, was eigentlich ein Ausflugsort, eine Sommerfrische in einem Nationalpark soll? Ob wir ausgerechnet am heißesten und trockensten Ort der Welt Golf und Tennis spielen und an einem Pool dinieren müssen? Warum geht so vielen Amerikanern nicht der Unterschied zwischen einem Naturschutzgebiet und einem Spielplatz in den Kopf? Ich schleppe mich weiter zum Fuß der Cottonwood Mountains und wärme mir auf meinem Propankocher eine zähe Bohnensuppe. Nach dem Essen zünde ich mir eine Zigarre an und schlendere um mein Lager. Morgen mache ich mich auf den Heimweg. Ein paar Wolkensträhnen entzünden sich an den letzten Sonnenstrahlen, und die Kette der Amargosa-Berge steht einen Augenblick gestochen scharf vor dem Hintergrund des Alls.

Kein schlechtes Stück Erde. Schön, daß es meins ist. □

Page Stegner, 46, ist Sohn des amerikanischen Schriftstellers Wallace Stegner und Professor für amerikanische Literatur an der University of California. Er hat drei Romane und zahlreiche Beiträge in Zeitschriften über Kalifornien veröffentlicht und ist Preisträger der amerikanischen Nationalen Kunststiftung und der Nationalen Stiftung für Geisteswissenschaften.

Wo im Winter die Super-Reichen spielen

300 Tennisplätze und über 6000 Swimmingpools – viele davon in der Form eines Tennisschlägers – gibt es in Palm Springs, der künstlichen, durch die Wasser des Colorado versorgten Wüstenoase. Doch vor allem nennt sich diese Winterresidenz der Stars die »Golf-Hauptstadt der Welt«. Auf ihren Grüns werden jedes Jahr an die 100 Turniere gespielt

Die Wüsten

Wüsten bedecken ein Viertel der kalifornischen Bodenfläche, aber diese Wüsten sind beileibe nicht nur ödes, totes Land. Es gibt atemberaubende Panoramen zu entdecken, eine farbenprächtige Pflanzenwelt, eine Vielzahl von Tieren. Und auch auf Komfort muß man dabei nicht verzichten, wir geben Ihnen Tips, wo Sie erfrischende Stopps einlegen können.

*Palm Springs (E7)**

Wo anfangs Asthmatiker kurten und später Filmemacher schafften, sonnen sich heute Millionäre und alle, die gern deren Nähe suchen. Am Fuß des Mount San Jacinto spielt man Tennis und Golf, aber auch zum Shopping ist seit einiger Zeit Gelegenheit, denn viele Beverly-Hills-Stores haben sich in der grünen Oase etabliert, die mit ihren ziegelgedeckten Adobehäusern anmutet wie ein Ort irgendwo in New Mexico. Sidewalk Cafés laden allerorten zu einer genüßlichen Pause ein – nur: Wer vor 22.00 Uhr zu Abend essen will, der ist gut beraten, sich rechtzeitig einen Tisch reservieren zu lassen. Und natürlich ist Palm Springs nicht nur ein sonniges Plätzchen des süßen Lebens, wer Lust hat, kann sich auch dem Sightseeing widmen.

Aerial Tramway

Tramway Road (5 km ab der State Road 111); Tel. (619) 325-1391.

Die Schwebebahn für Schwindelfreie rauscht in 14 Minuten von der Talstation im Chino Canyon zum Mount San Jacinto hinauf. Oben kann's gleich weitergehen, zu einem Drink oder Snack ins „Alpine Restaurant“ – oder auf Wanderschaft. Die Wege und Pfade, die durch das zerklüftete Bergland führen, sind insgesamt 90 Kilometer lang und führen an sechs zwar schlichten, dafür kostenlosen Campingplätzen vorbei. Auch im Winter ist Betrieb, dann kann man sich Schneeschuhe oder Skier leihen. Von Anfang September bis Anfang Oktober fährt die Schwebebahn nicht.

Desert Museum

101 Museum Drive; Tel. (619) 325-7186.

Moderne Kunst, klassische Musik und Ballett im Annenberg Theater, eine von Frank Sinatra finanzierte Skulpturensammlung, indianische Handwerkskunst. Im Frühling werden Ausflüge in die blühende Wüste organisiert.
Täglich außer montags. Geschlossen von Juni bis Ende September und an einigen Feiertagen.

** Die Koordinaten beziehen sich auf die Karte auf den Seiten 176/177*

Living Desert Reserve

Palm Desert, 47900 Portola Avenue; Tel. (619) 346-5694.

Ein botanischer Garten auf fast 500 Hektar und ein faszinierender „After-Sundown Room", in dem es von den Tieren der Nacht nur so wimmelt. Geschlossen von Juni bis Ende August.

Agua Caliente Indian Reservation (E7)

Palm Canyon Drive; Tel. (619) 325-2086.

Grün ist die Gegend, kühl und voller Wasserfälle, Schluchten und tausendjähriger Washingtonia-Palmen. Das Portemonnaie nicht vergessen, denn die Indianer kassieren Eintrittsgeld. Täglich. Geschlossen von Juni bis inkl. September.

Tagesausflüge

In Desert Hot Springs läßt sich ein warmes Bad bestens mit einem Besuch im „Cabot's Old Indian Pueblo Museum" verbinden.

Rancho Mirage, zwischen Palm Springs und Indio, ist das Refugium von Superstars aus Hollywood und Ex-Größen aus Washington: Ob Frank Sinatra oder Zsa Zsa Gabor, Spiro T. Agnew oder Gerald Ford – die Zahl berühmter Zeitgenossen ist hier Legion.

Der Salton Sea, südöstlich von Indio, entstand um die Jahrhundertwende, als ein Ingenieur versehentlich ein Stück Wüste mit Colorado-Wasser überflutete. Sämtliche Versuche, den riesigen und fischreichen See zu einem Erholungsrevier zu trimmen, sind gescheitert – wer die gottverlassene Gegend einmal gesehen hat, weiß warum.

Hotels

Keine Angst, eine Nacht in Palm Springs muß kein Vermögen verschlingen. Wer günstig schlafen will, sollte sich ein Hotel oder Motel im Norden der Stadt suchen oder aber nach Indio ausweichen.

Marriott's Rancho Las Palmas Resort

41000 Bob Hope Drive, Rancho Mirage, CA 92270; Tel. (619) 568-2727.

Golf, Tennis, Pools mit Bar, Saunas, sogar ein Shop mit Wein und Käse – was will man mehr?

La Quinta Hotel

49-499 Eisenhower Drive, Box 69, La Quinta, CA 92253; Tel. (619) 564-4111.

25 km südlich von Palm Springs liegt das Golf- und Tennis-Resort, in dem sich schon Clark Gable und Greta Garbo wohl fühlten – und auch Dwight D. Eisenhower, der als Präsident hier oft sein „Western White House" aufschlug: in stilvoll eingerichteten Adobe-Bungalows, umgeben von gepflegtem Rasen, von Mandarinen- und Pampelmusenbäumen.

Jerry Buss's Ocotillo Lodge

111 East Palm Canyon Drive, Palm Springs, CA 92262; Tel. (619) 327-1141.

Kakteengärten fassen die mit reichlich Stuck geschmückten Gebäude ein, zu einem Bad im Pool ist immer Gelegenheit. Eine solide Herberge zu einem soliden Preis.

Sun-Spot Hotel

1035 East Ramon Road, Palm Springs, CA 92262; Tel. (619) 327-1288.

Wer hier Pfiff und Phantasie vermißt, der sollte nicht vergessen: Die Preise sind mäßig, und die Sonne scheint wie überall.

Ingleside Inn

200 West Ramon Road, Palm Springs, CA 92262; Tel. (619) 325-1366.

Die alte Hazienda war einst ein beliebtes Hideaway für Leute wie Samuel Goldwyn, Liz Taylor oder Howard Hughes. Und noch immer zieht's die Hautevolee von Palm Springs in die Casablanca Lounge und Melvyn's Restaurant. Wichtig zu wissen: Für Kinder ist das noble Haus tabu.

Two Bunch Palms

67425 Two Bunch Palms Trail, Desert Hot Springs, CA 92240; Tel. (619) 329-8791.

Wer nachts sowieso nur dem Wüstenwind lauscht, der wird sich zu Hause fühlen. Ein Anwalt ließ sich in den zwanziger Jahren das Anwesen bauen, zu seiner Klientel gehörten Filmstars und Gangsterbosse. Gerüchte sagen, hier habe sich früher Al Capone versteckt. Stimmt nicht, doch richtig ist, daß sich einst Spielertypen in den phantasievollen Poolbecken aalten.

Manche mögen es schlicht, andere den Rolls-Appeal: Golf-Carts in Indian Wells

Restaurants rund um Palm Springs

The Adriatic Restaurant

Rancho Mirage, 71-877 State Road 111; Tel. (619) 346-0252.

Spezialitäten aus Jugoslawien und eine passable italienische Küche; populär bei Sportlern, vor allem Golfern und Fußballspielern.

Kobe

Rancho Mirage, Frank Sinatra Drive, Ecke State Road 111; Tel. (619) 324-1717.

Das Dekor könnte einem japanischen Landgasthof entstammen, die Küchenchefs gehörten auf die Bühne – so theatralisch bereiten sie ihr Menü direkt bei Tisch. Es gibt Rinderbraten, Huhn, Seafood und eine ganze Reihe von Gemüseplatten.

Cedar Creek

Palm Desert, 73445 El Paseo; Tel. (619) 340-1236.

Suppen und Salate, Hamburger und eine Reihe von Kalb- und Rindfleischgerichten – alles hervorragend. Doch einfach super sind die Desserts nach Art des Hauses.

Gastrognome

Idyllwild, 54381 Ridgeview; Tel. (714) 659-4220.

Sie können frischen Fisch wählen, Lammkoteletts oder Steak, und Sie werden sich wohl fühlen in diesem kleinen, aber gemütlichen Haus mit Kamin und Buntglasfenstern.

Nate's Deli

Palm Springs, 283 North Palm Canyon Drive; Tel. (619) 325-3506.

Geschnetzelte Leber, Corned beef, Brathähnchen, stattliche Sandwiches, Kartoffelpuffer und andere Leckereien nach jüdisch New Yorker Art. Hier schauen oft und gern die Leute aus Hollywood herein.

Tony Roma's

Palm Springs, 450 South Palm Canyon Drive; Tel. (619) 320-4297.

Der Ableger eines populären Beverly-Hills-Restaurants ist der rechte Ort, Berühmtheiten zu beobachten. Doch wer darüber versäumt, die fritierten Zwiebeln zu probieren, ist selber schuld.

Jeden April blüht die Wüste: Opuntia-Kakteen im Joshua Tree National Monument

Joshua Tree National Monument (E7)

75 km östlich von Palm Springs, am Interstate Highway 10.

Manche lassen sich von den grandiosen Felsformationen faszinieren, andere sind hingerissen von der Vielfalt der Fauna – und doch: Die Attraktion des 2300 km² großen Naturschutzgebiets sind die bizarren Josua-Bäume. Vor allem im März und April, wenn deren riesige grünlich weiße Blütendolden sprießen. Und sonst? Es gibt ein Museum, den „Desert Queen Rancho", und es gibt den „Giant Rock Airport", wo – so schwören jedenfalls UFO-Fans – die Außerirdischen lan-

Das beliebteste deutsche Mineralwasser
zwischen Los Angeles und San Francisco.
Apollinaris
The Queen of Table Waters

den. Achtung: Der Tank Ihres Autos sollte gefüllt sein, denn Benzin gibt es nicht.
Informationen erhalten Sie beim Hauptquartier in Twentynine Palms, Tel. (619) 367-7511, sowie in den Besucherzentren am Cottonwood Spring und im Black Rock Canyon. Geöffnet von Mitte Oktober bis Ende Mai.

Hotels und Campingplätze

Circle „C" Motel

6340 El Rey Avenue, Joshua Tree, CA 92277; Tel. (619) 367-7615.

Erwarten Sie nichts, aber immerhin steht die Herberge in der Nähe der Parkeingänge. Die Campingplätze in Belle, Hidden Valley, Indian Cove, Jumbo Rocks, Ryan und White Tank sind gebührenfrei. Die Plätze im Black Rock Canyon und am Cottonwood Spring kosten 5 Dollar pro Nacht. Info: Tel. (619) 367-7511.

Death Valley National Monument (E5/6)

Vom Wind ondulierte Dünen, wie von Bildhauerhand geformter Fels, zerklüftete Berge, Vulkankrater, versteckte Talbecken, der 8370 km² große Wüstenpark ist reich an Kontrasten, Farben, Überraschungen. Auf eines sollten Sie gefaßt sein: Wenn die Lufttemperatur, nur ein Beispiel, bei 50 Grad Celsius liegt, dann müssen Sie am Boden mit bis zu 90 Grad rechnen! Info: Furnace Creek; Tel. (619) 786-2331.

Böller zum Independence Day: Im Death Valley gibt's Feuerwerk zum Billigpreis

Scotty's Castle

Walter Perry Scott, genannt „Death Valley Scotty", ließ diese Festung um 1930 im spanischen Stil bauen. Scotty, ein liebenswerter Schwindler und ein Mann der Schau, hatte behauptet, daß er im Tal des Todes eine Goldmine gefunden habe. Das war natürlich gelogen. Scotty ließ sich feiern, charterte einen Zug von L. A. nach Chicago, wo er dann tatsächlich auf eine Goldgrube stieß – in Gestalt eines Millionärs, dem die Spleenigkeit Scottys so sehr gefiel, daß er zwei Millionen Dollar zum Bau der Festung aufbrachte. Geöffnet täglich.

Zabriskie Point

Ein Aussichtspunkt für einen traumhaften Blick auf trostloses Land. Vor allem, wenn die Sonne auf- oder untergeht.

Dantes View

Ein Panorama der Extreme: Mount Whitney, 4418 Meter über dem Meeresspiegel, und Badwater, 86 Meter unter Meeresniveau – der höchste und der tiefste Punkt der USA (ohne Alaska).

Amargosa Opera House

Ein verlassenes Theater in Death Valley Junction (Highway 127 und 190) wurde Marta Beckets Bühne: Auch wenn nicht gespielt oder getanzt wird, in diesem Theater ist immer etwas los; Marta hat Zuschauer und Mimen an die Wände gemalt und ihrem Stück das Motto gegeben: „Sitting inside a painting and watching a dance performance by the painter" – in einem Gemälde sitzen und den Maler tanzen sehen. Saison: Oktober bis Mai.

Marta mit »Publikum«: Amargosa-Oper

Stovepipe Well

Sanddünen auf 35 km² – sinnlich und schön.

Borax Museum

Postkutsche, Einspänner, Draisine und Schürfmaschinen, Relikte aus Boom-Tagen des vorigen Jahrhunderts in Furnace Creek.

Hotels und Campingplätze

Furnace Creek Ranch

Furnace Creek, Death Valley (direkt neben dem Visitor Center), CA 92328; Tel. (619) 786-2345.

Schlichter, aber auch billiger als das unten beschriebene „Inn", und wer die Kinder mit in den Pool nehmen will, der sollte die „Ranch" wählen. Tennis und Golf spielen können Sie auch hier. Die Ranch bleibt im Sommer geöffnet.

Furnace Creek Inn

Furnace Creek, Death Valley (an der State Road 190, anderthalb km südlich des Visitor Center), CA 92328; Tel. (619) 786-2345.

Eine Oase mit Palmen, Farnen und Wasserfällen, und was sich schlicht

„Inn" nennt, gleicht eher einem Palast. Er wurde einst als Gästehaus für die Manager der Boraxminen gebaut. Zum Angebot gehören Tennis und Golf, den riesigen Swim-

Luxus im Wüstensand: Furnace Creek Inn

mingpool speist eine warme Quelle, das Wasser wird jeden Morgen frisch eingelassen. Vom 16. Oktober bis 30. Mai geöffnet.

Stove Pipe Wells Village

Stove Pipe Wells Village, Death Valley, CA 92328;

Nur der Operator – über 0 – kann Sie mit diesem entlegenen Nest telefonisch verbinden. Verlangen Sie: „Toll Station Stove Pipe Wells Number One in Area Code 619 through L. A." Das moderne Motel mit Coffeeshop, 38 km nordwestlich des Visitor Center, ist die preiswerteste Unterkunft. Wer sich verproviantieren muß – ein Lebensmittelgeschäft ist in der Nähe.

Es gibt acht Campingplätze innerhalb des Death-Valley-Wüsten-Parks, die zwischen drei und vier Dollar die Nacht kosten. Und wer sich abends den Schweiß vom Körper waschen möchte, der findet leider nur im Campingground von Stove Pipe Wells Village Duschen.

Anza-Borrego Desert Park (E7/8)

115 km östlich von San Diego liegt der größte State Park der Nation – genau 1975 km². Seine Höhenunterschiede reichen von 30 Meter unter bis 2000 Meter über dem Meeresspiegel. Entsprechend reich ist die Flora dieses Naturschutzgebietes – zu den etwa 600 verschiedenen Spezies gehört eine Bursera-Art, bekannt als „Elefantenbaum". Wüste in Natur, Wüste im Film, Wüste in Campfire Programs, Wüste aus dem Auto oder dem Flugzeug, Wüste zu Pferd und zu Fuß – allein oder in Begleitung von kundigen Rangern – hier gibt es viele Möglichkeiten, die Wüste zu erleben. Und wer sich bei so viel Wüste denn doch ein bißchen nach der Zivilisation sehnt, bitte schön, Sie sind schließlich in Kalifornien: Borrego Springs, in einer Exklave des Parks, bietet Ihnen fünf Golf- und 16 Tennisplätze.
Info: Tel. (619) 767-5311.

Hotels und Campingplätze

La Casa del Zorro

Yaqui Pass Road, Borrego Springs, CA 92004; Tel. (619) 767-5323.

Einfache, aber preiswerte Cottages, umgeben von Tamarisken und Oleander. Das beste Motel weit und breit, was aber in dieser Gegend natürlich nicht viel besagt. Wenn die Casa kein Bett mehr frei hat, versuchen Sie Ihr Glück bei:

Stanlund's Resort Motel

2271 Borrego Springs Road, Borrego Springs, CA 92004; Tel. (619) 767-5501.

oder im:

Whispering Sands Motel

2376 Borrego Springs Road, Borrego Springs, CA 92004; Tel. (619) 767-3325.

In diesem Park dürfen Sie an der Straße halten, wo immer Sie wollen, und sich dann auf die Socken machen. Ein paar Dutzend Campingplätze gibt es, einige sind frei, die teuersten kosten sechs Dollar pro Nacht. Im Visitor Center in Borrego Springs erfahren Sie mehr.

Mojave Desert (D/E6)

Wer Wüste ganz ohne Führer und Komfort erleben will, der ist hier richtig. Kein Campground, kein Hotel, kein gar nichts – statt dessen eine Anzahl von Air Force-Stützpunkten, zum Beispiel Edwards, der erste Space Shuttle-Landeplatz, wo normalerweise Jetpiloten trainieren. Auf der Rollbahn des Mojave Airport sind Quickie I und II zu besichtigen, Prototypen von Flugzeugen, die in Einzelteilen verkauft werden – zum Selberbauen. □

Es ist schon etwas Ungewöhnliches, überall in der Welt bekannt zu sein.

BankAmerica Travelers Cheques. World Money.[SM]

Auf der ganzen Welt erreichen nur wenige Dinge internationale Anerkennung. BankAmerica Travelers Cheques gehören dazu. In 6 Kontinenten genießen sie bei erfahrenen Reisenden größtes Vertrauen. In 160 Ländern werden sie überall gerne entgegengenommen. Sie sind in führenden Weltwährungen erhältlich, und sie sind die einzigen Travelers Cheques, hinter denen die BankAmerica Corporation steht. Ein führendes Institut unter den weltweit anerkannten Geldinstituten. BankAmerica Travelers Cheques – kein Wunder, daß sie als World Money bekannt sind.

BANKAMERICA CORPORATION

Ein ganzer Abenteuer-Roman in zwei Worten:
Trail-bike BMW R 80 G/S.
Trail – das ist Fährte, das ist Spur, das ist die Bezeichnung für die großen Trecks, die früher quer durch die USA in den Westen gingen.
Und Trail-bike – das ist die ganze Motorrad-Welt unentdeckter Erlebnisse, verdeckter Pfade, abgelegener Pisten, durch Sand, Geröll und Schlamm. Das ist die Faszination der Natur weitab von den großen Urlaubskarawanen.
Trail-bike ist die Bezeichnung einer Motorrad-Kategorie, die BMW mit der R 80 G/S geschaffen hat und die weltweit immer mehr anspruchsvolle Motorradfahrer mit individuellem Leben erfüllen.
Das Trail-bike R 80 G/S ist die perfekte Umsetzung einer neuen Abenteuer-Idee in ein universell nutzbares Freizeit-Instrument, das sich überall leicht und problemlos handhaben läßt.
Denn das Einmalige an der R 80 G/S ist, daß ihr Fahrer sich sowohl abseits der glatten Asphaltbahnen als auch auf ihnen ganz wie zuhause fühlt.
Wenn Sie also ein Motorrad suchen, mit dem Sie ohne jede Einschränkung Motorrad-Faszination auf unseren heimischen Straßen genießen können, mit dem Sie aber auch die ausgefahrenen Wege des Üblichen öfter mal verlassen möchten – ob nun am Rhein, am Nil oder am Amazonas – bleibt Ihnen nicht viel Auswahl: BMW R 80 G/S.
Sie erwerben mit diesem individuellen Motorrad die Qualität der exklusiven Marke BMW.
Und zusätzlich zu aller Begeisterung Werterhaltung, Zuverlässigkeit, Ersatzteil-Sicherheit und – last not least – einen hohen Wiederverkaufswert.
Ist das nicht genau das, was Sie erwarten: Dann starten Sie bald zu dem ersten Schritt einer ausführlichen Probefahrt bei Ihrem BMW Motorradhändler. Oder schreiben Sie an BMW. Wir senden Ihnen ausführliches Informationsmaterial.
Trail-bike BMW R 80 G/S – das »Motorrad des Jahres« unter den Enduros im MOTORRAD Leserwettbewerb 1980, '81, '82.
● 800 cm³, 37 DIN kW (50 PS), 168 km/h
● 173 kg Trockengewicht
● Two-in-one-Auspuffanlage
● BMW Monolever mit Monoshock
● DM 8.990,– unverbindliche Preisempfehlung ab Werk, inkl. 13% MwSt.
BMW – Freude am Fahren
BMW
Coupon
Bitte senden Sie mir Informationen
■ zum Trail-bike BMW R 80 G/S
■ über eine Reise durch Nordafrika
■ über Survival-Kurse zur Vorbereitung auf Fernreisen
■ über eine Off-Road-Schule mit Herbert Schek
■ über Erlebnisfahrten durch die Alpen
■ durch Österreich
■ nach Südfrankreich
□ über die BMW BOXERLUST-Aktion, denn ich möchte an der Verlosung von 10 Motorrad-Abenteuer-Reisen auf der Baja California teilnehmen.
Absender:
BMW Motorrad GmbH + Co
Abt. RM-M-12 B/F
Postfach 40 03 60, 8000 München 40

Bildmotiv: Mit einer BMW R80G/S auf Abenteuerreise durch die Libysche Wüste Ägyptens.

Propheten und Profite

Viele, die in Kalifornien Freiheit und Erfolg suchen, scheitern. Nirgendwo sonst in den USA gibt es so viele vereinsamte, entwurzelte Menschen. Aus diesem Humus sprießt ein Wildwuchs an Kulten und Sekten, die alle das Heil verheißen – und oft nur dem Vorteil ihrer obskuren Gurus dienen

Von Tim Cahill

Thomas Lin Yun ist Gastprofessor an der San Francisco State University und lehrt die alten chinesischen Regeln des Feng-Shui: Er lehrt, Räume zu arrangieren. Er lehrt, daß Glück, Gesundheit und Charakter eines Menschen davon abhängig sind, wie und wo er seine Möbel aufstellt. Ein Dachsparren über dem Kopf, lehrt Lin Yun, könnte Kopfschmerzen verursachen.

Normalerweise sind solche Lehren und Lehrer allenfalls gut für ein flüchtiges Lächeln, aber nicht in Kalifornien. Lin Yuns Anhänger halten ihn für einen „Bodhisattva", ein erleuchtetes Wesen, das auf die Erde zurückgekehrt ist, um der Menschheit den rechten Weg zu zeigen.

In Kalifornien ist Thomas Lin Yun keine ungewöhnliche Figur. Nach 13 Jahren journalistischer Beschäftigung mit Kulten und deren Führern weiß ich, daß Kalifornien Platz für jede Idiotie hat. Nicht von ungefähr hat Jim Jones seinen „People's Temple" in Kalifornien gegründet, ehe er nach Guyana ging, wo er 1978 die Welt mit 900 Leichen schockierte.

Seit der Tragödie von Jonestown wird allgemein angenommen, daß das Kult-Phänomen zurückgeht. Tatsächlich ist das Gegenteil richtig. Es gibt heute mehr Kulte mit mehr Anhängern, und ganz besonders sichtbar ist das in Kalifornien.

Dieser Bundesstaat war immer Amerikas Labor für soziale Experimente. Soziologen erklären das damit, daß viele kalifornische Bürger neu zugezogen sind. Sie kommen des goldenen Klimas in einem goldenen Land wegen oder auch, weil sie mit Kalifornien die Hoffnung auf Erfolg verbinden. Sie verlassen ihre Familien und geben, wenn sie von Osten nach Westen gehen, auch ihre Moral auf. Manche finden die Freiheit, die sie in Kalifornien wähnten, manche aber scheitern. Sie, sie besonders, landen häufig in obskuren Kulten.

Es gibt fast keine Stadt mit mehr als 2000 Einwohnern in Kalifornien, die nicht Sitz eines Kults wäre. 700 Kulte wurden entweder in Kalifornien gegründet oder werden von hier aus geleitet, und selbst diese Zahl könnte zu niedrig gegriffen sein, wie Lowell Streiker meint, der an einem „Freedom Counseling Center" arbeitet, wo sich jedermann Rat holen kann, der gerade einem Kult entkommen ist.

Der Phantasie sind keine Grenzen gesetzt, wenn es um Kulte in Kalifornien geht. Es gibt die Kirche der Teufelsanbeter, und es gibt Sekten, in denen jeder, der gerade aufgenommen wurde, einen „Elder" hat, dem er gehorchen muß wie Gott. Es gibt Kulte, in denen – in Gruppenarbeit – Teufel ausgetrieben werden: Wenn die behandelte Person sich erbricht, gilt das fromme Werk als getan. Es gibt aber in Kalifornien – denn hier ist keine Sünde schlimmer als die der Erfolglosigkeit – auch den „Windsong", wo Lisa de Longchamps für 815 Dollar pro Person den „Göttlichen Plan des Überflusses" lehrt: Man muß sich den Überfluß nur intensiv genug wünschen, besagt die Lehre, dann stellt er sich auch ein.

der Woche waren wir erschöpft und ausgehungert. Als ich fragte, weshalb wir mit 200 Menschen in einem einzigen Raum hausen müßten, während die Alamos in einer Villa wohnten und einen Cadillac führen, mußte ich singen: „Satan, verlaß mich."

Meine Reportage spielte dann eine Rolle in einer staatlichen Untersuchung dieser Sekte, die daraufhin Kalifornien verließ und nach Arkansas zog. Dort verstarb vor ein paar Monaten Susan Alamo. Ihr Mann weigerte sich, sie zu beerdigen. Sie liegt in einem Sarg in seinem Haus.

An der Küste bei Big Sur wird im »Esalen Institute« die Selbstentfaltung durch Meditation gelehrt; im Tempel predigt der Guru die Sikh-Religion; am Sunset Boulevard in Pacific Palisades steht der Schrein einer Selbstverwirklichungs-Sekte – drei von ungezählten Kultstätten Kaliforniens

Nein, nicht alle Sekten, Kulte und Bewegungen in Kalifornien sind idiotisch, gewalttätig, pervers oder spleenig. Aber es mag gut sein, daß es nirgendwo mehr Sekten, Kulte und Bewegungen gibt, die idiotisch sind, gewalttätig, pervers oder spleenig, als in Kalifornien. Das war – erinnern Sie sich an Charles Manson? – immer so, und nichts spricht dafür, daß sich das je ändern könnte. Denn zu Kalifornien gehört auch die Freiheit, verrückt zu sein. □

Tim Cahill, 39, hat als freier Autor und als Mitherausgeber von Magazinen 13 Jahre lang in Kalifornien die Kult- und Sektenszene verfolgt. Desillusioniert und auch abgeschreckt durch die Wahnvorstellungen mancher kalifornischen Kulte, wanderte er nach Montana aus.

Mindestens 30 Kulte sind dabei, sich für den „Letzten Tag" zu rüsten: „Survivalists" jeglicher Provenienz. Es gibt Hindu-Survivalists, kommunistische Survivalists, antikommunistische Survivalists und alle möglichen Schattierungen dazwischen. Was sie eint, ist der Glaube an die nahe Apokalypse – und daß sie den Letzten Tag überstehen.

Um die Wahrheit über einen Kult zu erfahren, trat ich der „Christian Foundation" bei, die Tony und Susan Alamo in Saugus bei L. A. gegründet hatten. Die meisten meiner neuen Glaubensbrüder waren jung, neu in Kalifornien. Sie waren, meist nach Enttäuschungen und mittellos hierhergekommen, „to check it out", trafen einen netten Menschen, der ihnen ein Bett und eine Mahlzeit versprach, und waren jäh in der „Christian Foundation".

Wir sangen „Dank Dir, Jesus! Lob sei Dir, Jesus", und zwar fünf Stunden täglich. Wir durften nicht mit Fremden sprechen und nachts nicht länger als drei Stunden schlafen. Wir aßen Abfälle aus den Mülltonnen des nahen Lebensmittelladens. Am Ende

Im Rausch des Stillen Ozeans

Vom rauhen, rustikalen Norden hinunter in den fröhlich-frivolen Süden – an der 1500 Kilometer langen Küste von Oregon bis Mexiko spiegelt sich ein Lebensstil, wie er kontrastreicher nicht sein könnte. Pebble Beach, das Dorado der Golfer bei Monterey, ist nur eine Facette des kalifornischen Way of life

Einmal im Jahr wird aus Kürbissen Kunst

Half Moon Bay im San Mateo County, ein paar Kilometer südlich von San Francisco, ist berühmt für seinen Kürbis-Reichtum. Nach der Ernte feiert die Stadt ein »Pumpkin Festival«, dann werden um die Wette Kürbismasken geschnitzt, Kürbismännchen kreiert – und es wird ermittelt, welcher Farmer die größte Frucht gezogen hat

Wind und Wetter prägen seit Jahrtausenden das Bild der zerklüfteten Felsküste Nordkaliforniens. Seewind, salzhaltige Luft und ständiger Nebel haben die Bäume gezaust und frisiert. Alljährlich aber erneuert sich die Blütenpracht. Hier gibt Eiskraut den Klippen ihren rauhen Charme

Wo die Zypresse in einem Meer von Blumen ergraut

Eine Gegend, auf die schon Henry Miller schwor

Noch immer ist Big Sur ein Ort für Muße mit prächtigem Meeresblick. In die stillen Winkel des schwer zugänglichen, wildromantischen Küstenstreifens haben sich Dichter und Denker, Bildhauer und Börsenmakler ihr ganz persönliches Hideaway gebaut. Als einer der ersten kam nach dem Zweiten Weltkrieg der Schriftsteller Henry Miller, der dem Felsengestade sein »Big Sur and the Oranges of Hieronymus Bosch« widmete

In diesem Garten schießen Dollars kräftig ins Kraut

In den tiefen Wäldern des Humboldt County, im Schatten der Mammutbäume, bauen vermummte Jünger der Gegenkultur Kaliforniens lukrativste Pflanze an: Sinsemilla. Aus ihr wird hochwertiges Marihuana gewonnen, das Preise von acht Dollar pro Gramm erzielt. In das illegal blühende Geschäft sind, seit die traditionelle Holzindustrie in die Krise geriet, auch »normale« Bürger eingestiegen

Von James D. Houston

Die letzten Klippen auf dem Wanderweg der Menschheit" hat Lew Welch, der Dichter der Beat-Generation, einmal die Ozean-Küste des Marin County genannt, das nördlich der Golden Gate Bridge beginnt. Gewiß hat er dabei auch an die ganze kalifornische Küste gedacht und an die Rolle, die sie seit nahezu 150 Jahren in der Vorstellung der Amerikaner spielt.

Kalifornien ist beides: ein Stück Erde und ein besonderer Geist, und die Küste ist ein Beispiel dafür, wie sich diese beiden Bereiche ineinander verflechten. Der Reisende, der sich die Mühe macht, die ganze lange Küstenlinie zu erforschen, wird früher oder später auf jede Art des kalifornischen Lebens stoßen. Die Kontraste sind erstaunlich – selbst für einen, der wie ich von hier stammt.

Diese Küste erstreckt sich von nebelverhangenen Wäldern, in denen die größten pflanzlichen Lebewesen dieser Erde wachsen, bis hin zu den Wüsten nahe der mexikanischen Grenze. Einer der Gründe für die extremen Unterschiede zwischen dem äußersten Norden und dem tiefsten Süden Kaliforniens sind die Regenmengen in den jeweiligen Gebieten. In San Diego bedeuten 300 Millimeter ein nasses Jahr, in der Holzfällerstadt Crescent City sind jährlich 2000 Millimeter nicht ungewöhnlich.

Hier ist die Heimat des Redwood, des dichten zottigen Sequoia-Baumes. Genährt von einer geradezu idealen Mischung aus Sonnenlicht, Nebel und starken Regenfällen, wachsen diese Koniferen nur hier an der Küste. Die ältesten von ihnen leben schon länger als 2000 Jahre.

Wenn man sich von Norden nähert, kommt man schon bald hinter der Grenze von Oregon zum Redwood National Park, der größten Ansammlung noch lebender Giganten. Über 65 Kilometer verläuft der Küsten-Highway durch diese Wälder. Nahe der Ortschaft Orick überquert der Highway den Redwood Creek, und ein paar Kilometer weiter, wo der Bach eine Schleife macht, steht der höchste Baum der Welt. Er mißt über 112 Meter. Ganz in der Nähe stehen noch ein paar Artgenossen, die nur um wenige Meter kürzer sind. Sie bilden den „Tall Tree Grove", den „Hain der hohen Bäume".

Ich kenne niemanden, der nicht angesichts der alten Riesen so etwas wie Ehrfurcht empfand. Man muß aber gar nicht bis zum Tall Tree Grove fahren, um das zu empfinden, denn ein halbes Dutzend kleiner Redwood-Parks sind entlang der Küste verstreut.

Es ist eindrucksvoll, an einem nebligen Morgen in einem dieser Wälder zu stehen. Die Jahr für Jahr abgeworfenen Nadeln haben ein dickes Kissen gebildet, das jeden Laut verschluckt. Nichts regt sich im Nebel. Weil diese Bäume von Insekten gemieden werden, gibt es kaum Vögel hier. Wenn nicht von irgendwo doch ein Vogelruf ertönt, ist die Stille absolut, zeitlos. Da das Holz von Schädlingen nicht befallen wird, kann man daraus überaus haltbare Häuser und Möbel bauen, und so begannen Mitte des 19. Jahrhunderts die Holzfäller, diese Riesen zu Zehntausenden zu schlagen. Eine bedeutende Industrie war geboren, und mit ihr entstanden die Sägemühlenstädte der Nordküste: Eureka, Fort Bragg und Mendocino. Heute sind neun Zehntel der Redwood-Urwälder abgeholzt.

Die Rezession – und die Umweltschützer – haben diese traditionelle Industrie zurückgedrängt. Statt dessen wird mit einer anderen Pflanze, die genau hier im Schatten der umkämpften Bäume wächst, ein großes Geschäft gemacht: mit Marihuana. Die Spezialität dieses Gebietes ist die starke Sinsemilla-Sorte, für die man – illegal, versteht sich – bis zu acht Dollar pro Gramm erzielen kann. Schätzungen über den Wert der jährlichen Ernte allein in diesem Gebiet belaufen sich auf etwa eine Milliarde Dollar.

Etwas südlich von Eureka gibt es ein Stück Land, das zum Humboldt County gehört und „Die verlorene Küste" heißt. Die Straße macht einen Bogen ins Landesinnere, in bergiges Waldland, das sich knapp 100 Kilometer lang zwischen der Küste und der Autobahn hinzieht. Hier geht es ein bißchen wie im „Goldenen Dreieck" von Südostasien zu. Das Land ist dünn besiedelt, abgelegen und nahezu gesetzlos. Bärtige Männer bewachen ihre versteckten Marihuana-Anpflanzungen mit Gewehren, Hunden und Selbstschußanlagen. Fremde sind unerwünscht.

Ich habe einen Freund, der südlich dieser „verlorenen Küste" in dem kleinen Dorf Westport lebt – in einem kleinen Haus direkt an der Steilküste. Es wurde um 1850 gebaut, als die ersten Siedler zur Küste kamen.

Innerhalb des Hauses gibt es nur einen Wasserhahn über dem Küchenausguß. Hier waschen Olaf, seine Frau und die kleine Tochter das Geschirr und sich selber. Das ist primitiv? Das mag wohl sein, aber wenn sie aufblicken, können sie genau über dem Ausguß zum Küchenfenster hinaussehen und eine Aussicht genießen, die einfach herzerhebend ist.

Nach Norden zu umrahmt die Silhouette des Vorgebirges die lange Küstenkurve. Direkt vor dem Küchenfenster ragen gezackte Küstenfelsen auf, und dahinter breitet sich das glänzend-blaue Meer. Im Herbst ziehen ganze Schulen von Grauwalen, Fontänen sprühend, die Küste entlang von Alaska nach Süden.

Man muß nicht unbedingt in Westport wohnen, um sich an einer solchen Szenerie begeistern zu können, denn so oder ähnlich sieht es fast überall an der nördlichen Küste Kaliforniens aus.

Von Westport nach Süden, bis nach San Francisco, verläuft die Küstenstraße direkt am Ozean. Sie führt durch Mendocino hindurch, einen Ort, der einmal von Holzfällern und Fischern bewohnt war. Inzwischen ist der malerische Ort mit einer großen Anzahl von Kunst-Galerien und Kunsthandwerks-Ausstellungen vor dem Hintergrund einer wilden Landschaft eine Attraktion geworden. Dutzende von Häusern im viktorianischen Stil – wie zum Beispiel das alte und elegante Mendocino Hotel – sind im Laufe der letzten zehn Jahre renoviert und in leuchtenden Farben angestrichen worden. Mendocino ist „wiederentdeckt".

Die Küstenstraße führt an den Resten von Fort Ross vorbei, das 1812 von russischen Pelzhändlern gegründet wurde – bei einem der weitesten Vorstöße, die Russen auf diesem Kontinent unternommen haben. Der Anblick des russisch-orthodoxen Kirchturms, der hinter dem hölzernen Plankenzaun auf felsigem Untergrund thront, überrascht ebenso wie die maurischen Kuppeln der alten spanischen Missionen weiter im Süden.

Die drohende Gefahr eines Erdbebens läßt die Kalifornier kalt

Der nördliche Küstenteil endet oberhalb der Stadt Bodega Bay. Das ist eine kleine Gemeinde am Rande eines geschützten Hafens, die sich großer Beliebtheit bei Sportfischern ebenso wie bei Amateur-Geologen erfreut. Von diesen Hafengewässern aus starten jeden Tag Charter-Barkassen ins offene Meer auf der Suche nach Dorsch, Seebarsch und Lachs, aber hier verläuft auch die berüchtigte San-Andreas-Verwerfung, eine geologische Bruchzone. Entlang dieser Zone wird Kalifornien ziemlich regelmäßig mit Beben überzogen.

Die permanente Gefahr eines neuen schweren Erdbebens hat dazu geführt, daß sich viele aus anderen Gegenden des Landes weigern, hierherzukommen: Sie fürchten, daß der halbe Staat in dem Moment, in dem sie aus dem Flugzeug steigen, im Ozean verschwindet. Dagegen widmen die meisten Kalifornier dieser Vorstellung kaum mehr als einen flüchtigen Gedanken – mit der Folge, daß entlang der San-Andreas-Verwerfung viele Schulen und Dämme, Weinkeller, Krankenhäuser, Kraftwerke, wichtige Autobahnen und Wohnhäuser gebaut wurden.

Ein deutliches Beispiel für unseren Gleichmut gegenüber der Erdbebenge-

Wenn Heidelberg am Pazifischen Ozean entsteht

Sand, See und Sonne – von Malibu bis zur mexikanischen Grenze: Das ist der Süden der kalifornischen Küste. Ein Dorado für Surfer, Segler, Schwimmer – und für Strandburgen-Architekten, die mit Sand und Wasser und viel Geschick jedes Jahr am Labor-Day-Wochenende Wunderwerke wie das nachempfundene Heidelberger Schloß vollbringen

fahr läßt sich südlich von San Francisco am Rande einer Vorstadt beobachten, die Daly City heißt. Dort, wo die Küstenstraße den Highway 35 kreuzt, überquert sie auch die San-Andreas-Spalte, die hier durch einen niedrigen Gebirgsrücken verläuft. Das Gebiet dieser gefahrvollen Kreuzung ist mit Hunderten von Häusern bebaut – bis an den Rand eines Steilufers.

Die erste größere Stadt südlich der San Francisco Bay Area ist Santa Cruz, so nach der Missionsstation genannt, die 1791 an diesem Platz von spanischen Mönchen gegründet wurde. Die Vorstellung eines Kreuzes eignet sich gut zur Beschreibung dieses Ortes, wenn auch nicht in dem „heiligen" Sinn, den die frommen Brüder gemeint hatten: Santa Cruz ist ein Schnittpunkt, an dem drei Highways zusammenlaufen, und gleichzeitig ist hier auch so etwas wie ein kultureller Schnittpunkt.

Eines der neun Zentren der University of California befindet sich hier, aber auch ein Zweigwerk der Lockheed Aircraft Corporation, das Teile für Nuklearraketen herstellt. In den umliegenden Tälern gibt es nicht weniger als fünfzehn Winzereibetriebe – sie alle haben Probierstuben, in denen man an den Wochenenden gern Besucher empfängt –, die für ihre hervorragenden Chardonnays und Zinfandels berühmt sind. In jedem Frühjahr wird in der Stadthalle die Wahl der Miss California veranstaltet – seit neuestem halten die örtlichen Feministinnen gleichzeitig eine Protest-Parade ab –, und in jedem Herbst, wenn die mächtigsten Wogen an die Meeresküste rollen, lädt man zu Wettbewerben im Wellenreiten mit dem Surfbrett ein, die in der Nähe von Lighthouse Point stattfinden.

Santa Cruz liegt auf der nördlichen Seite der Monterey Bay und hat mithin das Glück, einen nach Süden offenen Strand zu besitzen. Also sind hier die Wassertemperaturen nicht nur höher als an den Stränden weiter nördlich, auch an den Stränden bis zu 130 Kilometer weiter südlich ist das Wasser kälter als hier. Gegen Ende des 19. Jahrhunderts war Santa

Cruz das Seebad der wohlhabenden Familien aus San Francisco. Einige der herrschaftlichen Häuser, die man damals gebaut hat, sind noch erhalten. Heute ist hier eine der großen Bade- und Erholungszonen für die gesamte Region der San Francisco Bay, die nur durch einen Gebirgszug von Santa Cruz getrennt ist. Die Surfing-Strände sind die besten von ganz Nordkalifornien und für Anfänger ebenso geeignet wie für Experten.

Am anderen Ende der Bucht, durch 40 Kilometer Wasser von Santa Cruz getrennt, liegt Monterey, von den Spaniern gegründet und die Hauptstadt Kaliforniens, als diese Region noch zur damaligen spanischen Kolonie Mexiko gehörte. Später war Monterey ein wichtiger Fischerei-Hafen und in den dreißiger Jahren dieses Jahrhunderts sogar einer der größten Fischumschlagplätze der Welt. John Steinbeck hat das Leben in diesem Hafen in seinem 1945 erschienenen Roman „Die Straße der Ölsardinen" beschrieben und damit unsterblich gemacht. Als die Sardinen dann um 1950 herum mysteriöserweise völlig verschwanden, ging der größte Teil der Fischindustrie pleite. Manche der alten Konservenfabriken, die Steinbeck in seinem Buch erwähnt hat, sind als Restaurants wiederauferstanden, als Boutiquen oder Spezialitäten-Läden. Noch immer heißt diese etwa einen knappen Kilometer lange Strecke entlang der Bucht von Monterey die „Cannery Row", sie ist inzwischen zu einer wichtigen Station für Touristen geworden.

Von Licht und Wetter hängt ab, ob der Fremde sich freut oder fürchtet

Die Halbinsel von Monterey mit ihrer vielfältigen Vergangenheit und ihrer besonderen Schönheit hat viele Schriftsteller inspiriert. Steinbeck, der im nahen Salinas aufgewachsen ist und später den Literatur-Nobelpreis erhielt, ließ mehrere seiner bekanntesten Werke hier an dieser Bucht spielen. Auch Robert Louis Stevenson lebte und schrieb 1879 in Monterey. Niemand aber war von dieser Gegend tiefer berührt als der Dichter Robinson Jeffers, der im Jahre 1916 nach Carmel kam und sein Leben damit verbracht hat, das Land zu besingen.

Carmel war damals noch ein winziger Ort, der sich zwischen Kiefern, Zypressen und Sanddünen schmiegte, als Jeffers damit begann, Steine und Findlingsblökke aus Granit vom Strand heraufschleppen zu lassen, um damit das erste Haus einer neuen Siedlung zu bauen. Er nannte es Tor House, das Felsenhügelhaus, und der steinerne Wehrturm daneben wird zu Ehren des Küstenvogels, den Jeffers am meisten bewunderte, Falkenturm genannt. Der Poet starb 1962. Sein Haus, zwei Kilometer von Carmel, ist heute eine Pilgerstätte für Dichter und steht unter Denkmalschutz.

Unterhalb von Carmel überrascht eine plötzliche Veränderung der Landschaft den Betrachter. Es hängt vom Licht ab und vom Wetter, ob der Anblick den Fremden mit Freude erfüllt oder mit Furcht und Schrecken. Es geschieht genau in dem Augenblick, in dem man die letzten geschützten Kiefern- und Zypressenhaine hinter sich läßt und wieder in offenes Land hinauskommt. Schilder warnen an der Straßenseite: „Slide Area" und „Falling Rocks". Nackte felsige Landzungen erheben sich aus dem Ozean und verschwinden im hohen Nebel. Die Felsen am Küstenrand tragen Kappen von Möwenkot, um sie herum schimmert Algenschlick wie Silber.

Dies ist Big Sur. Für die Sucher des neuen Zeitalters, die es nach Selbstverwirklichung verlangt, ist Big Sur die Heimat des Esalen Institute mit seinen heißen Quellen. Sie sprudeln in Badewannen im römischen Stil, die etwa 30 Meter oberhalb der rauschenden Brandung stehen.

Bis man die Küstenstraße in den dreißiger Jahren über Monterey hinausführte, war Big Sur einer der weniger zugänglichen Bereiche Kaliforniens. Aber selbst heute leben hier nicht sehr viele Menschen. Schroffe Felsenklippen stürzen senkrecht ins Meer hinunter, und die schmale Autostraße zwängt sich, alle Vorsprünge nutzend, an die Stirnwand dieser Klippen. Im Sommer ist eine Fahrt auf dieser Straße das Aufregend-Schönste, das man sich vorstellen kann. In jedem Winter aber wird irgendwo ein Stück der Straße bei einem Sturm herausgewaschen, oder eine Brücke über eine der zahlreichen Schluchten stürzt ein und schließt auf diese Weise die Big-Sur-Küste vom Durchgangsverkehr aus, was, denke ich, den Bewohnern ganz recht ist.

Eine Stunde südlich von Monterey gibt es an einer Klippe ein Restaurant, das „Nepenthe" heißt, nach dem Trank des griechischen Altertums, der die Sorgen vergessen läßt. Hier, hoch über dem Wasser, hat man einen der großartigsten Ausblicke in Kalifornien. Während man sich auf der breiten Terrasse bei einem Bier und einem „Ambrosia-Burger" – Spezialität des Hauses – entspannt, kann man etwa 50 Kilometer Küste überblicken, die steilen, bewaldeten Canyons ebenso wie die Vorgebirge im Nebel, die nach Süden hin von der Küste zurückweichen.

Wenn man ihnen folgt, erreicht man 100 Kilometer südlich des Ortes Big Sur das Hearst-Schloß, das inmitten dieser großartigen Landschaft mehr als unpassend ist. Das Monstrum ist von einer solchen Ungeheuerlichkeit, daß man es sehen muß, um zu glauben, daß es so etwas gibt. Das Schloß ist ein Lebenszeugnis des Zeitungsmagnaten William Randolph Hearst. Der Bau wurde 1919 begonnen und war noch beim Tod des Bauherrn 1951 unvollendet. Es war seine Zuflucht, sein Sommer-Schloß, sein Spielzeug. Später wußten seine Erben nicht, was sie mit dieser spleenigen Schöpfung anfangen sollten. Niemand von ihnen wollte, verständlicherweise, darin leben, aber die Familie wollte auch nicht die Steuern dafür bezahlen. So schenkte sie schließlich das Schloß und das dazugehörige Land dem Staat. Jetzt ist es ein sonderbares Denkmal für die Allgemeinheit, über das schon über 16 Millionen Menschen gestaunt haben.

Es gibt dort Kunstgegenstände von unschätzbarem Wert und aus jeder Periode: ägyptische Obelisken, Tudor-Tische, Kathedralen-Pforten, Wandteppiche aus der Renaissance, mittelalterliche Chorstühle aus einem spanischen Kloster. Jedes einzelne Stück ist schön und eindrucksvoll, aber der protzende Überfluß ist einfach peinlich. Vollends muß das in dieser Umgebung so wirken: So, wie die Küste südlich von Big Sur der Inbegriff von Großartigkeit der Wildnis in diesem Teil der Welt ist, so ist das Hearstsche Schloß der Inbegriff ungezügelter Übertreibung.

Mir kommt das Schloß immer so vor wie der Auftakt zu Südkalifornien, obwohl es 150 Kilometer nördlich von dem Punkt steht, an dem ich diese mythische Linie beginnen lasse.

Vor 175 Jahren haben spanische Offiziere darüber debattiert, ob Kalifornien nicht besser geteilt werde. Die Debatte darüber dauert bis heute an. Zwar weiß jeder, der hier lebt, daß es zwei verschiedene Länder gibt, nämlich Nordkalifornien und Südkalifornien, aber man findet

Das schwarze Gold versteckt sich hinter Palmen

Das Grün wahrt den schönen Schein, reflektierende Türme signalisieren Gefahr: In den Tanks des künstlichen Eilands vor Long Beach lagert aus Offshore-Quellen gepumptes Öl. 22,6 Millionen Barrel werden aus den Feldern vor der Stadt gefördert

kaum zwei Kalifornier, die sich darüber einigen können, wo die Trennungslinie gezogen werden sollte.

Meiner Ansicht nach liegt diese Linie gleich südlich von Point Conception, wo die Küste eine geradezu dramatische Kurve nach innen, nach Osten hin macht. Der Highway 1 steigt dort durch einen Felsenspalt, der Gaviota Pass heißt: Hier, glaube ich, fängt Südkalifornien an, genau hier.

In einem schmalen Schlauch der Küste wohnt die Hälfte aller Kalifornier

Wenn man den Felsenpaß hinter sich hat und an die Küste unterhalb der Santa Ynez Mountains fährt, hat man die imaginäre Grenze überschritten. Die Landschaft ist verändert, die Luft ist weicher, das Licht hat eine andere Kraft. Die Berghänge zur Seite sind nicht mehr ganz so zerklüftet und erdrückend. Wo die Steine durch das deckende Buschwerk schimmern, haben sie die Farbe von leuchtendem Sand. Das Meer sieht eher tropisch aus, und in der ersten richtigen Stadt, in die man kommt, in Santa Barbara, hat man überall das Gefühl, in Spanien oder in Mexiko zu sein.

Ein paar Inseln sind dem Hafen vorgelagert, so daß er vor schwerer See geschützt ist. Auch Santa Barbara ist nach Süden gerichtet und ebenfalls ein Surfer-Paradies, aber das Eindrucksvollste an dieser Stadt ist die überwältigende Präsenz des Spanischen, die in Straßennamen ebenso sichtbar wird wie in Reihen von Palmen und in den Terrakotta-Dachziegeln vieler schöner Gebäude, die meistens aus dem Anfang des 19. Jahrhunderts stammen.

Südlich von Santa Barbara verändert sich nun alles sehr schnell. Man merkt den Wandel wiederum zuerst am Verkehr. Die Fahrzeuge sind farbiger, sozusagen exotischer. Gewiß, überall in Kalifornien findet man Zeugnisse unserer schon so lange anhaltenden Liebesbeziehung zu Autos, aber wenn man Ventura hinter sich und Los Angeles vor sich hat, dann sieht man es: hier ist „tiefstes" Auto-Land.

Die Entfernung zwischen der Welt hier und dem Ort im fernen Norden, wo wir diese Reise begannen, kann man nicht nur in Kilometern beziffern. Sie muß auch an anderen Dingen gemessen werden, zum Beispiel an der charmanten Frivolität, die im Süden herrscht, wo das Klima mild und freundlich ist.

Von je zwanzig Amerikanern lebt einer in den drei Countys am unteren Ende der kalifornischen Küstenlinie, nämlich Los Angeles, Orange oder San Diego. Oder, anders gesagt: Zwölf Millionen Menschen – die Hälfte der Bevölkerung des Staates Kalifornien – wohnen hier auf weniger als sechs Prozent der gesamten Bodenfläche, und die meisten von ihnen innerhalb eines Korridors, der sich – 35 Kilometer breit und 230 Kilometer lang – von Malibu im Norden bis zur mexikani-

schen Grenze nahe an den Pazifischen Ozean schmiegt.

Hier ist das Land der Filmstar-Strandhäuser, das Land der Bikini-Rollschuhläuferinnen. Hier gibt es Gewichtheber-Wettbewerbe – auch der Damen – unter freiem Himmel. Hier ist die Heimat der waghalsigen Skateboard-Meister, die mit ihren Brettern die Seiten leerer Swimmingpools hinauffahren. Es ist schön hier, verrückt, bizarr, skurril, aber vor allem ist es wahnsinnig überfüllt. An warmen Sommertagen kommt es einem vor, als hätten die zwölf Millionen Menschen, die hier leben, alle auf einmal beschlossen, sich am Strand zu tummeln.

Dem Reisenden, der die Freuden der Küste sucht, ist zu raten, lieber bis San Diego durchzufahren und vorher nicht mehr anzuhalten.

Die Geheimnisse dieser Küste sind bis heute nicht ergründet worden

San Diego ist die älteste Stadt Kaliforniens, aber auf eine gewisse Weise auch die neueste. Im Jahr 1769 gegründet, hat sie sich erst in den letzten 20 Jahren aus einem relativ unbedeutenden Ort zu einer der zehn größten Städte der Vereinigten Staaten entwickelt. Glücklicherweise hat sie aber den Punkt ihrer Sättigung noch nicht erreicht, und so bietet sie noch immer, was ganz Südkalifornien bietet: angenehmes Meerwasser, schöne Strände und nahezu ständigen Sonnenschein, der noch nicht durch Smog getrübt ist.

Westlich der Stadt ragt wie ein Daumen eine Halbinsel ins Wasser: Point Loma, der Schutzwall vor dem Hafen San Diegos. Wenn man auf dieser Landspitze steht, kann man sehen, wo eine Fahrt entlang der Küste enden muß. Will man weiter, so bedeutet das, die Grenze nach Mexiko zu überschreiten, dessen Berge südlich von hier herüberschimmern. Hier in Point Loma hat 1542 Juan Rodriguez Cabrillo Station gemacht, der von Navidad aus nordwärts segelte und unter der Order Spaniens stand, die Küste zu erforschen „bis ihr Ende und ihr Geheimnis ergründet ist".

Cabrillo starb, ehe er seinen Auftrag erfüllen konnte; mehr noch: Das Geheimnis dieser Küste, dieser „letzten Klippen auf dem Wanderweg der Menschheit" ist bis heute nicht ergründet. Nur so viel ist gewiß: Nie wird diese Küste aufhören, magnetisch Menschen anzuziehen – und nie werden Menschen aufhören, von ihr zu träumen. □

Der Schriftsteller James D. Houston, 49, wurde in San Francisco geboren und lebt in Vera Cruz. Seine zwölf Romane haben durchweg Kalifornien und die Kalifornier zum Thema. Für sein jüngstes Buch, „The Californians", erhielt er den „American Book Award".

Die Küste

Von Crescent City im Norden bis Tijuana hinter der mexikanischen Grenze, das sind 1500 Kilometer faszinierendes Naturschauspiel: donnernde Brandung, zerklüftete Küste, nebelverhangene Redwood-Wälder und Einsamkeit und im Süden sonnige Strände am Pazifik, mildes Klima und Namen, die zum Verweilen einladen.

*Crescent City (A1)**

Öde und kalt ist diese Holzfällerstadt im Winter. Im Sommer jedoch zieht ihre wildbewegte Küste viele Ausflügler an. Sie sollten sich noch vor Einbruch der Dunkelheit um Ihr Quartier gekümmert oder – viel klüger – es vorausgebucht haben; anständige Unterkünfte sind selten. Wenn Sie Lust haben, besichtigen Sie – mit festem Schuhwerk! – die Sägemühle der Miller Redwood Company: Tel. (707) 464-3144.

Best Western Curly Redwood Lodge

701 Redwood Highway South, CA 95531; Tel. (707) 464-2137.

Liegt gegenüber vom kleinen Bootshafen und ist ganz aus einem einzigen Redwood-Stamm zusammengezimmert.

Von hier aus fädelt sich der Highway 101 durch mächtige Redwood-Wälder. Im Trees of Mystery Park haben die uralten Baum-Patriarchen Tiergestalten erhalten. Vorsicht: Riesige Holztransporter auf dem Wege zu den Sägemühlen schubsen manchmal von hinten an die Stoßstange, wenn Sie nicht eilig genug sind. Am Agate Beach im Patrick's Point State Park kann man schwarze Jade, Achat oder Jaspis finden.

Eureka (A2)

Der größte kalifornische Hafen nördlich von San Francisco. Sehenswert die viktorianischen Villen, Häuser der alten Holzbarone, beispielsweise das Carson Mansion an der M Street zwischen 2nd und 3rd Street, so kunstvoll-verschnörkelt wie ein amerikanischer Hochzeitskuchen.

** Die Koordinaten beziehen sich auf die Karte auf den Seiten 176/177*

Carson Mansion – Villa aus der Zeit der Holzbarone: Eureka

Eureka Inn

An der Ecke 7th und F Street, CA 95501; Tel. (707) 442-6441.

Kamin, warmer „whirlpool" und Sauna in einem Haus im Pseudo-Tudor-Stil.

Samoa Cookhouse

445 West Washington; Tel. (707) 442-1659.

Handfestes Frühstück an den Gemeinschaftstischen, im Stil einer alten „Lumberjack"-Feldküche.

Lazio's Seafood Restaurant

4 C Street; Tel. (707) 442-2337.

Dieser alte Schuppen am Hafen mit guter, doch einfacher Küche ist ungeheuer beliebt bei Einheimischen.

Garberville (A2)

Ausgangspunkt für Trips in den Richardson Grove State Park. Eines der Zentren des Redwood Country.

Benbow Inn

445 Lake Benbow Drive, CA 95440; Tel. (707) 923-2124.

Filmstars und Präsidenten haben hier logiert. Privatsee, Golf, Kanu-

Einst Refugium der Hippies: Bucht an der Küste von Mendocino

fahren. Wandern. Von Dezember bis Ende März geschlossen. Reservierung notwendig.

Vom Garberville benachbarten Redway führt eine Landstraße zu einer der letzten stillen Oasen an der Küste: Durch die wilde King Mountain Range können Sie nur wandern! Doch bei Leggett müssen Sie sich entscheiden, ob Sie den schnelleren Highway 101 landeinwärts oder den Highway 1 an der buchten- und hügelreichen Küste fahren wollen.

Fort Bragg (A3)

Ursprünglich eine Festungsstadt, versorgt Fort Bragg heute das Hinterland des Mendocino County als Shopping Center. Bedeutender Umschlagplatz für Holzwirtschaft, Fischerei und – Marihuana. Mit der „Skunk"- oder der „Super Skunk"-Bahn können Sie wie zu Großvaters Zeiten durch die Wälder dampfen. Auskünfte über Tel. (707) 964-6371.

Pudding Creek Inn

700 North Main Street, CA 95437; Tel. (707) 964-9529.

Ein russischer Graf baute die beiden Häuschen, die durchs Kinderspielzimmer verbunden sind, vor fast 100 Jahren. Das Hochzeitskleid seiner Frau hängt noch an der Wand.

Mendocino (A3)

Das „Juwel der Küste" ist stolz auf seine weißen Schindelhäuser: Immer wenn Hollywood ein Neuengland-Fischerdorf als Kulisse brauchte und das Studio knapp bei Kasse war, wurde hier gedreht.

MacCallum House

P. O. Box 206, CA 95460; Tel. (707) 937-0289.

Einige Zimmer sind ganz mit Redwood getäfelt, andere mit weißen Korbmöbeln ausgestattet, wieder andere mit Großmutters Blümchentapete dekoriert. Doch in allen Zimmern serviert man das Frühstück ans Bett – das ist Tradition. Reservierung notwendig.

The Headlands Inn

P. O. Box 132, CA 95460; Tel. (707) 937-4431.

Stets frische Blumen in allen Zimmern, das ist eine Spezialität des neuen kleinen Bed-and-Breakfast Inn. Zimmer 6 hat Blick auf den Pazifik, Nr. 2 ein Riesenbett.

Wellspring

955 Ukiah Street; Tel. (707) 937-4567.

Gemütlich eingerichtet mit bunten Butzenscheiben und Möbeln aus Naturholz. Vegetarische Küche.

Little River (A3)

Fünf Kilometer südlich von Mendocino. Während der Prohibition war der Ort ein Schlupfloch der Whiskeyschmuggler.

Heritage House

5200 Highway 1, CA 95456; Tel. (707) 937-5885.

Sehr luxuriöses Inn mit Geschichte: Einst wurde hier „Booze" verhökert, der Gangster „Baby Face" Nelson benutzte das Haus als Versteck. Herrlicher Blick auf See und Klippen von allen Zimmern.

Hinter Albion müssen Sie sich entscheiden, ob Sie über Boonville zurück zum Highway 101 und dann weiter ins Napa-Sonoma-Weinland (B4) fahren oder endgültig auf dem Highway 1 weiter der Küste folgen wollen.

Boonville (A3)

Wundern Sie sich nicht, wenn Sie hier immer nur „Bahnhof" verstehen: Die Einheimischen sind berüchtigt für ihren Dialekt, der sich „Boontling" nennt. Er soll neugierige Fremde vom lokalen Klatsch ausschließen.

New Boonville Hotel

Tel. (707) 895-3478.

Hühner, Enten, Hasen, Ziegen (für den Käse), Gemüse und Kräuter – der Besitzer züchtet und zieht alles selbst und bereitet daraus die köstlichsten Gerichte zu.

Elk (A3)

Ein Ort zum Ausruhen. Einst Weekend-Zuflucht der Holzbarone.

Harbor House

5600 South Highway 1, CA 95432; Tel. (707) 877-3203.

Für wichtige Gäste der Goodyear-Holzgesellschaft erbaut; heute ein großzügig-rustikaler Aufenthalt für Stadtflüchtlinge. Kamine in fast allen Zimmern – sie sind hier oben auch im Sommer oft nötig.

Gualala (A3)

Jack London soll hier gefischt haben. Machen Sie's ihm nach.

St. Orres Inn

P. O. Box 523, CA 95445; Tel. (707) 884-3303.

Blockhaus mit russischen Zwiebeltürmen – erbaut in Erinnerung der ersten Trapper in dieser Gegend, die aus Rußland herübergekommen waren; alles handgezimmert, hoch und weit und doch gemütlich. Zimmer sollten Sie sich unbedingt reservieren lassen.

Sea Ranch (A3)

Daran, daß hier einmal Rinder gezüchtet wurden, erinnert nur noch der Name des Fleckens.

The Sea Ranch Lodge

P. O. Box 44, CA 95497; Tel. (707) 785-2371.

Rustikale Ferienhütten: Nr. 19 und 20 haben eigene kleine Patios mit „hot tubs" für Badeparties.

Fort Ross (A3)

Die ersten Siedler waren, 1812, russische und aleütische Pelzjäger, die hier die Seeotter ausrotteten und sich dann wieder nach Norden verzogen.

Inverness (A4)

An der Tomales Bay mündet die berühmte San-Andreas-Verwerfung im Meer. Point Reyes National Seashore hat herrliche Strände und Wanderwege. Es wurde vor fast 20 Jahren bereits zum Naturschutzgebiet erklärt und damit vor Besiedlung bewahrt. Oft arg windig und neblig – aber ideal im Spätsommer von August bis Oktober. Info: Tel. (415) 663-1092.

Manka's

Ecke Callender Way und Argyle Street; Tel. (415) 669-1034.

Das bessere von zwei tschechischen Restaurants am Ort. Wenn Sie nach dem Essen unbedingt in der dazugehörigen Inverness Lodge übernachten wollen – bitte! Aber auf eigenes Risiko.

Artischocken, Rosenkohl, Kürbisse, Rinder und die Abwesenheit von Touristen charakterisieren die Küste südlich von San Francisco. Am staatlichen Strand Año Nuevo können Sie im Frühjahr und Sommer See-Elefanten vor sich hindösen sehen.

Denkmal für die Trapper: St. Orres Inn

Santa Cruz (B5)

Die Stadt zieht Scnriftsteller und Fotografen in Scharen an. Beim „Mystery Spot" am Branciforte Drive, 4 km nördlich der Stadt, sind die Gesetze der Schwerkraft offenbar aufgehoben: Bälle rollen rätselhaft bergaufwärts, und Sie selbst vermögen ungebeugten Knies einen Hügel hinaufzuklettern. Tiere meiden die Gegend. Die Instrumente in den Flugzeugen spielen verrückt über dem „Spot". Liegt hier ein Meteor oder ein riesiger Magnet begraben? Die Wissenschaft ist noch völlig ratlos. Info: Tel. (408) 423-8897.

Fassaden aus der »guten« alten Zeit: Santa Cruz

Dream Inn
175 West Cliff Drive, CA 95060; Tel. (408) 426-4330.

Turbulent, aber unmittelbar am Meer gelegen.

The Crow's Nest
2218 East Cliff Drive; Tel. (408) 476-4560.

An sonnigen Tagen der begehrteste Platz am Ort: Dann können Sie auf der offenen Terrasse direkt am Pazifik sitzen.

Monterey (B5)

Unter den Spaniern war Monterey die Hauptstadt von Alta California; seit 1846 in den Händen der Yankees. Der fünf Kilometer lange „Path of History", durch einen Streifen in Rot-Orange auf der Straße gekennzeichnet, führt Sie durch die frühe kalifornische Geschichte. John Steinbeck machte Monterey unsterblich.

Doubletree Inn
2 Portola Plaza, CA 93940; Tel. (408) 649-4511.

Luxus-Hotel neben der Wharf.

Monterey Fireside Lodge
1131 10th Street, CA 93940; Tel. (408) 373-4172.

Sehr kalifornisch: Mit „hot tub" im Garten und Kaminen in den Zimmern.

Old Monterey Inn
500 Martin Street, CA 93940; Tel. (408) 375-8284.

Privathaus mit acht Zimmern, romantisch im Grünen gelegen. Daunendecken und Sherry gegen die Abendkühle. Morgens wird Ihnen ein großzügiges Frühstück ans Bett gebracht oder, bei Sonnenschein, auch im Garten serviert.

Sardine Factory
701 Wave Street; Tel. (408) 373-3775.

Eines der bekanntesten Restaurants in Kalifornien, nahe der Cannery Row. Gut, doch teuer.

John Steinbecks Geburtshaus liegt 30 Kilometer östlich hinter Monterey, in Salinas, der „Salathauptstadt" Kaliforniens. Im flachen Salinas Valley, durch das der Highway 101 führt, reichen die Ackerfurchen bis an den Horizont. Wenn Sie nach Süden fahren, treffen Sie bald auf das berüchtigte Soledad-Zuchthaus, das kalifornische Gegenstück zu Sing-Sing, und dann auf das Pinnacles National Monument – spitze kahle Berge wie aus einem Western.
Von Monterey aus unbedingt an der Küste weiterfahren; jetzt wird's dramatisch.

Pacific Grove (B5)

Hier versammeln sich jedes Jahr von Oktober bis März Tausende von Wanderfaltern – schwarzgelbe Monarchfalter – zum Überwintern. Ihr liebster Aufenthalt: Butterfly Trees in der Ridge Road.

Gosby House Inn
643 Lighthouse Avenue, CA 93950; Tel. (408) 375-1287.

Außen Giebelchen und Türmchen und gelbbemalte Holzschindeln. Innen lichte und luftige Zimmer mit weißen Rüschengardinen. Nehmen Sie das Turmzimmer!

Green Gables
104 Fifth Street, CA 93950; Tel. (408) 375-2095.

Nur drei Zimmer und ein Bad, aber direkt an der Bay gelegen. Von Juni bis August geöffnet.

Nahe Pacific Grove beginnt der herrliche „17-Mile Drive", den Sie nicht versäumen dürfen: Klippen, Strände, windgebeugte Monterey-Zypressen, Golfwiesen und verschwiegene Villen im Del Monte Forest. Am Ende das Städtchen Carmel.

Carmel (B5)

Es ist wirklich so niedlich und so kitschig – die meisten Hotels eingeschlossen –, wie Sie geahnt haben, und auch ebenso überlaufen. Im Zentrum fehlen die Hausnummern – ein Trick, um den Anschein eines Dorfes zu bewahren. Fahren Sie den „Scenic Drive" am Strand entlang und staunen Sie, wie romantisch man hier wohnen kann. Ein Bad im Meer ist zu gefährlich!

The Sandpiper Inn
2408 Bayview Avenue, CA 93923; Tel. (408) 624-6433.

Frische Blumen in allen, Strandblick oder Kamin in einigen Zimmern. Mit dem Fahrrad ist man schnell im Zentrum.

Cypress Inn
Box Y, CA 93921; Tel. (408) 624-3871.

Spanisch eingerichtet. Einfach und angenehm. Kein Alkohol.

Patisserie Boissiere
Mission Street (zwischen Ocean Street und 7th Street); Tel. (408) 624-5008.

Köstliche hausgemachte Kleinigkeiten. Reservierung erforderlich.

Hog's Breath Inn
San Carlos Street (zwischen 5th und 6th Street); Tel. (408) 625-1044.

Hier hat der Westernheld Clint Eastwood eine ordentliche Handvoll Dollar angelegt.

Wenn Sie sich von der dramatischen Küstenszenerie ein paar Tage lang erholen wollen:

Carmel Valley (B5)

Ein Ort des Trostes mit einer Oper im Winter, der Hidden Valley Opera, Box 116, Carmel Valley Road, CA 93924; Tel. (408) 659-3115.

Quail Lodge
8205 Valley Greens Drive, zwischen Carmel und Carmel Valley, CA 93923; Tel. (408) 624-1581.

Luxuriöses Golf-Hotel.

Tassajara Zen Mountain Center
an der Robinson Canyon Road, CA 93924; Tel. (408) 659-2229.

Schmackhafte vegetarische Mahlzeiten sind im Übernachtungspreis inbegriffen. Täglich Zen-Unterricht. Das Kloster nimmt von April an für den Sommer Gäste auf.

Carmel Highlands (B5)

Zurück auf dem kurvenreichen Highway 1, die Traumküste entlang: Gleich hinter Carmel beginnt das Point Lobos State Reserve, einer der wildesten und schönsten Parks am Pazifik. Durchwandern Sie ihn in Ruhe. Vom Restaurant oder den Zimmern im Highlands Inn (Hinweisschild an der Straße) blicken Sie weit hinunter auf die Schaumkronen und, manchmal, die Fontänen der prustenden Grauwale, die hier im Herbst vorbeiziehen.
Über die Stelzen der Bixby Creek Bridge – am Ausguck anhalten! – und vorbei an Point Sur – Insel und Leuchtturm sind zu verkaufen – nach Big Sur.

Vor der Haustür Blumen, Fels und Meer: Wohnen in Carmel

Big Sur (B5)

„Künstlerkolonie"? Machen Sie sich keine Hoffnung. Die Künstler wohnen, wie auch die Bauern und Rancher, irgendwo im Wald.

Ventana Big Sur

CA 93920; Tel. (408) 667-2331.

Luxus mit skandinavischem Anstrich, 400 Meter über dem Pazifik. So spektakulär wie teuer.

Big Sur Lodge

Highway 1 (im Pfeiffer Big Sur State Park), CA 93920; Tel. (408) 667-2171.

Hütten im Redwood-Wald.

Deetjen's Inn

Highway 1, CA 93920; Tel. (408) 667-2377.

Gute Küche, preiswerte Unterkünfte. Der Besitzer ist exzentrisch: Sagen Sie ihm nur nicht, daß Sie über ihn irgendwo was gelesen haben, sonst sind Sie gleich unten durch. Er schätzt nur Gäste mit Bart und hochgeistigen Ambitionen. Belegen Sie einen Wochenendkurs beim nahen Esalen Institute – dann haben Sie vielleicht eine Chance bei ihm.

Nepenthe

Highway 1; Tel. (408) 667-2345.

Das ist Pflicht – und wenn auch nur zu einem Drink an den langen Holztischen draußen, wo die jungen Leute der Gegend sich zur Cocktailstunde treffen. Falls Sie Glück haben, findet gerade die „Astrological Birthday Party" statt – für alle Geburtstagskinder des Monats. Orson Welles ließ das inzwischen zum Restaurant umgebaute „honeymoon cottage" für Rita Hayworth bauen.

San Simeon (B5)

William Randolph Hearst baute den Bergpalast nicht nur für seine gewaltige Kunstsammlung, sondern auch für seine Geliebte, die Schauspielerin Marion Davies. Die Dame hat bei ihren Partys den Whiskey in den antiken Kommoden versteckt.

Traumhaftes Panorama: von Pacific Grove bis Carmel

Der warme Neptune Pool wartet auf die Gäste: Hearst-Schloß bei San Simeon

Best Western Cavalier Inn

Highway 1, 6 km südlich von San Simeon, CA 93452; Tel. (805) 927-4688.

Nicht toll, aber in der Nähe des Hearst-Schlosses, wenn Sie rechtzeitig zur ersten Besichtigungstour kommen wollen.

Chuck Wagon

Highway 1 (am Moonstone Drive in Cambria); Tel. (805) 927-4644.

Für knapp 10 Dollar können Sie so viel essen, wie Sie wollen! Salate, Aufschnitt, warme Gerichte, Eis und Kuchen. Viele Touristen.

Brambles Dinner House

4055 Burton Drive in Cambria; Tel. (805) 927-4716.

Gute Steaks und andere amerikanische Leibgerichte zwischen Pseudo-Antiquitäten.

Morro Bay (B6)

Ländliches Amerika – halbvergessen: Austern billigst! Fahren Sie mit einem Fischerboot hinaus. Die Halbkugel des Morro Rock in der Bucht dient als Wegzeichen.

Breakers Motel

Box 110, Morro Bay Boulevard, Ecke Market Street, CA 93442; Tel. (805) 772-7317.

Einfaches Motel.

The Fondue Pot

213 Beach Street; Tel. (805) 772-8900.

Vergessen Sie das Fondue. Omelettes und Sandwiches sind besser.

The Galley

899 Embarcadero; Tel. (805) 772-2806.

Fritierte Morro-Austern oder Fisch – vor Ihrer Näse gefangen.

The Salty Pelican

1346 Second Street, Baywood Park; Tel. (805) 528-1178.

Gute Küche, sehr gute kalifornische Weine – 300 zur Auswahl.

San Luis Obispo (B6)

Der Highway 101 führt hier weiter landeinwärts. Doch näher an der Küste, auf der SR 20, zwischen Point Arguello und Point Conception, fühlen Sie geradezu die Trennungslinie zwischen dem rauhen, windigen Nord- und dem sanften Südkalifornien. San Luis Obispo ist eine der ältesten spanischen Missionen. Info: Tel. (805) 543-6850.
Besuchen Sie zur Erbauung The Great American Melodrama and Vaudeville – Theater und Revue aus der Pionierzeit – 25 km südlich in Oceano, 1863 Pacific Street, Tel. (805) 489-2499.

Heritage Inn

978 Olive Street, CA 93401; Tel. (805) 544-7440.

Mitten im „motel land" ein gemütliches Bed-and-Breakfast Inn, das hausgebackenes Brot, lokale Weine und abends einen Keks auf dem Kopfkissen serviert. Fahrräder und Picknickkörbe gratis.

Scrubby and Lloyd's Café

1136 Carmel Street; Tel. (805) 543-5885.

Hamburger – besser als anderswo.

The Hitching Post

3325 Point Sal Road, Casmalia; Tel. (805) 937-6151.

Steaks, Steaks, Steaks über Eichenholz gegrillt – die Farmer und Rancher der Gegend fahren meilenweit dafür.

Lompoc (B6)

Im Lompoc Valley wird Blumensamen für die halbe Welt gezogen. Blumenbeete bedecken denn auch das Tal wie ein Teppich. Die restaurierte La Purísima Concepción Mission ist ebenso sehenswert wie die Abschußrampen der Vandenberg Air Force Base, wo die „cruise missiles" lagern, die freilich „off limits" sind.

NEU: DER SPIDER 2000.
DER FREILUFT-KLASSIKER OHNEGLEICHEN.

Der neue Spider 2000 präsentiert sich in einem aerodynamisch optimierten Design, das ihn so unverwechselbar macht wie seine Philosophie: Das Vergnügen an der individuellen Beweglichkeit fernab jeder Limousinen-Uniformität. Die pure Lust und die Faszination am Offen-Fahren machen ihn zu einem konkurrenzlosen Cabrio-Angebot in bester Alfa Romeo-Tradition: Mit Sportsitzen, Holzlenkrad und einem neugestalteten Armaturenbrett mit klassischen Rundinstrumenten. Dazu sorgen 93 kW (127 PS) und ein 5-Ganggetriebe für jede Menge frischen, freien Fahrspaß, der auch bei geschlossenem Verdeck vom ersten Moment an überzeugt. Übrigens, den neuen Spider gibt es auch als 1,6 l-Version mit 76 kW (103 PS). Alfa Romeo empfiehlt Agip.

Alfa Romeo

Best Western Flagwaver
937 North H Street, CA 93436; Tel. (805) 736-5605.
Preiswerte Herberge auf dem Weg nach Santa Barbara.

Wenn Sie von San Luis Obispo auf dem Highway 101 weitergefahren sind, kommen Sie nach:

Solvang (B6)

Ein nettes Klein-Dänemark – hergerichtet für die Touristen. Aber die Umgebung des Städtchens ist echter Westen. Hier finden sich alte „Land grant" Ranches.

Svensgaard's Lodge
1711 Mission Drive, CA 93463; Tel. (805) 688-3277.
Von hier aus ist es ein Katzensprung bis zur dänischen Windmühle im Zentrum.

Alisal Guest Ranch
Box 26, Alisal Road, CA 93463; Tel. (805) 688-6411.
Heuwagenfahrten, Square dancing, Reiten; Mindestaufenthalt: zwei Tage.

Santa Barbara (C6)

Die Spanier nannten die Gegend „Tierra adorada" – anbetungswürdige Landschaft. Warm, fast mediterran und grün – beschützt durch die vorgelagerten Santa Barbara Islands (B/C/D7) und die Santa Ynez Mountains. Sehenswert: das County Courthouse, das als eines der schönsten Gebäude des Westens gilt, und die vielleicht schönste der 21 alten spanischen Missionen in Kalifornien.
Bereits im Jahre 1887 wurde in Santa Barbara nach Erdöl gebohrt. Von der Sea Landing (Ende Bath Street und Cabrillo Boulevard) legen Fischerboote und Kreuzfahrer zu den Santa Barbara Islands ab.

Marriott's Santa Barbara Biltmore
1260 Channel Drive, CA 93108; Tel. (805) 969-2261.
Eine Unterkunft voller Prunk und Luxus, ein bißchen steif – aber mit exzellentem Service.

El Encanto Hotel and Gardens
1900 Lasuen Road, CA 93103; Tel. (805) 965-5231.
Zauberhafter Blick über Stadt, Meer und Berge, zwischen Hibiskusblüten und Palmen. Ausgezeichnetes, elegantes Restaurant.

Old Yacht Club Inn
431 Corona del Mar, CA 93103; Tel. (805) 962-1277.
Eines von vier neuen erstklassig geführten Bed-and-Breakfast Inns, nahe am Meer.

Famous Enterprise Fish Co.
225 State Street; Tel. (805) 963-8651.
Fisch vom Holzkohlengrill, Austern und Muscheln.

Joe's Café
512 State Street; Tel. (805) 966-4638.
Sehr beliebt und schreiend dekoriert – mit verläßlich guter Küche.

The Mandalay
21 West Victoria Street; Tel. (805) 965-5497.
Indische Küche (mit französischen und amerikanischen Einflüssen). Am Wochenende Harfenmusik.

San Ysidro Ranch
900 San Ysidro Lane, Montecito, CA 93108; Tel. (805) 969-5046.
Winston Churchill, Sinclair Lewis, Rex Harrison stehen im Gästebuch. Laurence Olivier und Vivien Leigh heirateten und John F. Kennedy und Jackie verbrachten ihre Flitterwochen hier. Brauchen Sie noch mehr Empfehlungen? Tennis, Golf, Reiten und Wandern.

Café del Sol
516 San Ysidro Road, Montecito; Tel. (805) 969-0448.
Kalifornisch-mexikanische Küche in Südkaliforniens schönster und reichster „Suburb".

Schönheit im spanisch-maurischen Stil: Santa Barbara County Courthouse

Meiners Oaks (C6)

Eine Oase inmitten unermeßlich großer Zitrus-Plantagen. Ins Ojai Valley, nur 50 km von Santa Barbara entfernt, führt einer der schönsten Highways – der „150".

The Ranch House
South Lomita Avenue; Tel. (805) 646-2360.
Der Besitzer ist ein reformierter Vegetarier, der jetzt mit Hingabe – und Trotz – Fleischgerichte mit ungewöhnlichen Kräutern zubereitet.

Santa Catalina Island (C/D7)

Von Santa Barbara bis San Diego reiht sich ein breiter Sandstrand, ein Städtchen ans andere, bei Los Angeles sind sie besonders dichtgedrängt und überlaufen. Von San Pedro aus erreicht man eine wilde kleine Insel, Santa Catalina, die zu den Catalina Islands gehört. Im Innern, hinter dem Hafen Avalon, ist sie still und einsam. Herrlich zum Tauchen, Schnorcheln, Wandern, Radfahren und Reiten. Glasbodenboote. Nächtliche Meerfahrten, bei denen mit Suchlichtern fliegende Fische angelockt werden. Info bei der Santa Catalina Chamber of Commerce, P. O. Box 217, Avalon, CA 90704, Tel. (213) 510-1520.

Zane Grey Pueblo Hotel
P. O. Box 216; Avalon, Catalina Island, CA 90704; Tel. (213) 510-0966.
Ein Hotel, das wie ein indianischer Pueblo aussieht, auf einen Felsen getürmt. Früheres Heim des Western-Schriftstellers Zane Grey.

Laguna Beach (D7)

Die Stadt ist ein Zentrum für Kunsthandwerker, Töpfer, Kunsttischler, Weber und Legionen von Malern, die eine dramatische Seelandschaft nach der anderen auf die Leinwand werfen. Kunstfestival von Mitte Juli bis Ende August an jedem Wochenende.

Eiler's Inn
741 South Coast Highway; CA 92651; Tel. (714) 494-3004.
Zentral gelegen zwischen Ozean und Festival-Gelände. Zimmer mit Blick auf den kleinen Backstein-Innenhof voller Grünpflanzen, aus dem betörender Duft heraufdringt. Büfett-Frühstück. Samstagabend Gitarrenmusik. Die Unterkunft ist nicht billig.

The Carriage House
1322 Catalina Street; CA 92651; Tel. (714) 494-8945.
Mini-Suiten mit Spitzengardinen, Großmutters Fotos an den Wänden und Badewannen mit Löwenfüßen. Innenhof im romantischen New-Orleans-Stil; sogar Spanisches Moos hängt am Baum. Nichts für Liebhaber modernen Komforts.

Las Brisas
361 Cliff Drive; Tel. (714) 497-5434.
Blick auf Lagune und Stadt. Gute mexikanische Fischküche.

Beach House Inn
619 Sleepy Hollow Lane; Tel. (714) 494-9707.
Die Wellen sieht und hört man von der Veranda aus gegen die Klippen schlagen. Volkstümlich. Dinner im voraus reservieren!

Dana Point/San Clemente (D7)

Von hier ab bleiben Strände und Küste sich gleich, bis weit auf die mexikanische Halbinsel Baja California (E8/9) hinunter. Dana Point ist ein modernes Segler- und Sportfischerzentrum. Im nahen San Juan Capistrano ist die Franziskaner-Mission ein Ausflugsziel. Präsident Nixon liebte diese Gegend so heftig, daß er in San Clemente sein „White House West" einrichtete. Im San Clemente Inn übernachtete das aus dem Osten angereiste Pressekorps des Weißen Hauses. Suchen Sie nicht herum: Auf Nixons ehemaligem Landsitz wartet inzwischen eine Kolonie neugebauter Luxusvillen auf reiche Käufer.

The Quiet Cannon
34344 Green Lantern, Dana Point; Tel. (714) 496-6146.
Wunderschöner Blick aufs Meer vom einzigen erwähnenswerten Restaurant in der Nähe von San Clemente. □

TWA. Und Sie sind da.

I ♥ NY 1 Woche New York und Umgebung inklusive Flug nur **2.787** Mark pro Person bei Unterbringung im Doppelzimmer. Näheres in allen ADAC Geschäftsstellen und Reisebüros mit ADAC-Vertretung.

Los Angeles DM 1.768,–
Hin und zurück

Phoenix DM 1.699,–
Hin und zurück ab 1. 4. 1983

Denver DM 1.649,–
Hin und zurück ab 24. 4. 1983

San Francisco DM 1.768,–
Hin und zurück

New York 1.148,–
Hin und zurück

Las Vegas DM 1.699,–
Hin und zurück ab 1. 4. 1983

TWA Air-Pass $ 399,–

TWA 6/83b

Amerika zum Holiday-Tarif.

Auf in die Staaten, solange die Preise noch so günstig sind: Mit unserem Holiday-Tarif* (zu buchen vier Wochen vor Reiseantritt).

Angenehm bequem geht's, ab 24. April sogar zweimal täglich, von Frankfurt nach New York. Auf unserem eigenen Terminal haben Sie dort 1, 2, 3 alle Formalitäten hinter sich. Und das Land der unbegrenzten Möglichkeiten vor sich. Falls auch Ihre Neugier keine Grenzen kennt, holen Sie sich am besten schon vor dem Abflug nach Amerika den Air-Pass der TWA für nur 399 Dollar. Dann haben Sie freien Flug auf unserem gesamten Streckennetz. Und erobern so nach Lust und Laune über 50 Städte in USA.

Wer aber eine ganz bestimmte Stadt im Auge hat, bekommt bei TWA in den USA je nach Ort und Zeit bis zu 30% und mehr Rabatt.

Außerdem helfen wir Ihnen mit Rat und Tat in jeder größeren Stadt. Sie sehen, ein Flug mit TWA nach USA ist mehr wert als er kostet. Ganz einfach deshalb, weil wir dort zuhause sind.

Mehr darüber von Ihrem Reisebüro oder direkt von TWA:
Frankfurt, Telefon 0611/770601 und 770671.

Generalagenturen in:
Hamburg 040/372491,
Düsseldorf 0211/84814,
München 089/597643.

*Gültig bis 14. Juni 1983. Änderungen vorbehalten.

Sie sollen sich bei uns wohlfühlen TWA

Ein Stück vom Himmel

Im Weißen Haus in Washington hält er auf Pomp und Publicity, auf seiner Ranch im fernen Kalifornien ist er nicht wiederzuerkennen: Dort wird aus dem amerikanischen Präsidenten Ronald Reagan ein Privatier, der jede Störung haßt und im Cowboydress von früh bis spät am liebsten mit den Händen schafft

Der Mann wuchtet Steine, als hätte er sein Leben lang nichts anderes getan. Er hackte Holz wie ein Dreißiger, bis ihm seine Frau zu Weihnachten eine Maschine schenkte, die Kaminholz aus Baumstämmen macht. Er ist ein „handyman", wie ihn sich viele Rancher wünschen; kaum ein Handwerkzeug, mit dem er nicht kenntnisreich umgehen kann. Er sieht, wenn er in einem schrecklich zugerichteten, klapprigen Jeep über die Ranch fährt, genau so aus, wie man sich den rauhen Cowboy aus dem Wilden Westen vorstellt: Ronald Reagan, zugewanderter Kalifornier, 40. Präsident der Vereinigten Staaten, 72 Jahre alt.

Er hat hart und lange gekämpft, um Wohnrecht im Weißen Haus in Washington, D. C. zu haben, aber seit er das geschafft hat, gesteht er lachend und mit einem Charme, dem selbst erbitterte politische Gegner zuweilen erliegen, daß er viel lieber 4500 Kilometer weiter westlich arbeitet: auf seinem 280 Hektar großen „Rancho del Cielo", 700 Meter hoch und knapp 35 Kilometer nordwestlich von Santa Barbara, mitten in den rauhen Santa Ynez Mountains des kalifornischen Chaparral, wo der Bär streunt, wo Luchse, Pumas und Coyoten leben.

Nichts ist präsidial an dieser „Ranch des Himmels", weder ihre Größe noch ihre Ausstattung noch gar ihre Wirtschaftlichkeit: In einem Jahr setzte der Rancher genau 9105 Dollar zu. Ein paar Pferde gibt es, ein paar Kühe, ein paar Hunde und außerdem ein paar Goldfische in einem kleinen Teich. Die Baulichkeiten sind nichts, wovon man in Europa träumt, wenn man an den Sitz eines Ranchers denkt: ein schlichtes Adobe-Haus, beheizt von Kaminen, umgeben von einem Zaun, den Reagan aus alten Telefonmasten mit eigener Hand errichtete. Das Wohnhaus, in dem die Reagans im frühen März Königin Elizabeth bewirteten, hat fünf eher bescheidene Zimmer, das ist alles. Es gibt keinen Pomp auf der Ranch, nichts von dem Glanz, den der Hausherr in Washington gern verbreitet.

Etwas mehr als eine halbe Million Dollar zahlte er für die „Ranch des Himmels", das war 1974. Heute ist der Besitz, auf dem nicht viel mehr wächst als dürres Gras, Krüppelbüsche und amerikanische Eichen, mindestens das Vierfache des Kaufpreises wert. Denkt der Selfmademan manchmal daran, einen kräftigen Profit zu machen und auszusteigen? „Man verkauft den Himmel nicht", sagt er.

Man tut dem Präsidenten nicht Unrecht mit der Feststellung, daß er Amtsvorgänger hatte, die fleißiger waren als er. Im Weißen Haus legt er Wert darauf, daß der Nachmittag nicht zu spät endet. Auf seiner Ranch ist der Mann wie ausgewechselt.

Daß er sich den verbreiteten amerikanischen Traum vom Besitz einer Ranch erst so spät im Leben realisieren konnte, motiviert ihn zu geradezu rührender Betriebsamkeit. Er – und die zierliche und in Washington außerordentlich mondäne Frau Nancy – richteten das Haupthaus selber her, das, als sie es kauften, schon beinahe 100 Jahre alt war und unter einem verrosteten Wellblechdach auch so aussah. „Kein Mensch glaubt uns das, aber wir haben das Haus selber gestrichen", versichert Frau Nancy. Das rote Ziegeldach: von Reagan gedeckt. Die beinahe 20 Kilometer Wege, die sich durch den Besitz ziehen: von Reagan in Ordnung gehalten. Das Holz, das vor den Kaminen liegt: jeder Scheit vom Präsidenten persönlich. Die einstmals zahlreichen Feldmäuse: von Reagan getötet. Die Pferde: von den Reagans gepflegt.

„The best thing for the inside of a man is the outside of a horse", sagt Ronald Reagan. Er reitet jeden Morgen, den er auf dem „Rancho del Cielo" verbringt, mindestens zwei Stunden seinen „Little Man", auch schon 18 Jahre alt und von einer Stute geboren, die Reagan ritt, als er noch Filmdarsteller war und im Western „Stallion Road" mimte. Kommen Big Man

Der »Rancho del Cielo«, die Ranch des Himmels, liegt in den Santa Ynez Mountains. Ronald Reagan hat sie vor neun Jahren für eine halbe Million Dollar gekauft und mit seiner Frau Nancy hergerichtet. Sein liebster Platz ist freilich nicht der Living Room, sondern der Sattel von »Little Man«

und Little Man heim, sattelt Reagan selber ab, versorgt das Tier und redet in einem Ton mit ihm, den manche seiner Bediensteten in Washington noch nie von ihm gehört haben. Und wenn „Little Man" einen neuen Hufbeschlag braucht? Natürlich kann Reagan auch das.

„Ich kenne", sagt der glückliche Gentleman-Rancher, „nichts Schöneres, als auf einem Stück Erde zu arbeiten, das einem selber gehört." Und dann, mit ungebrochenem Lächeln: „You know, so arg viele Jahre bleiben mir nicht mehr dafür."

Wenn der Präsident auf seiner Ranch ist – er ist da viel zu oft, mäkeln seine politischen Gegner in Washington –, wird sie zum „White House West". Dann lärmen Helikopter über den Santa Ynez Mountains, die „Rawhide" – so der Codename des Präsidenten – Amtspapiere bringen. Es ist glaubhaft überliefert, daß der Präsident jede amtliche Störung von Herzen haßt. Sein Stab, der in den feinen Hotels von Santa Barbara logiert, weiß das.

Niemand hat je in amerikanischen Präsidentschaftswahlkämpfen das „Bad in der Menge" so geliebt wie Ronald Reagan. Auf seiner Ranch hingegen ist ihm nichts wichtiger als seine „privacy" und niemand hat die geringste Chance, ihn dort ungebeten zu besuchen.

Nur ganz theoretisch wäre das möglich: Bei Refugio Beach müßte man die Küstenstraße verlassen und in die Berge fahren. Durch Zitronenhaine würde es gehen und dann durch karge Hügel und dann an tiefen Abgründen entlang, bis schließlich da Steine wären, die den Beginn einer Privatstraße markieren, und unfreundliche Schilder: „Private Property" und „Keep out". Und dann, natürlich, wären da irgendwo auch die Männer vom Secret Service.

Nein, der Mann, der schon zu Lebzeiten ein Stück vom Himmel hat, bleibt ungestört, bis er wieder den Gestreiften anziehen und nach Washington jetten muß, in die Welt der schrecklichen Wirklichkeiten.

Der Wirklichkeiten?

„You know", hat Ronald Reagan einmal einem Besucher auf seiner Ranch gesagt und auf die Natur gewiesen, die sie umgab, „this is what life is all about." □

Ankunft

Wer eine Rundreise durch Kalifornien plant, der mietet sich am besten ein Auto gleich am Flughafen. Es ist ratsam, den Wagen vorzubestellen, dann braucht man nach der Ankunft nur noch den Autoverleiher anzurufen – die Firmen-Telefone stehen überall bereit –, und ein paar Minuten später wird man an der Gepäckausgabe abgeholt.
Von den großen Flughäfen gibt es selbstverständlich schnelle Busverbindungen zu bestimmten Punkten in der Stadt.
Vorsicht: Steigen Sie in Los Angeles nicht in die RTD-Busse, die Busse des städtischen Verkehrssystems. Selbst für Angelenos sind die Busverbindungen in Greater Los Angeles undurchschaubar.
Auch die großen Hotels in der Nähe des Flughafens unterhalten eigene Shuttle-Busse. Sollten Sie in der Nähe des Flughafens übernachten, nehmen Sie besser diese Shuttles. Die Taxifahrer werden arg unfreundlich, wenn sie nur für kurze Strecken geheuert werden.

Jet-lag

Ein Tip zur Überwindung des Jetlag: Am ersten Abend spät ins Bett gehen. Am nächsten Morgen hat man sich schon dem kalifornischen Lebensrhythmus angepaßt.

Keine Angst vorm Autofahren

Die Amerikaner fahren viel rücksichtsvoller als die Europäer, man läßt anderen bereitwillig den Vortritt. Und Amerikaner fahren langsamer als wir Europäer: Innerhalb von Ortschaften betragen die Geschwindigkeitsbegrenzungen meistens 25 bis 30 mph (miles per hour = Meilen die Stunde), außerhalb 55 mph. Das gilt auch für alle Autobahnen. (Bedenken Sie bitte: Das sind 90 km/h Höchstgeschwindigkeit!) Ab 60 mph kann man sich ein Ticket einhandeln, und die Polizei ist weiß Gott nicht zimperlich.
Amerikanische Straßen und Autobahnen – Fernstraßen in ostwestlicher Richtung tragen gerade Nummern, solche in nordsüdlicher Richtung ungerade – sind hervorragend beschildert. Man sollte sich aber durch einen Blick auf die Karte die Fahrtrichtung einprägen. Autobahnausfahrten werden meist durch die Himmelsrichtung angezeigt: North, South, East und West.
Verkehrsregeln variieren in den USA oft von einem Bundesstaat zum anderen. In Kalifornien darf man bei Rot nach rechts abbiegen, wenn die Spur frei ist. Man muß vorher allerdings anhalten und sich vergewissern, daß diese Regel nicht durch einen entsprechenden Hinweis aufgehoben ist. Wenn Sie sich einem gelben Schulbus nähern, dessen Warnlichter blinken, müssen Sie anhalten und warten, bis das Warnlicht abgestellt wird, selbst wenn der Bus auf der gegenüberliegenden Straßenseite steht.
Fußgänger bekommen in Kalifornien stets recht: Autofahrer haben immer die Beweislast, selbst wenn Fußgänger bei Rot oder im dichtesten Verkehr die Straße überqueren wollen. Kalifornische Autofahrer halten sofort an, sobald ein Fußgänger auch nur die Straße betritt. Wer nicht anhält, muß mit saftigen Geldstrafen rechnen. Viele Gemeinden versuchen schamlos, ihre Kassen mit Bußgeldern aufzufüllen. Es empfiehlt sich, die Verkehrsregeln einzuhalten, auch und vor allem die Parkvorschriften. Parken Sie nie – unter gar keinen Umständen! – vor Hydranten. So hysterisch uns die Angst der Amerikaner vor Feuer anmutet, angesichts der leichten Holzbauweise im Westen ist sie durchaus berechtigt.
Die Farben an der Bordsteinkante haben folgende Bedeutung: Weiß: Nur das Ein- und Aussteigen ist gestattet; Gelb: Ladezone, nach 18.00 und sonntags ist Parken erlaubt; Rot: absolutes Halte- und Parkverbot; Grün: Zeitlich begrenztes Parken gestattet (siehe Schild!). Vorsicht: In San Francisco, Berkeley, Beverly Hills und einigen anderen Gemeinden bestehen Parkzonen, die für die Anwohner reserviert sind. Achten Sie auf die entsprechenden Hinweistafeln! Übrigens: Auch in Kalifornien kann man zu Fuß gehen. Für den Stadtbummel in San Francisco empfiehlt sich das Parkhaus an der Sutter Street, Ecke Stockton Street.

Mietwagen

Die amerikanischen Autos sind für disziplinierte amerikanische Autofahrer gemacht: Sie wollen behutsam gefahren werden. Brutales Bremsen, Vollgas, schnellgefahrene Kurven können sie leicht aus der Spur bringen. Schon Ihrer eigenen Sicherheit zuliebe sollten Sie die Geschwindigkeitsbegrenzungen einhalten. Bricht Ihr Vehikel irgendwo zusammen, nicht ärgern, anrufen und ein anderes kommen lassen. Ein Auto bleibt ein Auto – auch in Kalifornien.
Den Leihwagen bestellen Sie klugerweise schon in Europa. So manches „günstige" Angebot am Flughafen erweist sich schon nach wenigen Kilometern als ungünstig.
Als Garantie und für die Anzahlung des Mietwagens verlangen die amerikanischen Autoverleiher eine der gängigen Kreditkarten. Wer keine hat, muß damit rechnen, ein beträchtliches „Deposit" vor Beginn der Reise hinterlegen zu müssen – in bar. Es empfiehlt sich, eine Vollkaskoversicherung abzuschließen. Obwohl es eine Versicherungspflicht gibt, sind in Kalifornien viele Autofahrer nicht versichert.
Im Westen der USA blüht der Wohnwagenkult. Die Amerikaner lieben ihre RV's, ihre Recreational Vehicles. Wohnwagenparks sind an jedem Stadtrand eingerichtet. Die Nationalparks haben hervorragend ausgestattete Campingplätze. Vorbestellungen für **San Francisco: Rite-Way Recreational Vehicles,** 3275 Geneva Avenue, Daly City, Tel. (415) 468-3000; und für **Los Angeles: Urlaub im Motorhome,** 25 Quarterdeck, Marina del Rey, Tel. (213) 392-4157. Man spricht Deutsch.
Die RV's sind alles andere als billig. Und zum Mietpreis kommen noch das Benzin und die Gebühr für die Campingplätze. (Einfach irgendwo in der Wildnis zu übernachten, ist verboten.)
Wenn Sie Mitglied des ADAC sind, können Sie den vergleichbaren Service des amerikanischen Automobilklubs in Anspruch nehmen, der **American Automobile Association** (AAA) – es lohnt sich. Die AAA unterhält einen eigenen Pannendienst und hilft Ihnen mit Straßenhinweisen, Reisetips und Autokarten. Die AAA-Büros sind von Montag bis Freitag von 9.00 bis 17.00 Uhr geöffnet. Man kann sich sogar Reiserouten zusammenstellen lassen. Fragen Sie nach einem Triptick. Für Südkalifornien ist der **Automobile Club of Southern California,** für Nordkalifornien die **California State Automobile Association** zuständig. Und nun: Have a nice trip!

Souvenirs

Typisch für die Westküste sind Handarbeiten aus kalifornischem Redwood. Schnitzereien finden Sie in jeder Geschenkboutique von Eureka bis San Diego – zu gesalzenen Preisen. Die Hippies und Alternativen haben diese Arbeiten wieder in Mode gebracht. Seit Ende der sechziger Jahre sieht man sie auf den County Fairs schnitzen, töpfern, stricken und weben, ganz wie zu Zeiten ihrer Groß- und Urgroßeltern.
Oder wie wäre es mit einer guten Flasche kalifornischen Weins oder einem kleinen Home Computer aus Silicon Valley oder T-Shirts aus Beverly Hills? Eine Shopping- Tour auf dem **Rodeo Drive** von L. A. sollten Sie sich auf keinen Fall entgehen lassen: Bei Gucci, Hermès und Ungaro, und wie die Mode-Moguln alle heißen, können Sie zwar in Europa auch einkaufen, aber Giorgio's ist einzigartig, den gibt es nur in Beverly Hills. An Giorgio's Bar wird jedem Herrn kostenlos ein Drink serviert, dessen Dame sich gerade ein Abendkleid aussucht; die Gentlemen können unterdessen auch Billard spielen (siehe auch Seite 48). Wem der Rodeo Drive zu teuer ist, der kann sich im **Garment District** von Los Angeles umsehen, wo man die Kreationen bekannter Designer billiger bekommt. Jeans, T-Shirts und modische Freizeitkleidung findet man auf der **Los Angeles Street** zwischen der 5th und 10th Street. Versuchen Sie Ihr Glück im **Cooper Building.** Männern sei **„The Factory"** empfohlen.

Dinge, die sollten Sie wissen

info

Post

Jedes Nest besitzt ein Postamt, aber nicht jedes Postamt hat auch am Samstagmorgen geöffnet. Auf Luftpostbriefe (bis 14 Gramm) nach Europa kleben Sie 40-Cent-Briefmarken, auf Ansichtskarten 28- und auf Standardbriefe (bis 28 Gramm) innerhalb der USA 20-Cent-Briefmarken. Die Anschrift des nächsten Postamts finden Sie im Telefonbuch unter der Rubrik „United States Government".
Bei der amerikanischen Post können Sie kein Telegramm aufgeben. Auch dafür gibt es Privatunternehmen, wie „Western Union", deren Anschrift Sie ebenfalls im Telefonbuch finden. Man kann ein Telegramm auch telefonisch aufgeben, die Kosten werden dann über die Telefonrechnung verbucht. Um der Präzision willen muß jeder Buchstabe einzeln diktiert werden. Preisgünstiger sind die unserem Brieftelegramm ähnlichen „Mailgrams". Sie werden dem Empfänger mit der Post am nächsten Tag zugestellt und kosten – die ersten 50 Wörter nur 4,45 Dollar innerhalb der USA (nach Hawaii und Alaska billiger!). Wie lange Ihre Post von Kalifornien nach Europa unterwegs ist, unterliegt rätselhaften Einflüssen: Luftpostbriefe brauchen manchmal nur vier Tage, manchmal aber auch 14 Tage und manchmal landen sie nie. Eilbriefe machen die Sache kaum besser.

Telefon

Das Telefonieren von Hotels aus ist erheblich teurer als aus Telefonzellen. Wer billig telefonieren will, sollte deshalb genügend Münzen zur Hand haben. Öffentliche Telefonapparate schlucken Nickels (5 cent), Dimes (10 cent) und Quarters (25 cent). Um ein Freizeichen oder den „Operator" (O) zu bekommen, benötigt man zunächst nur einen Dime. Hat man die gewünschte Nummer gewählt, dann erfährt man automatisch, wieviel für die ersten drei Minuten zu zahlen ist. Dauert das Gespräch länger, wird man rechtzeitig ermahnt, Münzen nachzuwerfen. Vergessen Sie bei Ferngesprächen (mit einem anderen Area Code) nicht, vor der Vorwahlnummer eine „1" zu wählen.
Bei Auslandsgesprächen müssen Sie am öffentlichen Telefon den „Operator" einschalten.
Eine segensreiche Einrichtung des amerikanischen Telefonsystems sind die R-Gespräche, die bei uns durch den Selbstwählverkehr in Vergessenheit geraten sind, die „Collect Calls": Stets bezahlt der Empfänger das Gespräch. Angenehm sind auch die „Person-to-Person-Calls", sie müssen vom „Operator" vermittelt werden. Beim „Operator" fragt man nach der gewünschten Person unter der angegebenen Nummer, und Sie bezahlen nur dann für das Gespräch, wenn Sie diese Person auch tatsächlich erreichen. Sowohl das R-Gespräch als auch der „Person-to-Person-Call" sind etwas teurer als der „Station-to-Station-Call". Bedenken Sie aber, daß die amerikanischen Telefongesellschaften Privatunternehmen sind, mit der Post haben sie nicht das geringste zu tun. Telefonzellen findet man nicht in den Postämtern, sondern vor Supermärkten, Tankstellen und an Straßenecken der Großstädte.

Sie kommen im Privat-Pkw, im Bus oder im gemieteten Wohnmobil: Ausflügler am Ventura Beach

Geld

Im St. Francis Hotel am Union Square in San Francisco werden täglich alle Münzen der Hotelkasse gewaschen, damit die Gäste sich nicht mit Wechselgeld die Finger schmutzig machen. Auch das ist kalifornischer Superlativ. Wenn Sie jedoch Geld wechseln wollen – das kann schwierig werden! Kalifornische Banken sind es einfach nicht gewohnt, fremde Währungen umzutauschen. Und dann womöglich noch in großen Noten! Selbst mit DM-Reiseschecks können Sie Bankangestellte in eine tiefe Vertrauenskrise stürzen. Was zählt, ist nun mal der Dollar, und am sichersten sind allemal Dollar-Reiseschecks von einer bekannten amerikanischen Bank wie etwa American Express. Die Amerikaner zahlen am liebsten mit Plastikgeld, mit Kreditkarten also, von American Express oder anderen großen Banken, Visa etwa oder Master(Euro)card. Die in Europa verbreitete Diners-Club-Karte ist im Westen der USA weniger bekannt.

Auch wenn die Hitze unerträglich wird – lassen Sie

Sollte Ihnen das Bargeld ausgehen, können Sie auch bei American-Express-Filialen mit der Amex-Karte und einem Scheck Ihrer Bank Bargeld (bis zu 1000 Dollar innerhalb von 21 Tagen) erhalten. Mit Visa bekommen Sie bei der Bank of America bis 200 Dollar pro Woche, bei anderen Großbanken mit Master (Euro)card bis zu 500 Dollar innerhalb von 21 Tagen in bar ausbezahlt. Wenn Sie völlig abgebrannt sind, weder Kreditkarte noch Reiseschecks haben, dann entsinnen Sie sich Ihrer Verwandten oder guten Freunde: Pumpen Sie die an und lassen Sie sich von ihnen Geld mit Western Union schicken.

Zeitungen & andere Informanten

Deutsche Zeitungen und Zeitschriften sind rar im Westen der USA und nur mit mehrtägiger Verspätung erhältlich. Es gibt sie in San Francisco in der **International Corner,** 500 Sutter Street, und in Los Angeles bei der **Universal News Agency,** 1655 North Las Palmas Avenue in Hollywood.

Wie weit man in Kalifornien vom Rest der USA und der übrigen Welt abgeschnitten ist – Europa ist genausoweit entfernt wie Asien –, das merkt man spätestens beim Durchblättern der Tageszeitungen. Die „Los Angeles Times" ist die wohl einflußreichste und beste Tageszeitung im Westen der USA, wenngleich ihre Auslandsberichte zu wünschen übriglassen. In der Bay Area liest man die „San Francisco Chronicle" und den „San Francisco Examiner", die sogar eine gemeinsame Sonntagsausgabe herausgeben, obwohl sie Konkurrenten sind. Ansonsten hat jeder kleine Ort sein eigenes Tages- oder Wochenblättchen, die oft mit Anzeigenblättern gekoppelt sind. Was im Kino oder im Theater läuft, was Oper und Orchester bieten, was an Kultur sonst noch stattfindet, das entdecken Sie alles im Veranstaltungsteil der Zeitungen. Eine sehr gute Übersicht über die Veranstaltungen in der Bay Area vermittelt der „Bay Guardian", für Los Angeles die Anzeigenblätter „L. A. Weekly" und „L. A. Reader", für Gesamtkalifornien das „California Magazine". Damit ist man bestens versorgt.

Das Fernsehen sendet ab 17.00 Uhr ausführliche Lokal-Nachrichten. Die drei großen TV-Gesellschaften – CBS, ABC und NBC – strahlen ihre Weltnachrichten am frühen Abend aus, in Los Angeles ab 19.00. Die Anfangszeiten verschieben sich je nach Senderegion. Nur CBS hat bisher die sogenannte „Western Edition" eingeführt – brandaktuelle Informationen. Die NBC- und ABC-Nachrichten sind meist drei Stunden alt, wenn sie am Pazifik über den Sender gehen.

Klima

Am schönsten ist Kalifornien im Frühling, von März bis Juni. Dann ist gewöhnlich die Regenzeit gerade vorbei, das Küstengebirge strahlt in frischem Grün, die Temperaturen in Südkalifornien sind noch erträglich, die Wüste blüht in den strahlendsten Farben und der Smog hat die Luft von Los Angeles noch nicht verpestet. In der High Sierra mag es noch kühl sein, doch Bäche und Seen quellen über vom Schmelzwasser. Und sogar Skilaufen kann man da und dort noch in den Bergen.

Kalifornien hat verschiedene Klimazonen: Während die Sonnenanbeter in San Diego im Dezember baden gehen, leuchten von den Bergen schneebedeckte Gipfel. Kein Ort verkörpert diese Gegensätze so dramatisch wie Palm Springs: Mitten im Winter kann man bei 25 bis 30 Grad Celsius in der Sonne liegen – und oben auf den Bergen, nur ein paar Kilometer entfernt, jagen Skiläufer über die Pisten. Der Winter ist in Südkalifornien im allgemeinen mild, im Norden kann es dagegen recht kühl werden.

Die Temperaturschwankungen zwischen Süd- und Nordkalifornien sind beachtlich. Im Hochsommer wird es in San Francisco manchmal nicht wärmer als 15 Grad, daran ist der kühle Wind schuld, der ständig vom Meer her durch das Golden Gate in die Bucht strömt.

In leichter Sommerkleidung kann man im Juli und August in San Francisco entsetzlich frieren. Sie sollten Pullover und Regenmantel mitnehmen. Wenn Sie es wirklich einmal nicht mehr aushalten und das Bibbern satt haben, dann fahren Sie einfach auf die andere Seite der Bucht, nach Berkeley hinüber. Dort ist es etwas wärmer. Diese Sommerregel stimmt immer. Für die Küstenstraße gilt: Dichter Küstennebel sorgt häufig für kühle Tempera-

Das kalifornische Wetter in Zahlen

	JAN	FEB	MÄRZ	APRIL	MAI	JUNI	JULI	AUG	SEPT	OKT	NOV	DEZ
Bakersfield	14,2 / 24,4	17,4 / 26,2	20,3 / 21,1	24,2 / 21,6	28,7 / 4,8	33,1 / 1,5	37,3 / 0,5	35,8 / 0,3	32,8 / 2,0	26,9 / 6,6	19,9 / 17,5	14,1 / 18,8
	3,0	5,2	6,9	9,9	13,3	16,8	20,4	19,2	16,7	11,8	6,8	3,6
Bishop	12,0 / 30,5	14,4 / 26,9	17,6 / 10,9	22,2 / 10,4	27,1 / 6,9	32,1 / 2,3	36,4 / 4,3	35,2 / 2,5	31,5 / 2,5	25,1 / 6,6	17,7 / 14,7	13,0 / 26,7
	-6,4	-3,7	-1,8	2,7	6,4	9,8	13,2	11,6	7,9	2,9	-2,5	-5,4
Blue Canyon	6,1 / 347,0	6,8 / 239,3	7,2 / 217,2	10,9 / 138,9	15,4 / 79,8	19,9 / 25,1	25,3 / 2,5	24,7 / 6,9	22,6 / 13,2	17,0 / 105,2	10,9 / 229,6	7,6 / 311,9
	-1,2	-0,8	-0,6	2,3	5,9	10,2	14,8	13,9	11,7	7,4	2,9	0,3
Death Valley (Furnace Creek)	23,9 / 2,5	29,4 / <1	33,9 / 2,5	40,6 / 2,5	44,4 / 5,0	48,3 / 5,1	50,0 / 7,6	49,4 / 7,6	47,8 / 5,1	41,1 / <1	32,2 / 2,5	25,0 / <1
	-3,9	0,0	5,0	9,4	14,4	17,8	24,4	21,7	16,7	9,4	1,1	-1,7
Eureka	17,8 / 188,5	17,2 / 130,8	18,3 / 122,7	18,9 / 74,9	18,9 / 53,6	19,4 / 16,7	18,9 / 3,6	19,4 / 0,7	21,1 / 16,5	22,8 / 82,0	20,6 / 146,6	19,3 / 167,1
	-0,6 / 4,0	0,0	1,1	2,8	5,0	6,7	8,3 / 8,5	8,9	6,7	4,4	2,2	0,6
Fresno	12,7 / 46,7	16,0 / 43,7	19,2 / 41,1	23,5 / 31,5	28,3 / 8,1	32,4 / 1,5	36,8 / 0,0	35,6 / 0,5	32,8 / 1,8	26,6 / 10,7	18,9 / 31,0	12,6 / 43,4
	2,1 / 4,8	3,9	5,1	7,9	11,1	14,2	17,2 / 13,8	15,9	13,6	9,2	4,9	2,7
Los Angeles (Downtown)	18,1 / 76,2	18,7 / 70,4	20,3 / 55,6	21,6 / 32,3	23,3 / 3,3	25,1 / 0,8	28,4 / 0,0	28,7 / 1,0	27,6 / 4,3	24,9 / 6,9	22,8 / 51,3	19,4 / 54,9
	7,4 / 7,0	8,3 / 8,2	9,5 / 8,7	11,1 / 8,3	13,0 / 9,0	14,6 / 9,4	16,5 / 10,8	16,7 / 10,7	15,7 / 9,3	13,5 / 7,3	10,6 / 8,0	8,6 / 7,9
Mount Shasta	5,4 / 168,9	8,5 / 142,5	10,6 / 102,4	14,7 / 77,5	19,2 / 47,5	23,3 / 27,4	29,4 / 8,1	28,6 / 7,9	25,4 / 17,5	18,3 / 64,5	10,9 / 129,3	6,5 / 158,8
	-3,7	-2,1	-1,2	1,1	4,4	7,8	10,3	9,2	6,9	3,3	-0,2	-2,6
Sacramento	11,1 / 94,7	14,8 / 68,1	18,1 / 55,1	21,5 / 39,1	25,6 / 13,0	30,0 / 2,5	33,3 / 0,3	32,4 / 1,3	30,0 / 4,8	24,4 / 25,1	18,0 / 54,1	12,0 / 79,2
	3,4 / 3,6	5,8 / 6,3	7,2 / 8,0	8,8 / 9,8	11,0 / 11,1	13,4 / 12,7	14,8 / 13,7	14,2 / 12,5	13,6 / 11,4	10,8 / 9,3	6,7 / 6,1	4,2 / 3,7
San Diego	17,9 / 47,8	18,3 / 37,6	19,2 / 39,4	19,9 / 20,6	20,9 / 3,8	22,0 / 1,3	24,2 / 0,3	24,7 / 1,8	24,4 / 3,3	22,8 / 8,6	21,6 / 31,8	19,1 / 43,9
	7,5 / 6,5	8,6 / 7,7	9,9 / 8,4	11,8 / 7,7	13,7 / 8,5	15,4 / 8,3	17,2 / 9,1	17,8 / 8,6	16,4 / 8,1	13,8 / 7,2	10,4 / 7,5	8,5 / 6,8
San Francisco	13,0 / 114,6	14,8 / 75,4	16,1 / 70,4	16,7 / 41,4	17,2 / 13,7	18,4 / 4,3	18,0 / 0,3	18,2 / 1,3	20,2 / 4,3	20,0 / 26,9	17,7 / 66,0	13,9 / 106,2
	7,1 / 4,9	8,4 / 6,9	9,2 / 7,9	9,6 / 9,1	10,6 / 9,6	11,6 / 11,0	11,9 / 9,3	12,1 / 8,3	12,7 / 8,8	12,2 / 7,5	10,4 / 6,3	8,2 / 4,6
San Jose	13,9 / 73,7	16,1 / 61,0	18,3 / 63,5	20,0 / 27,9	22,2 / 12,7	25,0 / 2,5	26,7 / <2,5	26,7 / <2,5	25,6 / 7,6	23,3 / 17,8	18,9 / 38,1	14,4 / 63,5
	3,3 / 4,2	5,0 / 5,5	5,6 / 6,8	6,7 / 8,7	8,3 / 9,2	10,0 / 11,2	11,7 / 12,0	11,7 / 11,0	10,0 / 9,5	8,3 / 8,0	5,6 / 6,1	3,3 / 5,1
Santa Maria	18,6 / 57,2	19,6 / 61,0	18,1 / 50,3	20,4 / 33,3	18,5 / 4,8	21,1 / 1,0	22,6 / 0,8	22,4 / 0,5	22,8 / 2,5	23,4 / 13,2	21,9 / 34,5	21,9 / 52,1
	6,9	6,9	4,7	6,8	7,7	8,8	12,1	12,4	11,2	8,1	3,9	4,1
Stockton	13,2 / 77,7	17,4 / 69,3	18,7 / 28,4	23,6 / 22,9	27,1 / 6,9	30,4 / 0,2	35,8 / 12,7	34,1 / 0,0	30,4 / 0,0	27,6 / 1,5	20,4 / 1,0	12,1 / 31,0
	6,1	7,6	5,4	8,2	10,7	12,7	16,9	15,5	13,1	9,5	4,5	2,3

schwül | feuchtwarm | trockenheiß | behaglich | trockenkühl | feuchtkühl

Die Werte für die »Behaglichkeit« ergeben sich aus der Temperatur und der (hier nicht aufgeführten) Luftfeuchtigkeit. Die durchschnittliche tägliche Sonnenscheindauer wird nicht an allen Meßpunkten für alle Monate ermittelt

17,8 / 188,5 — -0,6 / 4,0

17,8 durchschnittliche Tageshöchsttemperatur in Grad C
-0,6 durchschnittliche Tagestiefsttemperatur in Grad C
188,5 mittlere monatliche Niederschlagsmenge in mm
4,0 durchschnittliche tägliche Sonnenscheindauer in Stunden

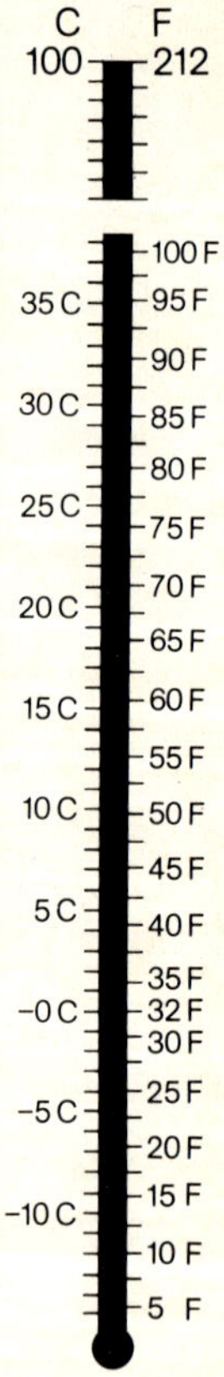

turen, selbst wenn das Hinterland vor Hitze brodelt.

Nationalparks

In Kalifornien gibt es mehr Nationalparks als in allen anderen US-Bundesstaaten. Die Wanderwege sind gut ausgebaut und wohlgepflegt. Die Park Rangers verkaufen vorzügliche Wanderkarten und Informationsmaterial über die Tier- und Pflanzenwelt. Auch ohne Camping-Ausrüstung kann man zünftig und billig übernachten – in den Blockhütten des Parkservice.
Wer möglichst viele und vielleicht nicht nur kalifornische Nationalparks kennenlernen möchte, sollte sich für zehn Dollar pro Wagen den „Golden Eagle Passport" besorgen, der ein Jahr in den gesamten Vereinigten Staaten gültig ist. Zu erhalten am Eingang jedes kostenpflichtigen Nationalparks. Auskunft bei: **National Park Service,** Western Regional Office, 450 Golden Gate Avenue, San Francisco, CA 94102, Tel. (415) 556-4196.

Erste Hilfe

Wer die Kraft der Sonne am Pazifik unterschätzt oder bei einer angenehm kühlenden Brise nicht daran denkt, der hat sich schnell einen fürchterlichen Sonnenbrand zugezogen. Solarcaine, in jedem Supermarkt und Drugstore erhältlich, lindert wenigstens die größten Schmerzen. Wer einen Arzt benötigt, ist arm dran: Amerikanische Ärzte machen nur selten Hausbesuche. Selbst von einem Patienten, der Fieber hat, wird erwartet, daß er persönlich einen Arzt aufsucht. Grundsätzlich kann man aber die Universitätskrankenhäuser in Kalifornien empfehlen. Deren Emergency Room ist rund um die Uhr geöffnet, auch am Wochenende. Die erste Frage vor der Behandlung eines Kranken in den USA gilt immer dem Honorar. Noch bevor der Patient überhaupt den Arzt gesehen hat, muß er seine Solvenz nachweisen.
Bei Un- oder Notfällen rufen Sie die Ambulanz an. Die Telefonnummer steht vorne in jedem Telefonbuch.
Wenn Sie einen Arzt benötigen und ratlos sind, wenden Sie sich am besten ans nächste Generalkonsulat.
Generalkonsulate der Bundesrepublik Deutschland: 601 California Street, Suite 600, San Francisco, CA 94108, Tel. (415) 981-4250 oder 6435 Wilshire Boulevard, Los Angeles, CA 90048, Tel. (213) 852-0441.
Generalkonsulat der Republik Österreich: 3440 Wilshire Boulevard, Suite 910, Los Angeles, CA 90010, Tel. (213) 380-7550 oder **Honorar-Generalkonsulat der Republik Österreich:** 256 Sutter Street, 6th Floor, San Francisco, CA 94108, Tel. (415) 986-4040 und
Generalkonsulate der Schweiz: 3440 Wilshire Boulevard, Suite 817, Los Angeles, CA 90010, Tel. (213) 388-4127 oder
235 Montgomery Street, Suite 1035, San Francisco, CA 94104, Tel. (415) 788-2272.

Für viele Kalifornier gehören Meer und Strand zum Leben wie Essen und Trinken: La Jolla Beach

Erotisches

Die Moral Majority und deren spirituell-kämpferischer Führer, der gestrenge Reverend Falwell, halten Kalifornien für einen der schlammigsten Sündenpfuhle unserer Zeit. Tatsächlich gibt es nur in Kalifornien ein Stadtparlament, in dem ein männlicher Schwuler, eine Lesbierin mit unehelichem Kind und ein ehemaliger Häftling als jeweilige Vertreter ihrer Gruppe sitzen. Homosexuelle genießen in Kalifornien überall und großzügig Toleranz und Anerkennung wie kaum irgendwo in den USA. Viele junge Paare allerlei Geschlechts leben ohne Trauschein zusammen, und in Kalifornien kam auch in den sechziger Jahren der Slogan der Friedensbewegung auf: Make love not war.
Am Pazifik gibt es auch Nacktbadestrände, was die sonst so puritanischen Amerikaner einigermaßen befremdet. Erkundigen Sie sich vorher genau, wo Sie die Hüllen fallen lassen dürfen – sonst müssen Sie wegen Erregung öffentlichen Ärgernisses Bußgeld zahlen, denn überall, auch am Strand, werden Tickets verteilt. Wenn Sie wirklich und um jeden Preis dem FKK-Kult obliegen wollen – der Privatklub **Elysium,** 814 Robinson Road, Topanga, bei Los Angeles läßt jedes Wochenende nackte Gäste zu: Tel. (213) 455-9026.
Kalifornien besitzt angeblich mehr hübsche Mädchen und schönere Frauen als die übrigen Staaten der USA. Doch sachte – machen Sie sich keine Illusionen: Kalifornische Frauen sind zielstrebig, selbstbewußt und erfolgsorientiert, sie sinken nicht gleich hin, wenn sie ein fröhlicher Deutscher mit schwerem Akzent anmacht. Auch sonst sind die erotischen Nachrichten aus dem Westen nicht erfreulich. Carol Doda, die erste Frau der Welt, die ihren Busen mit Silikon aufblähen ließ, ist längst im Ruhestand. Die berühmte Bordell-Madame aus Sausalito ist inzwischen auch gestorben, und Margo St. James hat ihre Prostituierten-Freundinnen von San Francisco organisiert, die Gruppe heißt: COYOTE (Call Off Your Old Tired Ethics). Also atmen Sie lieber tief durch und werfen sich anschließend auf die vielseitigen Outdoor-Aktivitäten. Befolgen Sie den Wahlspruch der Kalifornier: Enjoy yourself! – aber bitte auf kalifornisch.

Entertainments

Jeder kennt das weltberühmte Disneyland, aber Disneyland ist nur einer der ausgedehnten Vergnügungsparks. Die größten Sensationen sind gerade groß genug: Killerwale, die Purzelbäume schlagen, Achterbahnen, die den Atem nehmen, Raketen, die in den Siebten Himmel tragen. Wer zwischen Aufregungen und Fast Food in Ruhe essen will, der findet hier ein paar Adressen.

The Exploratorium

San Francisco, Palace of Fine Arts, 3601 Lyon Street; Tel. (415) 563-7337.

Naturwissenschaften und Technik – hautnah und zum Anfassen. Ein Paradies für Kinder, ein Erlebnis für Erwachsene.
Mittwochs bis freitags 13.00 bis 17.00 Uhr, samstags und sonntags 11.00 bis 17.00 Uhr.

Marine World/ Africa USA

Redwood City, Marine World Parkway; Tel. (415) 365-7446 oder 591-7676.

Tiere des Meeres, Tiere des Dschungels, Tiere der Steppe – und dazu das lehrreiche „Ecology Theater". Ohne Show geht es nicht, die Attraktionen sind Elefanten-Ritte,

Kalifornien kostete die USA 15 Millionen Dollar

info

Schußfahrten, die einem den Magen umdrehen: Die Achterbahn ist der Top-Hit des Magic-Mountain-Vergnügungsparks nördlich von L. A.

Haifütterungen, springende Killerwale.
Im Winter nur an Wochenenden und Feiertagen. Sonst täglich. Ab Ostern bis Ende Mai sowie September und Oktober jedoch montags und dienstags geschlossen. Öffnungszeiten: 9.30 bis 17.30 Uhr.

✕ La Guinguette

Redwood City, 593 Woodside Road; Tel. (415) 369-7364.

Französische Kost aus der Provence – aber nur zum Dinner. Montags geschlossen.

✕ Michael's Alley

Palo Alto, 800 Emerson Street; Tel. (415) 329-1727.

Zum Lunch und Dinner wird Folk- und Rock-Musik serviert. In dieser populären Bar wurde die Band „The Greatful Dead" entdeckt.

Marriott's Great America

Santa Clara, Great America Parkway; Tel. (408) 988-1776.

Ein Vergnügungspark, in dem man eine Menge über Geschichte und Geographie der Vereinigten Staaten erfährt und nebenbei lernt, auf der Looping-Achterbahn die Zähne zusammenzubeißen.
Von Ende Mai bis Anfang September täglich von 10.00 bis 21.00 Uhr. Anfang März bis Ende Mai sowie Anfang September bis Ende Oktober nur an Wochenenden bis 20.00 Uhr (in der Osterwoche täglich). Sonst geschlossen.

Winchester Mystery House

San Jose, 525 South Winchester Boulevard (nahe des Highway 17); Tel. (408) 247-2101.

Bizarre Zimmerfluchten, Geheimgänge, Flure und Treppen, die nach nirgendwo führen: Solange Sarah Winchester lebte, ließ sie ihr merkwürdiges Haus ständig ausbauen, um die Geister der Rothäute in die Irre zu schicken, die von Winchester-Büchsen in die ewigen Jagdgründe befördert worden waren. Täglich, außer Weihnachten, mit wechselnden Öffnungszeiten.

✕ The Velvet Turtle

San Jose, 380 South Kiely Avenue; Tel. (408) 247-3477.

Mittags Salate und Omelettes, abends Rind und Fisch, und das alles in einem spanischen Dekor.

✕ Lou's Village

San Jose, 1465 West San Carlos Street; Tel. (408) 293-4570.

Beliebtes Lokal fünf Kilometer südlich der Stadt mit vorzüglichen Steaks und Prime Ribs. Kinderteller. Cocktails und Lounge.

✕ Victorian House Garden Restaurant

San Jose, 476 South First Street; Tel. (408) 286-1770.

Drinnen Antiquitäten, Blumen und Tiffany-Lampen, im Garten Licht und Luft. Auch Sunday Brunch.

Six Flags Magic Mountain

Valencia, 26101 Magic Mountain Parkway; Tel. (213) 992-0884.

Nervenkitzel in einem gepflegten Garten mit Blumen, Seen, Wasserfällen: der Ritt über Stromschnellen, die Achterbahn, die zehnmal schneller als jeder Fahrstuhl in die Tiefe saust, oder die rasende Fahrt in einer Zentrifuge – alles ist „sensational".

Ende Mai bis Anfang September täglich von 10.00 Uhr bis Mitternacht. Sonst nur an Wochenenden und Feiertagen (außer Weihnachten) von 10.00 bis 18.00 Uhr.

Vergangenheit ohne großes Kriegsgeschrei

1542: Juan Rodriguez Cabrillo, Portugiese in spanischen Diensten, landet am 28. September am Point Loma. Er nennt das Land „California" – nach der südlichen Halbinsel, die ihre spanischen Entdecker an das paradiesische Phantasie-Eiland eines Ritterromans erinnert hatte: die Insel „California" mit schwarzen Amazonen, Gold und Edelsteinen.
1769: Der Franziskaner Junipero Serra errichtet bei San Diego die erste von 21 Missionen, die bis 1823 entlang der Küste nach Norden hin entstehen. Die Missionare bringen den friedfertigen Indianern das Christentum und bebauen mit deren Hilfe riesige Landgüter.
1781: Gründung von Los Angeles.
1812: Russische Pelzjäger und Händler setzen sich in Fort Ross nördlich des heutigen San Francisco fest, die Spanier verstärken die militärische Präsenz in ihrer Provinz Alta California (Hauptstadt Monterey). Die Russen ziehen nach knapp 30 Jahren ab.
1821: Mexiko wird unabhängig, Alta California mexikanische Provinz. Spanisch-mexikanische Siedler, „Californios", reißen die Ländereien der Missionen an sich, die Indianer werden ausgebeutet, vertrieben, dezimiert.
1835: Gründung San Franciscos.
1839: Der aus Baden stammende John A. Sutter gründet Nueva Helvetia, aus dem später Sacramento wird.
1846: Am 10. Juni rufen Siedler aus den USA in Sonoma die unabhängige Kalifornische Republik aus. Nachdem es wegen Texas zwischen den USA und Mexiko zum Krieg gekommen ist, suspendieren die US-Kalifornier am 9. Juli ihre Republik und schließen sich den USA an. Mexiko ist gegen diese Entwicklung machtlos; seine Truppen ergeben sich nach einigen Gefechten der US Army.
1848: Im Vertrag von Guadalupe Hidalgo tritt Mexiko Alta California und alle Gebiete nördlich des Rio Grande gegen 15 Millionen Dollar an die USA ab.
In John Sutters Mühlenbach bei Coloma wird von dem Zimmermann James Marshall Gold gefunden. Der Goldrausch treibt die Einwohnerzahl von 15 000 (ohne Indianer) bis 1852 auf 250 000.
1850: Kalifornien wird 31. Bundesstaat der USA.
1861–65: Im Bürgerkrieg kämpft Kalifornien auf seiten der Nordstaaten.
1868: Gründung der University of California in Oakland.
1869: Die neue Central Pacific Railroad verbindet Chicago mit Oakland; Kaliforniens Aufschwung zu einer der führenden Industrie- und Agrarregionen der Welt beginnt.
1885: Gründung der Stanford University bei Palo Alto, heute die angesehenste Privatuniversität im Westen der USA.
1895–1900: Die Erdöl-Förderung steigt von 1,245 auf 4,320 Millionen Barrels im Jahr.
1941–45: Der Zweite Weltkrieg führt zum Ausbau der Werft- und Flugzeugindustrie.
1945: In San Francisco unterzeichnen 50 Nationen die UN-Charta.

Sie arbeiteten für einen Hungerlohn: Chinesen beim Bau der Central Pacific

EUROCARD – das sind 2,4 Millionen Gründe für eine Amerikareise

Amerika ist in den letzten Jahren zu einem der beliebtesten Reiseziele geworden. Ob Sie nun Ihren Urlaub hier verbringen oder geschäftliche Interessen wahrnehmen: Bei mehr als 2,4 Millionen Vertragsunternehmen in Nord-, Mittel- und Südamerika, von New York bis San Francisco, von Toronto bis Buenos Aires – all jenen, die das MasterCard-Zeichen führen – sind Sie als EUROCARD-Inhaber ein gerngesehener Kunde.

Ihre EUROCARD wird weltweit akzeptiert

Sie wird wie Bargeld angenommen. In Hotels und Restaurants, in Boutiquen und beim Flugscheinkauf: bei insgesamt über 3,2 Millionen Vertragsunternehmen.
In besonderen Fällen hilft Ihnen die EUROCARD auch Bargeld zu bekommen. Über 1.200 Banken und Sparkassen in Deutschland zahlen Ihnen bis zu DM 2.000,– in bar aus. Und bei 70.000 Bankstellen rund um die Welt erhalten Sie den Gegenwert von 500 Dollar in der jeweiligen Landeswährung.

Die EUROCARD als Zeichen Ihrer Zahlungsfähigkeit

Die EUROCARD ist weltweit ein Zeichen Ihrer Zahlungsfähigkeit, bei dem Ihre Ausgaben keinem festgesetzten Limit unterworfen sind. Sondern Ihren ganz persönlichen finanziellen Verhältnissen.

Lohnt sich die EUROCARD auch für Sie?

Wir bieten Ihnen an, es selbst zu prüfen. In einem Drei-Monats-Test werden Sie sicher feststellen, daß sich die EUROCARD für Sie auszahlt.
Dieser Service hat allerdings auch seinen Preis: 100 Mark im Jahr. Aber diesen Betrag haben Sie meist schnell wieder heraus. Denn je häufiger Sie Ihre EUROCARD nutzen, desto schneller macht sie sich bezahlt.
Es gibt also viele gute Gründe, sich bei Ihrer Bank oder Sparkasse nach der EUROCARD zu erkundigen.
Oder fragen Sie Ihr Postscheckamt.

EUROCARD

Ein Service der deutschen Banken und Sparkassen. Weltweit

Fun mit Frankenstein: Universal Studios

Universal Studios

Universal City/L. A.,
100 Universal City Plaza;
Tel. (213) 877-1311 oder 877-2121.

Hollywood öffnet seine Trickkiste – und die Gäste sind involviert: bei „Weißer Hai"-Attacken, Lawinenschlägen, Laser-Kämpfen oder der Teilung des Roten Meers. Oder soll's lieber ein Besuch in Draculas Schloß sein oder ein Händedruck mit E. T.? Bitte schön!
Täglich. Dezemberwochen bis 17.00 Uhr. In der übrigen Zeit montags und dienstags geschlossen.

✕ Le Monaco

Palos Verdes Estates,
2325 Palos Verdes Drive West;
Tel. (213) 377-6775.

Herrlicher Seeblick zu konventioneller französischer Küche. Sehr populär ist der Sunday Brunch.

Queen Mary

Long Beach, Pier J
(Long Beach Freeway, Ausfahrt Queen Mary); Tel. (213) 435-4747.

1967 wurde die gute alte Ozean-Lady, das größte Passagierschiff aller Zeiten, zu einem Hotel mit Restaurant umgebaut. Enthält ein von Jacques Cousteau entworfenes Meeresmuseum. In ihren Luxuskabinen läßt sich's gut von der weiten Welt träumen, im Maschinenraum erahnt man, wie vital die alte Dame einst war.
Besichtigungen täglich von 10.00 bis 17.00 Uhr.

Vor 16 Jahren zum letztenmal um Kap Hoorn: Ozeanriese Queen Mary

✕ Fung Lum

Universal City, Universal City Plaza; Tel. (213) 760-4603.

Man muß es gesehen haben: kantonesische Küche in einem sagenhaften China-Tempel. Direkt gegenüber vom Studio.
Sonntags kein Lunch. Dinner täglich.

Hanna-Barbera's Marineland

Rancho Palos Verdes,
6610 Palos Verdes Drive South;
Tel. (213) 541-5663.

Zirkus mit „Orky" und „Corky", den Killerwalen, und die Möglichkeit, in gemieteten Tauchanzügen ins „Baja Reef" zu steigen, ein Riesenaquarium, in dem man zwischen tropischen Fischen, Schildkröten, Korallen und Tangwäldern schwimmt.
April bis September täglich 10.00 bis 19.00 Uhr, in den beiden letzten

Knott's Berry Farm

Buena Park, 8039 Beach Boulevard (Highway 39);
Tel. (714) 827-1776.

Aus einer Beeren-Farm mit Hühnchen-Restaurant wurde Kaliforniens größter Amüsier-Park nach Disneyland: ein Wildwest-Freiluftmuseum mit 135 „thrill rides", mit Shows und Souvenir-Shops aus der guten alten Zeit.
Ende Mai bis Anfang September täglich von 9.00 Uhr bis Mitternacht. Sonst mittwochs und donnerstags geschlossen. In den Wintermonaten früher Schluß.

✕ Knott's Chicken Dinner Restaurant und Steak House

Beide im Park, die besten Küchen in dieser Gegend.

Wagemut und Wissenschaft schrieben eine Saga des Erfolgs

Von Joel Kotkin

Die Superlative in Kalifornien reißen nicht ab. Der Aufstieg des 31. Bundesstaates verlief so rasant, daß sogar in den USA noch längst nicht jedermann begriffen hat, daß der Küstenstreifen zwischen den Rocky Mountains und dem Pazifik die führende Industrieregion der Nation geworden ist und obendrein ihr größtes Agrarland. Wäre Kalifornien ein souveräner Staat, es rangierte als Nummer acht der Weltrangliste aller Industriestaaten. Mit einem Bruttosozialprodukt von 315 Milliarden Dollar liegt es knapp hinter Italien und noch vor China, Brasilien und Kanada.
Kalifornien ein gesegnetes Land? Heute ja, aber vor 150 Jahren war es ein gottverlassener Vorposten Mexikos, bewohnt von Rindern, Raubzeug und Ungeziefer. Die Gründerväter mußten sich den Segen erst erkämpfen, und oft kostete ihr eigenes Glück andere Unglücklichere das Leben.
Allen Helden dieser Erfolgsgeschichte war – und ist – jener biegsame Unternehmungsgeist gemeinsam, der noch heute das Land beseelt. Wo sonst denken bessere Ingenieure, Biotechniker und Computerarchitekten über die Zukunft nach? Die Fähigkeit der kalifornischen Elektronik-Industrie zur Innovation läßt ihre Konkurrenz in Japan und Europa weit hinter sich. Die wichtigsten Raumfahrt-Entwicklungen finden fast ausschließlich in Kalifornien statt.
Die Entdeckung und Eroberung des Landes verlief blutig wie ein Kreuzzug. Jene Menschen, die aus einem wüsten Territorium ihr Kalifornien schufen, den „Golden State", waren verzweifelt und hoffnungsvoll gleichermaßen. Sie nahmen gefahrvolle Reisen von China und Europa auf sich, sie überquerten die weglosen Prärien und Berge Amerikas, in der Hoffnung auf das große Glück. Angeführt von Abenteurern, von Raubrittern. Die Giganten, die den Goldrausch als Sieger überstanden, begannen als Habenichtse und starben als millionenschwere Beherrscher florierender Imperien.
Genauso gewalttätig waren die ersten großen Farmer. Ein deutscher Einwanderer namens Henry Miller war einer dieser Pioniere. Als er 1850 anfing, besaß er sechs Dollar. Irgendwie luchste er den verschuldeten mexikanischen Großgrundbesitzern einen Landstreifen nach dem andern ab, und nach 20 Jahren war sein Reich größer als das gesamte Großherzogtum Luxemburg. Henry Miller und all die anderen, die hier Boden zusammenrafften, hatten stets die Natur gegen sich. Da war oft weit und breit kein Wasser. Also dachten sie darüber nach, wie sie Wasser in ihre Ländereien leiteten. Oder welche Früchte sich am besten dem trockenen, heißen Klima anpaßten. Sie wußten,

Im Vakuumgefäß wird Metall auf Linsen gedampft, um sie zu verspiegeln: Optical Coating Lab in Santa Rosa

Lernen Sie GEO jetzt kennen. Unverbindlich zur Ansicht! 1

Während GEO-SPECIAL jeweils einem Wissensgebiet gewidmet ist, bringt GEO jeden Monat mindestens 6 große Reportagen, authentische Erlebnisberichte über fremde Länder, Menschen und Kulturen, über Segen und Gefahren der Technik, über Probleme, die uns alle angehen; Bilder voll Schönheit, Dramatik, Ausdruckskraft – präsentiert von Fotografen und Reportern, die zu den besten der Welt gehören. Darüber hinaus nutzen Sie jetzt diese Vorteile, wenn Sie GEO jetzt kennenlernen möchten:

- Sie erhalten die wertvolle Begrüßungs-Edition.
- Dazu: 4 GEO-Farbdrucke.
- Extra: Die umfangreiche GEO-Dokumentation.
- Garantiert: Ca. 20% Preis-Vorteil gegenüber Einzelpreis.

Ausführliche Informationen über GEO gibt Ihnen die Anzeige auf den Seiten 152/153.

Abruf-Karte für GEO mit ca. 20% Preis-Vorteil

Bitte mit 60 Pf freimachen, falls Marke zur Hand

Antwort-Postkarte

GEO
Leser-Service
Postfach 11 16 29

2000 Hamburg 11

Sichern Sie sich die nächsten GEO-SPECIALS! 2

Wenn Sie noch kein GEO-SPECIAL-Abonnement bestellt haben, bieten wir Ihnen die Möglichkeit, sich jetzt alle folgenden Ausgaben von GEO-SPECIAL zu sichern. In Vorbereitung sind u. a. die Themen »Weltraum«, »Hamburg« und »Australien«.
Jedes GEO-SPECIAL hat mindestens 160 Seiten. Alle Bilder in Farbe.
Am besten schicken Sie Ihre Abruf-Karte noch heute ab.

Abruf-Karte für ein GEO-SPECIAL-Abonnement

Bitte mit 60 Pf freimachen, falls Marke zur Hand

Antwort-Postkarte

GEO-SPECIAL
Leser-Service
Postfach 11 16 29

2000 Hamburg 11

GEO-SPECIAL-Ausgaben zum Nachbestellen: 3

New York: Noch nie hat ein Magazin umfassender zusammengetragen, was man über New York wissen muß. Dieses GEO-SPECIAL macht Sie zum intimen Kenner dieser wohl faszinierendsten Stadt der Welt.
Fotografie: GEO-Fotos haben Maßstäbe gesetzt. In diesem GEO-SPECIAL berichten Fotografen von Weltruf über ihre erfolgreiche Arbeit. Sie zeigen ihre besten Fotos und geben hilfreiche Tips.
Moskau: GEO-SPECIAL inspiziert diese Stadt wie noch kein Magazin vorher. Für alle, die Moskau daheim so intim kennenlernen möchten, als wären sie dort gewesen.
Bedrohte Tiere: Dieses GEO-SPECIAL untersucht, warum immer mehr Tiere von der Ausrottung betroffen sind und zeigt Fotos, die betroffen machen.
Mallorca: GEO-SPECIAL zeigt eine Inselwelt hinter den Kulissen des Massentourismus: ein wunderschönes Fleckchen Erde mit unverwechselbaren Landschaften voll Geschichte und Geschichten.
Kalifornien: Mitleser, die sich für das GEO-SPECIAL »Kalifornien« interessieren, können dies ebenfalls mit dieser Karte bestellen.

Abruf-Karte für bereits erschienene GEO-SPECIALS

Bitte mit 60 Pf freimachen, falls Marke zur Hand

Antwort-Postkarte

GEO-SPECIAL
Leser-Service
Postfach 11 16 29

2000 Hamburg 11

Abruf-Karte für ein GEO-Abonnement

JA, ich nehme Ihre Einladung an.

Schicken Sie mir kostenlos die GEO-Begrüßungs-Edition, dazu 4 GEO-Farbdrucke und die GEO-Dokumentation. Ich darf diese Geschenke auch dann behalten, wenn ich mich nicht für GEO entscheide. Ich habe 2 Wochen Zeit, GEO kennenzulernen. **Nur wenn mich GEO überzeugt und ich Ihnen nicht abschreibe, erhalte ich GEO monatlich per Post frei Haus, garantiert mit ca. 20% Preis-Vorteil, also für nur DM 8,– pro Heft incl. Versandkosten statt DM 9,80 Einzelpreis.**

Ich kann GEO jederzeit wieder abbestellen – eine entsprechende Nachricht genügt. Bereits bezahlte Gebühren für noch nicht gelieferte GEO-Ausgaben erhalte ich dann zurück.

Wenn mir GEO und Ihr Angebot nicht zusagen sollten, schicke ich Ihnen innerhalb von 2 Wochen eine Postkarte mit dem Vermerk »Bitte keine weiteren Zusendungen«. Damit habe ich keinerlei Verpflichtungen und schulde Ihnen nichts.

X

Datum Unterschrift

Name/Vorname

Straße/Nummer

Postleitzahl Wohnort

Telefon-Nummer für evtl. Rückfragen

Wenn ich bei GEO bleibe, bezahle ich bequem und bargeldlos durch 1/4jährliche Bankabbuchung DM 24,–.

Bankleitzahl (bitte vom Scheck abschreiben)

Meine Kontonummer:

Geldinstitut:

Ich möchte statt 1/4jährlicher Bankabbuchung lieber eine Jahresrechnung (12 Hefte DM 96,–).

Bitte ankreuzen, falls gewünscht: ○

Auslandspreise: Schweiz Fr. 8,– statt Fr. 10,– Einzelpreis. Österreich S. 60,– statt S. 75,– Einzelpreis. Sonstiges Ausland: DM 8,– zuzüglich Porto.

95606 A/O

Diese Vorteile sind Ihnen von GEO garantiert:

- GRATIS: Die wertvolle, nirgends käufliche GEO-Begrüßungs-Edition.
- GRATIS: 4 brillante, außergewöhnliche GEO-Farbdrucke, 42 x 30 cm groß.
- GRATIS: Die umfangreiche GEO-Dokumentation, die zeigt, was Ihnen GEO jeden Monat zu bieten hat.
- Ca. 20% Preis-Vorteil (gegenüber Einzelpreis).
- Sie können uneingeschränkt und frei entscheiden, ob und wie lange Sie GEO-Leser sein wollen.
- Sie haben volle 2 Wochen Zeit, GEO in Ruhe und Muße kennenzulernen.

Abruf-Karte für ein GEO-SPECIAL-Abonnement

JA, ich möchte diese vorteilhafte Bestellmöglichkeit für die Sonderreihe GEO-SPECIAL nutzen. Ich bestelle ein Abonnement der Serie GEO-SPECIAL, beginnend mit dem Thema »Weltraum«. In Vorbereitung sind u. a. die Themen »Hamburg« und »Australien«. Nach Ablauf eines Jahres kann ich das GEO-SPECIAL-Abonnement jederzeit kündigen. Bitte senden Sie mir jede Ausgabe sofort nach Erscheinen zum Preis von z. Zt. DM 12,80 gegen Rechnung frei Haus. Porto und Verpackung sind bereits im Preis enthalten.

X

Datum Unterschrift Bitte unbedingt hier unterschreiben!

Name/Vorname

Straße/Nummer

Postleitzahl Wohnort

Vertrauens-Garantie: Ich weiß, daß ich die Vereinbarungen innerhalb von 2 Wochen bei der Bestelladresse widerrufen kann und bestätige dies durch meine 2. Unterschrift.

X

Datum Unterschrift Bitte unbedingt hier unterschreiben!

Dieses Angebot gilt nur in der Bundesrepublik einschl. West-Berlin. Ausland: Preise auf Anfrage.

95607

Ihre Vorteile, wenn Sie GEO-SPECIAL jetzt bestellen:

- Sie erhalten jedes GEO-SPECIAL zum Preis von z. Zt. DM 12,80 per Post frei Haus. Porto und Verpackung sind bereits im Preis enthalten.
- Sie bezahlen jeweils erst nach Erhalt der Rechnung.
- Sie versäumen kein GEO-SPECIAL-Thema, denn von jeder Ausgabe ist ein Exemplar auf Ihren Namen reserviert.
- Sie können die Vereinbarungen innerhalb von 2 Wochen beim GEO-SPECIAL-Leser-Service, Postfach 11 16 29, 2000 Hamburg 11, widerrufen.

Abruf-Karte für bereits erschienene GEO-SPECIALS

JA, ich möchte die Möglichkeit nutzen und die bereits erschienenen GEO-SPECIALS bestellen. Bitte liefern Sie mir die gewünschten GEO-SPECIALS gegen Rechnung frei Haus. Das Porto und die Verpackung sind bereits im Preis enthalten.

____ Exemplar(e) des GEO-SPECIAL »New York« (Art.-Nr. F 0486) zum Preis von (je) DM 11,50

___ Exemplar(e) des GEO-SPECIAL »Fotografie« (Art.-Nr. F 0501) zum Preis von (je) DM 12,80

____ Exemplar(e) des GEO-SPECIAL »Moskau« (Art.-Nr. F 0510) zum Preis von (je) DM 12,80

____ Exemplar(e) des GEO-SPECIAL »Bedrohte Tiere« (Art.-Nr. F 520) zum Preis von (je) DM 12,80

____ Exemplar(e) des GEO-SPECIAL »Mallorca« (Art.-Nr. F 0584) zum Preis von (je) DM 12,80

____ Exemplar(e) des GEO-SPECIAL »Kalifornien« (Art.-Nr. F 0593) zum Preis von (je) DM 12,80

Ausland: Preise auf Anfrage.

GEO-SPECIAL »Wetter« bereits vergriffen!

Name/Vorname

Straße/Nummer

Postleitzahl Wohnort

X

Datum Unterschrift

Vertrauens-Garantie: Ich weiß, daß ich die Vereinbarungen innerhalb von 10 Tagen bei der Bestelladresse widerrufen kann und bestätige dies durch meine 2. Unterschrift.

X

Unterschrift Bitte unbedingt hier unterschreiben!

95608

Ihre Vorteile, wenn Sie die GEO-SPECIAL-Nachbestellmöglichkeit nutzen:

- Sie erhalten jedes noch lieferbare GEO-SPECIAL frei Haus; d. h. das Porto und die Verpackung sind bereits im Preis enthalten.
- Sie bezahlen erst nach Erhalt der Rechnung.
- Sie können die Vereinbarungen innerhalb von 10 Tagen beim GEO-SPECIAL-Leser-Service, Postf. 11 16 29, 2000 Hamburg 11, widerrufen.

Aus dem Nichts wuchs ein Wirtschaftsgigant heran

was sie taten, als sie 1868 die University of California gründeten. „Die Wissenschaft", sagte feierlich deren erster Präsident Daniel Coit Gilman, „ist die Mutter Kaliforniens."

Pioniere mit Kämpferherzen sind immer noch gefragt

Um die stets gefährdete Landwirtschaft weiterzubringen, entwickelten Ingenieure und Agronomen immer bessere Produktionsmethoden. Über 250 Frucht- und Vieharten gedeihen heute in Kalifornien: Reis, Kiwis, Granatäpfel, Wein. Fast die Hälfte der amerikanischen Erträge aus dem Verkauf von Früchten, Nüssen und frischem Gemüse geht auf kalifornische Rechnung.
Dieser wache und fortschrittsgläubige Geschäftsgeist kam naturgemäß dem Aufschwung der Industrie zugute. Pioniere mit Kämpferherzen mußten einfach etwas unternehmen, sonst wären sie untergegangen. Noch heute heißt's „geh zum Teufel mit deinen Bedenken". Die Klassenfrage spielte unter den Bossen von Los Angeles nie eine große Rolle. Ihr Standesbewußtsein ähnelt vielmehr dem von Straßenräubern.
Die Väter und Großväter dieser weitherzigen Unternehmer bauten eine Wirtschaft auf, die sich sehen lassen kann. J. Paul Getty errichtete Raffinerien und schickte sein Öl auf eigenen Schiffen ins bedürftige Asien. Gewaltige Staudämme und Aquädukte veränderten die abweisende Natur so nachdrücklich, daß selbst aus dem wüstenkahlen Südkalifornien Superstädte sprossen. Daß freilich L. A. seine Wasserreserven bedenkenlos ausbeutet und erschöpft, ist leider die Kehrseite dieses Erfolgs.
Doch noch rollt der Dollar. Selbst die Film- und TV-Industrie gedeiht und gedeiht. 90 Prozent aller Ton- und Bildaufzeichnungen werden hier produziert. Howard Hughes, das bizarre Genie, war im Filmbusiness tätig, doch er war zugleich ein Pionier der Elektronik- und Flugzeugindustrie. Plötzlich wuchsen die Flugzeugwerften von Douglas und Lockheed aus den Bohnenfeldern.

Im Tank der Gallo-Weinfabrik in Modesto lagern prämierte und doch preiswerte Tropfen. Die Geschichte des kalifornischen Weinanbaus ist fast so alt wie die Vereinigten Staaten – doch aus den bescheidenen Anfängen ist in den letzten Jahren eine gigantische Industrie geworden. Dies gilt für die Landwirtschaft generell – auch die Tomatenkonserven-Fabrik in Modesto sprengt anderswo übliche Dimensionen

Das ist Geschichte, doch geblieben ist ein schier uneinholbarer Vorsprung auf dem Gebiet der Elektronik und Mikroelektronik. Im Umkreis der Stanford University, in den bukolisch gelegenen Villen von Palo Alto wuchsen leidenschaftliche Tüftler und Erfinder heran. Sie veränderten die Technik der Welt. Aus plumpen Transistoren wurden kleine Halbleiter, dann konstruierten sie Chips und Mikroprozessoren, Computer vom Ausmaß einer Lokomotive schrumpften auf Schreibmaschinengröße. Im Silicon Valley, im langweiligen Santa Clara County südlich San Franciscos, wurde die Zukunft geboren.
Selbst heute, in schwierigen Zeiten, sind Optimismus und Fortschrittsglaube ungebrochen. Kalifornien ist das Mekka japanischer Ingenieure. Und die Konkurrenz hebt das Geschäft: 1982 hat das Volumen des Handels der USA mit den asiatischen Ländern das mit Europa erstmals übertroffen.

Asiatische Einwanderer drängen in das Land

Die ökonomische Verschmelzung mit den Ländern am Pazifik wird nicht aufzuhalten sein. Denn immer größere Scharen von Asiaten drängen ins Land. Japaner, Chinesen, Koreaner, Filipinos, Thais: Keine Einwanderergruppe wächst schneller, ihr Anteil stieg im vergangenen Jahrzehnt um 160 Prozent auf mehr als eine Million an. Mit Energie und Zähigkeit haben sie verfallende Bezirke von Los Angeles und Oakland wieder belebt. Ihre Kinder stellen bis zu einem Viertel aller Studenten an großen Hochschulen.
Die Rezession trifft auch Kalifornien, gewiß. Doch der altneue Geist sorgt dafür, daß hier auch jetzt doppelt so viele Unternehmen pro Kopf der Bevölkerung gegründet werden wie im Rest der USA, daß die Finanziers ihr Geld wagemutigen Anfängern anvertrauen. „Alles, was wir brauchen", sagt Don Valentine, einer dieser Kapitalisten, „sind Ideen, ein bißchen Geld und ein guter Start. Wir sind noch lange nicht an unsere Grenzen gekommen."

Disneyland

Anaheim, 1313 Harbor Boulevard; Tel. (714) 999-4565.

Wer Walt Disneys „Magic Kingdom" links liegenläßt, ist selber schuld. Das „magische Königreich" gilt als das Nonplusultra unter den Vergnügungs-Parks in Kalifornien. Wer sich – vielleicht durch einen Raketenflug in zischendem Sternenhagel oder durch kosmische Nebelwände – animiert fühlt, noch ein paar Tage länger zu bleiben, nimmt die Einschienenbahn: Sie fährt vom Tomorrowland direkt zum Disneyland Hotel. Kaliforniens größte Herberge bietet eigenen Strand sowie Paddelboote, Swimmingpools und Tennis-Plätze: 1150 West Cerritos Avenue, Anaheim, CA 92802; Tel. (714) 778-6600.
Von Ostern bis Mitte September täglich (im Sommer bis Mitternacht). Sonst montags und dienstags geschlossen.

✗ »Daisy's Market«

Anaheim, 1700 South Harbor Boulevard (im Anaheim Hyatt House Hotel); Tel. (714) 772-5900.

Auch für buddhistische Mönche ist die Mickey-Mouse-Welt ein Magnet: Vor dem Portal von Disneyland in Anaheim posieren alljährlich ungezählte Touristen aus aller Welt

Daisy Duck lädt alle Freunde von Donald und Mickey Mouse ein zu guten Salaten und frischen Gemüse-Platten. Frühstück.

Lion Country Safari

Irvine, 8800 Irvine Center Drive, (San Diego Freeway, Ausfahrt Laguna Road); Tel. (714) 837-1200.

Safari im Orange County: Cabriolets sind für die Fahrt zwischen Löwen, Elefanten, Zebras oder Geparden nicht erlaubt. Auf jeden Fall die Fenster schließen!
November bis Ende März täglich von 9.45 bis 15.30 Uhr, sonst bis 17.00 Uhr.

✗ Bayshore House

El Toro, 23311 Muirland Boulevard; Tel. (714) 770-3222.

Die etwas weitere Anfahrt wird einem aber auch tatsächlich gelohnt: durch Seafood – zum Beispiel gebratene Abalone oder Goldmakrelen –, das von den Ex-Chefs eines der renommiertesten L. A.-Restaurants zubereitet wird.

Seaworld ———
Ihr schönster Tag in San Diego.
Kein anderer Ferientag bietet soviel Unterhaltung, Vergnügen, Abenteuer und Sehenswertes. Erleben Sie Shamu™, den berühmtesten Killer-Wal der Welt. Berühren und füttern Sie Wale, Delphine und Walrosse. Noch in diesem Monat eröffnet Sea World sein einmaliges Pinguin-Gelände. Ein ganzer Tag voll von Shows und Abenteuer für alle – und für die Kinder der Abenteuer-Spielplatz Cap'n Kids' World™. Mehr als 60 Mio Menschen haben Amerikas größten und schönsten See-Park besucht. Jetzt sind Sie dran.
Sea World™
Mission Bay, San Diego

San Diego Wild Animal Park

San Diego, an der State Road 78 zwischen Escondido und San Pasqual; Tel. (619) 747-8702.

Mit der Mini-Eisenbahn über sonnige Savanne, auf der San Diegos Zoo seine afrikanischen Wildtiere in großen Herden hält.
Täglich geöffnet ab 9.00 Uhr.

✕ Tony's Sea Landing

Escondido, 1511 East Valley Parkway (im Vineyard Shopping Center); Tel. (619) 747-5232.

Einem Wal in Aug' und Rachen sehen: In San Diegos Sea World ist's kein Problem

Viel Raum und anständige italienische Küche. Sunday Brunch.

Sea World

San Diego, 1720 South Shores Road, Mission Bay; Tel. (619) 224-3562.

Das Ozeanarium überhaupt. Haie, Wale und Delphine zeigen, was man ihnen beigebracht hat. Shamu, der Star unter den Killerwalen, hält's mit dem Motto: Immer nur lächeln! Täglich bis Anbruch der Dunkelheit.

✕ Islandia Restaurant

San Diego, 1441 Quivira Road (im Hyatt Islandia Hotel); Tel. (619) 224-3541.

Der Glaspalast auf einem Steg bietet Flambiertes, einen herrlichen Blick auf die Bay und jeden Sonntag Brunch.

✕ Sportsmen's Sea Food

San Diego, 1617 Quivira Road; Tel. (619) 224-3551.

Eine Selbstbedienungs-Cafeteria mit Garten am Wasser.

San Diego Zoo

San Diego, Balboa Park; Tel. (619) 234-3153.

Mit 800 Spezies der artenreichste zoologische Garten der gesamten Vereinigten Staaten. Spezialisiert auf bedrohte Arten und berühmt für seine Zucht- und Forschungsleistungen.
Täglich von 9.00 Uhr bis Anbruch der Dunkelheit.

✕ Mr. A's

San Diego, 2550 Fifth Avenue; Tel. (619) 239-1377.

Viel Plüsch, viel Gold – und ein Blick wie aus einem Adlerhorst, nämlich auf den Balboa Park und die Lichter der Stadt. An Wochenenden kein Lunch.

✕ Piret's

San Diego, 902 West Washington Street; Tel. (619) 297-2993.

Ein Delikatessenladen mit Stil – französischer Kaffee, Croissants, Quiches, hausgemachte Suppen. Frühstück.

Dinge hatten wir im Embarcadero
-nicht erwartet... Live music...
d Tante Anna!

Ein typischer San Franziskaner?

Wir wollten nur ein paa
kleine Geschenke kaufen
und blieben den ganze
Nachmittag.

Der Lachs war köstlich!
Rolf bediente sich dreimal.)

Rolf hat diese Aufnahme vom Embarcadero
Center durch das Hubschrauberfenster
gemacht! Sensationell!

Abendessen bei Kerzen
im Embarcadero Cente
dann ein Spaziergang
So romantisch!

embarcadero center

Ganz und gar San Franzisko...
mit seinem eigenen Stil.

Rund ums Jahr

Wer sich in Kalifornien amüsieren will, leidet niemals Not. Der Kalender der Feste, Jahrmärkte oder Jazz-Sessions ist prall gefüllt – rund ums Jahr:

Januar

Die „Tournament of Roses Parade", der Umzug blumengeschmückter Wagen am Monatsersten, ist so etwas wie der Blumenumzug in Nizza. Tausende verbringen die Silvesternacht auf dem Colorado Boulevard, um einen guten Platz zu ergattern. Tribünen-Tickets mindestens zwei Monate vorher bestellen – bei der Tournament of Roses Association, 391 South Orange Grove Boulevard, Pasadena, CA 91105. Der Parade folgt ein weiteres Spektakel: das berühmte Rose-Bowl-Football-Spiel.

Am 24. wird in Coloma an der Mother Lode der „Gold Discovery Day" gefeiert, der Tag, an dem 1848 dort das erste Gold gefunden wurde.

Am Tag des Neumonds nach dem Eintritt der Sonne ins Zeichen des Wassermanns feiern die Chinesen, vor allem in San Francisco und L.A., ihr Neujahrsfest: mit Krachern und Kapellen, mit Umzügen, Miss-Wettbewerben und großer Drachenparade am Festtag auf der Grant

Grauwale ziehen die Küste entlang. »Watching Tours« stellen Tuchfühlung her

Avenue von San Francisco, der Hauptstraße von Chinatown. Info: Tel. (415) 974-6900 (San Francisco), Tel. (213) 628-1828 (L. A.).

Februar

An den beiden letzten Wochenenden rennen in Indio, südlich von Palm Springs, Kamele und Strauße um die Wette – wenn man sie dazu kriegt. Anlaß ist das Dattel-Festival in der Dattel-Hauptstadt Kaliforniens.
Info: Tel. (619) 347-0676.

Im Frühjahr ziehen die Grauwale an der kalifornischen Küste entlang von Süden nach Norden. Beliebte Beobachtungspunkte sind Point Loma bei San Diego oder Palos Verdes Point bei L. A. in der Nähe von Marineland. Im Reiseteil der Zeitungen werden „Whale-Watching Tours" angeboten. Info: Tel. (714) 496-5794 und (213) 547-9916.

März

Seit ungefähr zwei Jahrhunderten wird am 19. die Ankunft der ersten Schwalben in der alten Missionsstadt San Juan Capistrano mit einem spanisch-mexikanischen Volksfest, der Fiesta de las Golondrinas, gefeiert. Wer nicht im Western-Look erscheint, wandert ins Kittchen und muß sich für einen Dollar freikaufen.
Info: Tel. (714) 493-1424.

April

Eine bunte Mischung von Paraden, Theaterinszenierungen, Kunst-, Sushi- und Ikebana-Ausstellungen – zusammengestellt von den japanischen Gemeinden in San Francisco und L. A. zur Feier der Kirschblüte. Termin: die beiden letzten Wochenenden.
Info: Tel. (415) 974-6900.

Das „Ramona Pageant" bei Hemet ist, an drei Wochenenden nach Ostern, ein schauerlich-schönes Schauspiel über das Los der kalifornischen Indianer unter spanischer Herrschaft. Gespielt wird auf einer Freilichtbühne.
Info: Tel. (714) 658-3111.

Mai

Am 5. dieses Monats bricht in East Los Angeles, dem Chicano-Viertel der Stadt, bunter Trubel aus: Die Mexikaner feiern den Cinco de Mayo, ihren Nationalfeiertag.

Mark Twain hat es beschrieben und berühmt gemacht, das „Calaveras County Jumping Frog Jubilee." An die 3000 Frösche springen am dritten Wochenende auf den County Fairgrounds nahe Angels Camp um die Wette. Wer will, kann sich einen Champion mieten.
Info: Tel. (209) 736-2561.

An den Wochenenden feiert Shakespeares England Auferstehung in Agoura bei Los Angeles. Das Amüsement mit zeitgenössischer Musik und ritterlichem Wettkampf nennt sich Renaissance Pleasure Fair.
Info: Tel. (213) 851-7354.

Immer auf dem Sprung: Frog Jubilee

Am Memorial Day Weekend (dem letzten des Monats) spielen internationale Dixieland-Bands überall in Old Town Sacramento.

Und noch ein Jazz-Festival: am vorletzten Wochenende auf dem Campus der Universität in Berkeley.
Info: Tel. (415) 642-7477.

Juni

Die „Lola Montez Extravaganza", Mitte des Monats in Nevada City, ist ein Meeting von Rock- und Country-Musikern, Jongleuren, Köchen und Kunsthandwerkern zu Ehren der Tänzerin und Mätresse des Bayernkönigs Ludwig I. Sie ließ sich

Franziskaner-Patres kelterten im 18. Jahrhundert den ersten kalifornischen Wein. Sie ließen Indianer über eine mit Trauben überhäufte Plattform tanzen – der Saft wurde in Säcken aus geteertem Leder gesammelt und vergoren.

130 000 Kilometer Draht sind in der Golden Gate Bridge verarbeitet. Zur Eröffnung am 27. Mai 1937 zogen 250 000 Neugierige für fünf Cent über die Brücke. Inzwischen hält die Golden Gate Bridge den Selbstmord-Weltrekord – über 700 Lebensmüde sollen von ihren Rampen gesprungen sein.

Der voluminöseste Mammutbaum der Welt, 83 Meter hoch und 12 Meter im Durchmesser, trug einst den Namen von Karl Marx. Erst als vor etwa 100 Jahren das Kaweah Co-operative Commonwealth, eine marxistische Kommune, seinen Anspruch auf das Gebiet des heutigen Sequoia National Park an den Staat verlor, wurde der Riese in »General Sherman« umgetauft – nach einem Feldherrn des Bürgerkriegs.

Die ersten Orangenhaine legten spanische Missionare schon 1769 an. Der Pelztierjäger William Wolfskill begann 1841 mit der kommerziellen Verwertung der Apfelsinen.

Im Death Valley wurde im Mai 1981 ein Wüsten-Wanderweltrekord aufgestellt: Der Schweizer Peter Eggimann schaffte 508 Kilometer – in acht Tagen und 13 Stunden.

Black Bart, der berühmteste »Stagecoach Robber« des Westens, der zwischen 1875 und 1883 an die 30 Postkutschen ausraubte, den Insassen aber dabei niemals ein Härchen krümmte, wurde gefaßt, als er am Tatort einmal nicht nur seine üblichen Knittelverse, sondern ein Taschentuch mit Reinigungsnummer hinterließ: Es gehörte dem als Charles Boles geborenen Charles E. Bolton, einem angesehenen und gottesfürchtigen Businessman in San Francisco, der sich jedesmal in Black Bart verwandelte, wenn er Geld für die Geschäfte brauchte.

Als 1906 das schwere Erdbeben San Francisco in Schutt und Asche legte, blieb die berüchtigte Barbary Coast mit ihren Bars, Bordellen und Whiskeyspeichern verschont – die US-Marine rettete mit kilometerlangen Wasserschläuchen die Barbarenküste und den Whiskey vor dem Feuer.

KAMERATECHNIK KANN UNGLAUBLICH KOMPLIZIERT SEIN. ODER VON MINOLTA.

Wir haben die Minolta X-700 erfunden, damit Sie nicht länger auf ein Kamera-System verzichten müssen, mit dem Sie einfach alles – aber alles einfach machen können. Dafür sorgt das Minolta-Programm-System (MPS) mit der einzigartigen Blitz-Programm-Automatik. Sie stellt in Verbindung mit dem Auto-Electroflash 360 PX sicher, daß Ihre Blitzaufnahmen vollautomatisch optimal belichtet sind. Durch das Blitzautomatik-System mit Direktmessung auf der Filmebene. Mehr darüber erfahren Sie bei Ihrem Fachhändler. **MINOLTA X-700 – KAMERA DES JAHRES 1982 IN EUROPA.*** Minolta Camera · D-2070 Ahrensburg.

*FOTOMAGAZIN/Deutschland
FOCUS/Niederlande
AMATEUR PHOTOGRAPHER/Großbritannien
PHOTOMAGAZINE/Frankreich
TUTTI FOTOGRAFI/Italien

DAS SYSTEM DER ZEIT.

MINOLTA

im nahen Grass Valley nieder, nachdem das snobistische San Francisco ihre Tanzvorstellungen ausgepfiffen hatte. Im Gold-Rush Country wird Lola noch immer geliebt. Info: Tel. (916) 265-2692 oder (916) 265-5928.

Am letzten Wochenende feiern die Gays ihren Gay Freedom Day mit großen Paraden auf dem Santa Monica Boulevard in West Hollywood und in San Francisco. Der Schlager in San Francisco ist die „Gay Marching Band". Ihr jubeln sogar diejenigen zu, die sonst nicht viel für Schwule übrig haben.

„Chicanos", Kalifornier mexikanischer Abstammung, tragen im Juni und Juli in San Jose, Ventura und Fresno mit buntbemalten „customized cars" ihre „hopping"-Wettbewerbe aus: Sieger ist, wer das Vorderteil seines Schlittens mit überdimensionierten Stoßdämpfern am höchsten wippen lassen kann. Info: Santa Clara County Exposition Grounds in San Jose, Tel. (408) 295-3050; Ventura County Fairgrounds, Tel. (805) 648-3376; und Fresno Fairgrounds, Tel. (209) 255-3081.

Juli

Dieser und die nächsten Monate sind die Zeit der County Fairs, der Jahrmärkte und Ausstellungen, bei denen das fetteste Schwein, der größte Bulle oder der beste Wein gekürt werden, bei denen sich Rodeo- oder Miss-Wettbewerbe jagen – eine Mischung aus Geschäftemacherei und Vergnügen.

Im Knoblauch-Kostüm in die Knoblauch-Küche: Garlic Festival in Gilroy

Am 4. dieses Monats feiert Amerika seinen Independance Day, seinen Unabhängigkeitstag, mit Picknick, Feuerwerk und ungezählten Barbecue-Partys.

Die „Paul Masson Summer Series" in Saratoga bieten jeden Freitag, Sonnabend und Sonntag von Juni bis September Jazz, Klassik, Folk- und Blues-Musik auf dem Paul-Masson-Weingut. In den Pausen gibt's Sekt und Wein gratis. Info: Tel. (408) 257-7802.

Gilroy, die „Welthauptstadt des Knoblauch-Anbaus", präsentiert am letzten Juli-Wochenende im Hill Park Knoblauch-Knollen – zu Schmuck verarbeitet, auf dem Kopf getragen, gekocht, gebraten, bemalt, mit Genuß verspeist von vielen tausend Verehrern des stinkenden Lauchs.
Info: Tel. (408) 842-6437.

Von Anfang Juli bis zum ersten September-Wochenende präsentieren in Laguna Beach Künstler und Kunsthandwerker sich und ihre Werke. Der Clou des „Festival of the Arts and Pageant of the Masters" sind die tableaux vivants – von kostümierten und bemalten Personen in Szene gesetzte Meisterwerke der Malerei.
Jeder Abend endet mit der Darstellung des Abendmahls von Leonardo da Vinci.
Kartenvorbestellungen sind unbedingt erforderlich: Pageant of the Masters, Box 37, Laguna Beach, CA 92652, Tel. (714) 494-1145.

info

Wer eine Macke austoben will, geht zur Doo-Dah-Parade

Zur „Hollywood Bowl Season" in Los Angeles gehören Klassik-, Jazz- und Pop-Konzerte in der „Bowl", einer Freiluft-Arena für 30 000 Zuschauer.
Info: Hollywood Bowl, 2301 North Highland Avenue, Los Angeles, CA 90016, Tel. (213) 876-8742.

August

Die „Old Spanish Days" Anfang des Monats in Santa Barbara (C6). Historische Paraden, Rodeo, spanische Fiestas und Rock 'n' Roll am Strand.
Info: Tel. (805) 962-8101.

Wer wissen will, was Händels „Messias" mit Tintenfischen zu tun hat – auf dem Calamari Festival in Santa Cruz zur Eröffnung der Fangsaison Mitte August wird er's erfahren.
Info: Tel. (408) 427-3554.

Mitte des Monats beginnt die „Northern California Renaissance Fair" in Black Point bei Novato. Tief dekolletierte Ritterfräulein, Noble und Knappen in historischen Kostümen flanieren zu Harfenklängen und Minnegesang.
Info: Tel. (415) 883-2473.

September

Kaliforniens größter Jahrmarkt, die „Los Angeles County Fair" in Pomona, präsentiert von Mitte des Monats bis Anfang Oktober: die größten Bullen, die besten Kühe, die schönsten Torten, Karussell und Riesenrad.
Info: Tel. (714) 623-3111.

Am dritten Wochenende im September findet in Monterey ein großes Jazzer-Meeting statt. Die Karten sind meist Monate im voraus ausverkauft.
Info: Tel. (408) 373-3366.

Oktober

Das Oktoberfest ist nicht nur in deutschen Heimatvereinen beliebt, zum Beispiel dem Phoenix Club in Anaheim, sondern auch an den Universitäten. Vor allem die Studentenverbindungen trinken gern und viel.

Fasching wird in den Vereinigten Staaten nicht gefeiert, dafür aber Halloween, das Kostümfest am 31. Oktober.

Besonders wild und verrückt geht es dann auf dem Erotic-Exotic Ball in San Francisco zu. Auf der Polk Street ziehen die Gays ihre alljährliche Supershow ab, mit einer Transvestitenparade, die jeden Kamera-Freak in Verzückung geraten läßt.
Info: Tel. (415) 835-4342.

In der letzten Woche treffen sich die professionellen Rodeo-Cowboys und großen Viehzüchter in der Convention Hall, dem „Kuhpalast" von San Francisco. Die „Grand National Rodeo and Horse Show" dauert bis zum ersten November-Wochenende.
Info: Tel. (415) 469-6065.

November

Die „Doo Dah Parade", am letzten Sonntag in Pasadena, ist ein Umzug der Überraschungen. Jeder Teilnehmer zeigt sich und seine Macken – und das mit Gusto.

Dezember

„Christmas in Disneyland" nennt sich in der letzten Woche vor Weihnachten das Spektakel in Anaheim. Dazu gehören ein Super-Weihnachtsbaum, Super-Chöre und Super-Kerzenprozessionen. Außerdem: Filmstars lesen die Weihnachtsgeschichte vor.
Info: Tel. (714) 999-4000.

Eine Flotte von mehreren hundert Booten – bemannt mit Nikoläusen, Engeln und Christkindern – illuminiert an den sechs Abenden vor Weihnachten den Hafen von Newport Beach.
Info: Tel. (714) 644-8211. □

Fotovermerke nach Seiten.
Anordnung im Layout:
l. = links, r. = rechts, o. = oben, m. = Mitte, u. = unten

Titelfoto (Montage): Thomas Höpker, Jeff Werner/Outline

Seite 4: l. o. Michael Montfort; l. m. o. Thomas Höpker; l. m. u. Lester Sloan/Newsweek; l. u. Eugene Fisher; r. o. Michael K. Nichols; r. m. F. L. Cochran; r. u. Costa Manos/Magnum

Seite 5: l. m. Craig Aurness/West Light; l. u. Vince Streano/After-Image; r. o. Thomas Höpker; r. m. o. Mike McWherter; r. m. Paul Fusco/Magnum; r. m. u. Ed Cooper; r. u. Michael Evans/Sygma

DAS LAND DER TRÄUME
Anselm Spring: 6–9; Michael Montfort: 10/11; Lee Foster: 12/13; Thomas Höpker: 14/15; Harald Sund: 16/17, 29; William Garnett: 18/19; Brimacombe/The Image Bank: 20/21; Seite 22/23: Jeffrey Aaronson (3); Chuck Dorris (1); Enrico Ferorelli/Wheeler Pictures (1); Volker Hinz/ Stern (11); Thomas Höpker (8); Claude Huber (1); Wolfgang Kähler (2); Karol Kállay (1); Ed Kashi/Liaison Agency (1); Elisa Leonelli/After-Image (1); Jay Maisel (1); Costa Manos/Magnum (1); Peter Menzel (2); Charles Moore/Black Star (1); Keith Murakami/Tom Stack + Associates (1); Johnnie Randels (1); Richard Rowan (3); Vince Streano (1); Anselm Spring (4); James Sugar/Black Star (1); William James Warren/West Light (1); Jeff Werner (1); Michael Yamashita/Focus (1); Eugene Fisher: 24/25; Peter Menzel: 26 o.; Jeff Werner: 26 u.; Jürgen Schmitt/The Image Bank: 27 o.; Stephen Simpson: 27 u.; Reinhard Karl: 28; Stephen Ellison/Gamma Liaison: 30 l. o.; Volker Hinz/Stern: 30 r. o.; Lester Sloan: 30 l. m.; Tomas Sennett: 30 m., 41; Vince Streano/Click/Chicago: 30 u., 39 u.; John Giannini: 31; Ken Parker/Eugene Fisher: 32/33; Tom Tracy: 34/35; Richard Rowan: 36/37; Alejandro Tomas: 39 o.; Vince Streano/Skyline Features: 43 o.; J. Eyerman/Black Star: 43 l. u.; Chad Slattery/After Image: 43 r. u.

RODEO DRIVE
Michael Montfort: 48/49

OUTDOORS
Paul Fusco/Magnum: 50/51; Barrie Rokeach/The Image Bank: 52/53; Jeff Werner: 54/55, 57 o., l. u., m. u.; Jeff Werner/Outline: 57 r. u.; Francois Duhamel/Mega Productions: 56; Bob Fitch/Black Star: 59; Volker Hinz/Stern: 60, 61 l. u., 62 o.; Michael K. Nichols: 61 l. o.; Howard Hall: 61 r. u.; Phil + Loretta Hermann/Tom Stack + Associates: 62 u.; Steve Smith/Wheeler Pictures: 64

BRADLEY
Los Angeles Times Photo: 68; Costa Manos/Magnum: 69

BERGE
Gordon Wiltsie: 70/71, 74 u.; Harald Sund: 72/73; Reinhard Karl: 74 o.; Tom Tracy: 75; Eugene Fisher: 77; Gerhard P. Müller: 78/79, 81 u.; Gene Stein/West Light: 80 l.; Frances Coleberd: 80 r., 81 o.; Michael Montfort: 82 l.; Bill Ross/West Light: 82 m. und r.; Paolo Koch: 84

DOWNIEVILLE
Gordon Bell: 87 o.; Frances Coleberd: 87 u.

DREI STÄDTE
Alex S. MacLean/Landslides: 88 l. o.; Volker Hinz/Stern: 88 l. m., 90 l. u. und r. o., 91 r. o., 95 o., 97 o., 98, 105; James Sugar/Black Star: 88 l. u.; Michael K. Nichols: 88 r. o., 97 u.; Jay Maisel: 88 r. u., 89 o. und l. u., 100, 101 o.; Vince Streano/Click/Chicago: 89 r. u.; Mike Yamashita/Focus: 90 l. o. und r. m.; Rob Lewine: 90 l. m., 96; Joe Doherty/Mega Productions: 90 r. u.; Steve Smith/Liaison Agency: 91 l.; Sebastian Bastel: 91 r. m.; Lester Sloan: 91 r. u.; Costa Manos/Magnum: 92 l. o., 93 m.; Wallace Driver/Franz Furst: 92 m.; Bob Glasheen/Photophile: 92 l. u.; Larry Dale Gordon/The Image Bank: 92 r. o.; Tom Myers: 92 r. u.; Paul Sjoberg: 93 o.; Warren Bolster/Photophile: 93 u.; Michael Montfort: 95 m., 103 u.; Milan Horacek: 95 u.; Thomas Höpker: 99; Chuck Dorris: 101 u.; Charles Moore/Black Star: 102; Jeff Werner: 103 o.; Nik Wheeler/Black Star: 106 o.; Tom Tracy/The Image Bank: 106 u.; Jean Anderson/The Image Bank: 108 o.; Marshall Harrington: 108 u.

BERKELEY
Thomas Höpker: 111

WÜSTE
Peter Menzel: 112/113, 117, 122 u.; Georg Gerster: 114/115; Harald Sund: 118; Danny Lehman/ West Light: 120 o.; Jeff Gnass: 120 u.; Steve Smith/Wheeler Pictures: 122 o.; Steve Smith/Liaison Agency: 124

KULTE
Richard Rowan: 128 o.; Peter Menzel: 128 u.; Burt Glinn/Magnum: 129

KÜSTE
Richard Rowan: 130/131; Peter Menzel: 132/133; Kevin Schafer/Tom Stack + Associates: 134/135; Tomas Sennett: 136/137, 148 o.; W. Pinson/Gamma/Liaison: 138/139; Michael Montfort: 141; Baron Wolman: 143, 148 u.; Craig Aurness/West Light: 144, 146; Thomas Höpker: 145 o.; Lilo Raymond: 145 u.; Chuck Place: 150

REAGAN
Michael Evans/Sygma: 155

INFO
Tomas Sennett: 157; Costa Manos/Magnum: 159, 166; Volker Hinz/Stern: 160 o.; The Granger Collection, N.Y.: 160 u.; Milan Horacek: 162 l. o.; Chad Slattery/After-Image: 162 l. u.; William James Warren/West Light: 162 r.; Thomas Höpker: 165 o.; Peter Menzel: 165 u.; Wolfgang Kähler: 168; Vince Streano/Bruce Coleman Inc.: 170 o.; Tony Ray Jones/Magnum: 170 u.; Michael Alexander: 172 l.; Ed Kashi/Liaison: 172 r.; Günther Edelmann/ GEO-Grafik: 99, 104, 107, 176/177

Einem Teil der Auflage liegen Prospekte für die Zeitschrift „art" bei

Jetzt können Sie was erleben. Kanada und USA von der wildesten Seite.

Sind Sie reif fürs Abenteuer? Dann haben wir ein paar aufregende Nordamerika-Ideen für Sie. Zum Beispiel:

Naturwunder des Westens. 23tägige Flug-/Busrundreise: Kalifornien, Arizona, Grand Canyon, Yosemite Nationalpark, Lake Tahoe, Las Vegas, Los Angeles und San Francisco sind einige Glanzlichter dieser an Höhepunkten reichen Rundreise. Anschlußprogramm nach Hawaii möglich. Komplett inklusive Flug ab Frankfurt **ab DM 5.490,–**

8 Tage Rancher in Arizona. Die Wild Horse Ranch in Tucson/Arizona erwartet Sie. Gute Unterbringung, der Rancher spricht deutsch, und mit dem Mietwagen (nicht eingeschlossen) sind Ausflüge bis nach Mexico möglich. Preis ohne Flug **ab DM 1.285,–**

Auf den Wildwassern des Colorado. In Moab/Colorado beginnt diese abenteuerliche 4tägige Floßexpedition für Erlebnishungrige. Stromschnellen eingeschlossen. Übernachtung am Colorado River in Zelten, Rückflug nach Moab in Sportmaschinen. Preis ohne Flug **ab DM 1.098,–**

Mit dem Campmobil auf Tour. USA/Kanada. Nehmen Sie sich die Freiheit hinzufahren, wohin Sie wollen – auch wenn's dort keine Hotels gibt. Dazu haben Sie ja das Campmobil, Vermietstation Vancouver, 7 Tage ohne Flug schon **ab DM 380,–**

Den ausführlichen Prospekt erhalten Sie, wenn Sie unter dem Stichwort „USA/Kanada" an diese Adresse schreiben: Deutsche Lufthansa – FRA GX 22 – Lyoner Str. 20 6000 Frankfurt 71.

Der Unterschied ist Lufthansa

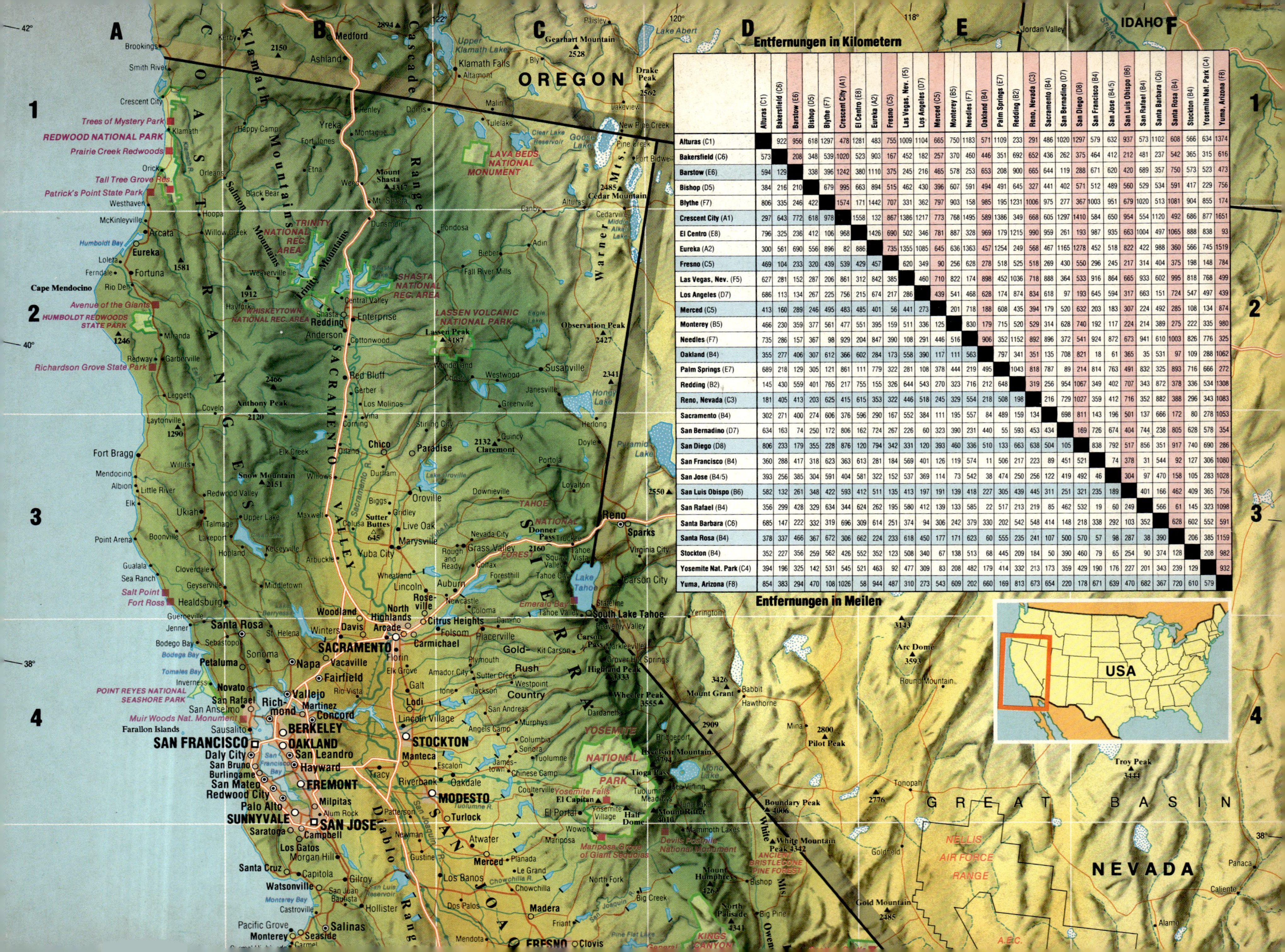

Entfernungen in Kilometern

	Alturas (C1)	Bakersfield (C6)	Barstow (E6)	Bishop (D5)	Blythe (F7)	Crescent City (A1)	El Centro (E8)	Eureka (A2)	Fresno (C5)	Las Vegas, Nev. (F5)	Los Angeles (D7)	Merced (C5)	Monterey (B5)	Needles (F7)	Oakland (B4)	Palm Springs (E7)	Redding (B2)	Reno, Nevada (C3)	Sacramento (B4)	San Bernadino (D7)	San Diego (D8)	San Francisco (B4)	San Jose (B4/5)	San Luis Obispo (B6)	San Rafael (B4)	Santa Barbara (C6)	Santa Rosa (B4)	Stockton (B4)	Yosemite Nat. Park (C4)	Yuma, Arizona (F8)
Alturas (C1)		922	956	618	1297	478	1281	483	755	1009	1104	665	750	1183	571	1109	233	291	486	1020	1297	579	632	937	573	1102	608	566	634	1374
Bakersfield (C6)	573		208	348	539	1020	523	903	167	452	182	257	370	460	446	351	692	652	436	262	375	464	412	212	481	237	542	365	315	616
Barstow (E6)	594	129		338	396	1242	380	1110	375	245	216	465	578	253	653	208	900	665	644	119	288	671	620	420	689	357	750	573	523	473
Bishop (D5)	384	216	210		679	995	663	894	515	462	430	396	607	591	494	491	645	327	441	402	571	512	489	560	529	534	591	417	229	756
Blythe (F7)	806	335	246	422		1574	171	1442	707	331	362	797	903	158	985	195	1231	1006	975	277	367	1003	951	679	1020	513	1081	904	855	174
Crescent City (A1)	297	643	772	618	978		1558	132	867	1386	1217	773	768	1495	589	1386	349	668	605	1297	1410	584	650	954	554	1120	492	686	877	1651
El Centro (E8)	796	325	236	412	106	968		1426	690	502	346	781	887	328	969	179	1215	990	959	261	193	987	935	663	1004	497	1065	888	838	93
Eureka (A2)	300	561	690	556	896	82	886		735	1355	1085	645	636	1363	457	1254	249	568	467	1165	1278	452	518	822	422	988	360	566	745	1519
Fresno (C5)	469	104	233	320	439	539	429	457		620	349	90	256	628	278	518	525	518	269	430	550	296	245	217	314	404	375	198	148	784
Las Vegas, Nev. (F5)	627	281	152	287	206	861	312	842	385		460	710	822	174	898	452	1036	718	888	364	533	916	864	665	933	602	995	818	768	499
Los Angeles (D7)	686	113	134	267	225	756	215	674	217	286		439	541	468	628	174	874	834	618	97	193	645	594	317	663	151	724	547	497	439
Merced (C5)	413	160	289	246	495	483	485	401	56	441	273		201	718	188	608	435	394	179	520	632	203	183	307	224	492	285	108	134	874
Monterey (B5)	466	230	359	377	561	477	551	395	159	511	336	125		830	179	715	520	529	314	628	740	192	117	224	214	389	275	222	335	980
Needles (F7)	735	286	157	367	98	929	204	847	390	108	291	446	516		906	352	1152	892	896	372	541	924	872	673	941	610	1003	826	776	325
Oakland (B4)	355	277	406	307	612	366	602	284	173	558	390	117	111	563		797	341	351	135	708	821	18	61	365	35	531	97	109	288	1062
Palm Springs (E7)	689	218	129	305	121	861	111	779	322	281	108	378	444	219	495		1043	818	787	89	214	814	763	491	832	325	893	716	666	272
Redding (B2)	145	430	559	401	765	217	755	155	326	644	543	270	323	716	212	648		319	256	954	1067	349	402	707	343	872	378	336	534	1308
Reno, Nevada (C3)	181	405	413	203	625	415	615	353	322	446	518	245	329	554	218	508	198		216	729	1027	359	412	716	352	882	388	296	343	1083
Sacramento (B4)	302	271	400	274	606	376	596	290	167	552	384	111	195	557	84	489	159	134		698	811	143	196	501	137	666	172	80	278	1053
San Bernadino (D7)	634	163	74	250	172	806	162	724	267	226	60	323	390	231	440	55	593	453	434		169	726	674	404	744	238	805	628	578	354
San Diego (D8)	806	233	179	355	228	876	120	794	342	331	120	393	460	336	510	133	663	638	504	105		838	792	517	856	351	917	740	690	286
San Francisco (B4)	360	288	417	318	623	363	613	281	184	569	401	126	119	574	11	506	217	223	89	451	521		74	378	31	544	92	127	306	1080
San Jose (B4/5)	393	256	385	304	591	404	581	322	152	537	369	114	73	542	38	474	250	256	122	419	492	46		304	97	470	158	105	283	1028
San Luis Obispo (B6)	582	132	261	348	422	593	412	511	135	413	197	191	139	418	227	305	439	445	311	251	321	235	189		401	166	462	409	365	756
San Rafael (B4)	356	299	428	329	634	344	624	262	195	580	412	139	133	585	22	517	213	219	85	462	532	19	60	249		566	61	145	323	1098
Santa Barbara (C6)	685	147	222	332	319	696	309	614	251	374	94	306	242	379	330	202	542	548	414	148	218	338	292	103	352		628	602	552	591
Santa Rosa (B4)	378	337	466	367	672	306	662	224	233	618	450	177	171	623	60	555	235	241	107	500	570	57	98	287	38	390		206	385	1159
Stockton (B4)	352	227	356	259	562	426	552	352	123	508	340	67	138	513	68	445	209	184	50	390	460	79	65	254	90	374	128		208	982
Yosemite Nat. Park (C4)	394	196	325	142	531	545	521	463	92	477	309	83	208	482	179	414	332	213	173	359	429	190	176	227	201	343	239	129		932
Yuma, Arizona (F8)	854	383	294	470	108	1026	58	944	487	310	273	543	609	202	660	169	813	673	654	220	178	671	639	470	682	367	720	610	579	

Entfernungen in Meilen